本书为国家社科基金项目"汉藏语系语言格范畴的类型研究"的阶段性成果，项目编号14BYY138

本书得到山西大同大学优秀著作出版基金的资助

藏缅语族语言格助词研究

Case Auxiliaries in Tibeto-Burman Languages

王跟国 ◎ 著

中国社会科学出版社

图书在版编目（CIP）数据

藏缅语族语言格助词研究/王跟国著．—北京：中国社会科学出版社，2019.12
ISBN 978-7-5203-5882-8

Ⅰ．①藏…　Ⅱ．①王…　Ⅲ．①藏缅语族—助词—研究　Ⅳ．① H420.4

中国版本图书馆 CIP 数据核字（2019）第 294967 号

出 版 人	赵剑英
责任编辑	任　明
责任校对	沈丁晨
责任印制	郝美娜

出　　版		中国社会科学出版社
社　　址		北京鼓楼西大街甲 158 号
邮　　编		100720
网　　址		http：// www.csspw.cn
发 行 部		010-84083685
门 市 部		010-84029450
经　　销		新华书店及其他书店

印刷装订		北京君升印刷有限公司
版　　次		2019 年 12 月第 1 版
印　　次		2019 年 12 月第 1 次印刷

开　　本		710×1000　1/16
印　　张		17
插　　页		2
字　　数		296 千字
定　　价		110.00 元

凡购买中国社会科学出版社图书，如有质量问题请与本社营销中心联系调换
电话：010-84083683
版权所有　侵权必究

一部考察藏缅语格助词历史演变的新著

——《藏缅语族语言格助词研究》序

格助词是藏缅语族语言中的一个普遍现象，已有的语言描写研究都多少涉及到这一现象，也有专门针对某一语言的格系统作全面描写分析的。这是藏缅语语法研究中有价值的但研究又相对薄弱的课题。如果能够综合考察藏缅语中格助词的情况，比较格助词的异同及其联系，肯定对藏缅语格助词的共性特征会有更好的把握。

在课题的研究中，跟国博士明智地全面梳理了已有文献中格助词的概念特征，包括藏缅语族语言、阿尔泰语系语言、日语等语言中相关的概念特征，注意到了格助词兼有组织句法结构和表示句中名词性成分和动词之间语义关系的功能，并进而把该书的研究对象限定在名词、代词、名词性短语之后的助词上，从附着对象和动词的语义关系上选取了施事、对象、处所、工具、从由、比较等六类格助词进行研究。

他坚持"事实是基础"的原则，尽力收集藏缅语格助词的语料，共收集了中国境内藏缅语族40余种语言（包括方言）的语料，奠定了藏缅语格助词研究的材料基础。凭丰富的语料，全面整理了藏缅语格助词的形式及用法。

该书还运用历史比较的方法对各类格助词的历史层次进行了分析。作者从比较中发现，藏缅语族语言的格助词多是在原始藏缅语分化为不同的语支之后独立形成的，即使是在同一语支内部，其各类格助词的同源性也比较弱。在比较的基础上，揭示了格助词的来源差异，包括不同类别的格助词的来源差异和同一类别的格助词的来源差异。

从整个语言系统来看，发现格系统是黏着性语言发展为分析性语言的产物。指出了格系统内部结构的动态性特征，即"随着语言表述中信息成分的增多，一些复杂表述的句式化，格助词的语法功能也会随着整体句法结构的变化而变化。结果是系统之内会有新的格助词产生，有的格助词趋向于消失，或是新的格助词和原有的表达相同功能的格助词并存，有的格助词发生功能'转型'"。当然，由于藏缅语的历时研究缺乏文献史料，词源比较主要是通过共时层面上的形式差异进行的，其方法还有待于完善和推进。

作者重视运用横向比较的方法，观察探讨同类格助词在不同语言中的类型特征，发现处所格助词在藏缅语中就存在性质不同的两类，一类是典型的处所助词；另一类是由方位词虚化而来的准处所助词。典型的处所助词来源不太明确，本身没有维向特征，准处所助词来源于方位词，本身具有明确的维向特征。属于典型处所助词的语言，不仅仅是普通名词，像"北京""湖心"这样的处所名词以及"桌子上"这样的方位短语也只有带上处所助词时才能表示事物存在的处所；而属于准处所助词的语言，表示事物存在处所时，只是普通的事物名词需要带上处所助词，像"北京""湖心"这样的处所名词以及方位短语后面就不需要带处所助词了。这实质上反映出了藏缅语族语言内部用事物表示空间的类型差异。通过比较作者还指出，藏缅语格助词的对立既不是受主宾语关系决定的，也不是完全受施受关系决定的，而是要受语法关系、语义系统、语用功能等多种因素的制约。因此他认为藏缅语的格系统既不是典型的主宾格语言，也不是典型的作通格语言，而是一种特殊的格系统。书中还通过藏缅语和汉语的比较，揭示了藏缅语施事助词和汉语被动句中介词的区别。

王跟国的专著《藏缅语族语言格助词研究》一书是在他的博士学位论文基础上完成的。他是我2009年在北京语言大学招收的首位博士生。从博士一年级后的暑假开始，就跟随我到云南芒市、勐腊，老挝琅南塔等地进行过多次田野调查，实地了解并感受了少数民族语言的使用情况，参与完成了《云南德宏州景颇族语言使用现状及其演变》《勐腊县克木语及其使用现状》《老挝琅南塔省克木族及其语言》等著作。田野调查增强了他对少数民族语言研究的兴趣和信心。他说，中国境内有丰富的少数民族语言，可以通过比较来认识语言的特点，是语言研究的有利因素，但真正要进入到语言研究中并非是停留在表层现象那么简单，更不是一朝一夕的事情。在博士论文的选题上经过一番周折，最终选择了藏缅语族语言格助词的研究。

格助词的使用作为藏缅语的一个典型特征隐藏着无数的"谜"，需要持续的研究。该书仅仅是藏缅语格助词研究的一个起步，期望有更多的学者加入到这个行列中，更好地探讨其真相。

跟国事业心强，对语言研究有一股强烈的求知欲，而且待人真诚，乐于助人，做学问能吃苦。博士毕业后还坚持不懈地进行少数民族语言的田野调查，每年暑假基本上是在西南少数民族地区度过。几年中就获得了少数民族语言研究的国家社科课题，参与了少数民族语言的语言保护项目，发表了一些少数民族语言研究的成果，已于2014年晋升为副教授。他重视语言学理论的学习，创新意识强，而且乐于做语言田野调查。我希望他能在这条路上走下去。

是为序。

戴庆厦

2019年10月18日

于中央民族大学507工作室

目 录

第一章 绪论 …………………………………………………………… 1
  第一节 藏缅语概况及其特点 ………………………………… 1
    一 藏缅语的系属分类 …………………………………… 1
    二 藏缅语的特点 ………………………………………… 7
  第二节 藏缅语格助词的界定、研究意义和难点 …………… 9
    一 格助词的界定 ………………………………………… 9
    二 研究意义 ……………………………………………… 12
    三 研究难点 ……………………………………………… 14
  第三节 藏缅语格助词的研究现状 …………………………… 15
    一 中国藏缅语的研究状况 ……………………………… 15
    二 藏缅语格助词的研究现状 …………………………… 16
    三 藏缅语格助词研究中存在的问题 …………………… 21
  第四节 本文研究拟采用的理论方法及语料来源 …………… 22
    一 理论基础 ……………………………………………… 22
    二 研究方法 ……………………………………………… 23
    三 语料来源 ……………………………………………… 24

第二章 藏缅语族语言的施事助词 …………………………………… 26
  第一节 施事助词的语音特征 ………………………………… 26
    一 施事助词的语音形式 ………………………………… 26
    二 施事助词的语音变化 ………………………………… 30
  第二节 施事助词的语法特征 ………………………………… 34
    一 施事助词的句法特征 ………………………………… 34

二　施事助词的功能差异 …………………………………… 41
　　三　藏缅语施事助词和汉语"被"的异同 ………………… 56
 第三节　施事助词的词源关系 …………………………………… 58

第三章　藏缅语族语言的对象助词 …………………………… 61
 第一节　对象助词的语音特征 …………………………………… 62
　　一　对象助词的语音形式 …………………………………… 62
　　二　对象助词的语音变化 …………………………………… 66
 第二节　对象助词的语法特征 …………………………………… 67
　　一　对象助词的附着对象 …………………………………… 67
　　二　对象成分的语义类型 …………………………………… 70
　　三　对象助词的使用条件 …………………………………… 72
　　四　对象成分和动词之间的语义关系 ……………………… 79
　　五　对象助词和其他指示对象的范畴 ……………………… 84
　　六　对象助词的数量差异 …………………………………… 84
　　七　对象助词的功能差异 …………………………………… 95
 第三节　对象助词的词源关系 …………………………………… 108

第四章　藏缅语族语言的处所助词 …………………………… 111
 第一节　处所助词的语音特征 …………………………………… 112
　　一　处所助词语音形式上的差异 …………………………… 112
　　二　非音节性处所助词的性质 ……………………………… 115
 第二节　处所助词的语法特征 …………………………………… 116
　　一　藏缅语处所助词存在不同的两类 ……………………… 116
　　二　典型处所助词的用法及特点 …………………………… 118
　　三　准处所助词的用法及特点 ……………………………… 122
　　四　两类处所助词的并存 …………………………………… 129
　　五　典型处所助词和准处所助词空间关系表达的比较 …… 131
　　六　两类不同性质处所助词的特征及演变 ………………… 134
 第三节　处所助词的语法功能 …………………………………… 134
　　一　处所助词的功能差异 …………………………………… 134

二　处所结构的句法功能 ································· 145
　第四节　处所助词的词源关系 ································· 146
　　一　准处所助词和方位名词的比较 ························· 146
　　二　典型处所助词的词源比较 ····························· 147

第五章　藏缅语族语言的从由助词 ······························· 150
　第一节　从由助词的语音特征 ································· 151
　　一　从由助词的语音形式 ································· 151
　　二　从由助词语音形式差异的原因 ························· 157
　第二节　从由助词的语法特征 ································· 159
　　一　从由助词的句法分布 ································· 159
　　二　从由成分的语义类型 ································· 164
　　三　从由助词的数量差异 ································· 167
　　四　从由助词的功能差异 ································· 174
　第三节　从由助词的词源关系 ································· 186
　　一　从由助词的词源比较 ································· 186
　　二　个别语言的从由助词是由动词虚化而来的 ··············· 188

第六章　藏缅语族语言的工具助词 ······························· 189
　第一节　工具助词的语音特征 ································· 189
　　一　工具助词的语音形式 ································· 189
　　二　工具助词和施事助词、处所助词的语音比较 ············· 193
　第二节　工具助词的语法特征 ································· 196
　　一　工具助词的附着对象 ································· 196
　　二　工具结构的句法位置 ································· 197
　　三　工具成分的语义类型 ································· 198
　　四　工具助词的使用情况 ································· 201
　　五　工具助词的功能差异 ································· 208
　第三节　工具助词的词源关系 ································· 218
　　一　施事助词和工具助词的词源关系 ······················· 218
　　二　施事助词兼作工具助词的认知解释 ····················· 219

第七章　藏缅语族语言的比较助词 ……………………… 220
第一节　藏缅语比较助词的语音特征 …………………… 221
　　一　比较助词的语音形式 ………………………………… 221
　　二　比较助词的语音变化 ………………………………… 224
第二节　比较助词的语法特征 …………………………… 224
　　一　比较助词的附着对象 ………………………………… 224
　　二　比较基准的语义类型 ………………………………… 227
　　三　比较助词的数量差异 ………………………………… 230
　　四　比较结构的句法位置 ………………………………… 235
　　五　比较助词和句中其他相关范畴的关系 ……………… 238
　　六　比较助词的功能差异 ………………………………… 240
第三节　比较助词的词源关系 …………………………… 244
　　一　有明显来源的比较助词 ……………………………… 244
　　二　无明显来源的比较助词 ……………………………… 245

第八章　结　语 …………………………………………… 248
　　一　藏缅语有丰富的格助词 ……………………………… 248
　　二　藏缅语的格助词是后起的 …………………………… 249
　　三　制约藏缅语格系统形成与演变的语言机制 ………… 251

参考文献 …………………………………………………… 256
　　论文类： …………………………………………………… 256
　　著作类： …………………………………………………… 258

第一章 绪论

第一节 藏缅语概况及其特点

一 藏缅语的系属分类

"汉藏语系（Sino—Tibetan family）"这个概念是仿效"印欧语系"的提法，用类比的办法提出来的。"汉藏语系"的提出是对历史语言学的挑战和检讨。"印欧语系"这个概念在它诞生之前已有相当长时间的酝酿，是在语言之间的比较研究有了一定基础之后取得的共识。"印欧语发生关系学的建立，鼓励人们去设想印度北部、缅甸、泰国、老挝、越南北部和中国（包括西藏）的一些语言之间也存在类似的关系。这些语言被认为是'汉藏语系'。"[1] 汉藏语系从一开始就是根据地域的、类型的特点提出的一个假设，不是用语言学的方法建立起来的语言分类。因此，长期以来关于汉藏语言系属分类、源流的争论和分歧一直存在。

明确地给汉藏语进行系属分类的学者先后有孔好古（A. Conrady, 1896）、科诺（S. Konow, 1909）、李方桂（1937，1973）、谢飞（Robert Shafer, 1955）、白保罗（Benedict, 1972）等，但对后世造成直接而深远影响的要数李方桂、白保罗，他们代表了汉藏语系属争论中的两种主要观点。

1937年，李方桂先生在《中国的语言和方言》一文中，提出了对我国汉藏语的分类表。36年后的1973年，他在同名论文中又重申了他的分类法。这个分类将汉藏语系划分为一语三族，即汉语、侗—台语族、苗瑶语族和藏缅语族。这种分类对中国的学者产生了深远的影响。赵元任（1943）、董同和（1953）把汉藏语分为藏—缅语（Tibetan Burmese）、

---

[1] 转引自徐通锵《历史语言学》，商务印书馆1991年版，第43页。

台语（Kam—Tai）、汉语（Chinese）和苗瑶语（Miao—Yao）四部分。1954年，我国学者罗常培、傅懋勣《国内少数民族语言文字概况》一文，1987年我国出版的《大百科全书·民族卷》中由马学良、戴庆厦编写的"汉藏语系"条，2003年马学良、戴庆厦主编的《汉藏语概论》都延续了李方桂的分类框架，把汉藏语分为汉语、侗台语族、藏缅语族、苗瑶语族，但在语支的划分和具体语言的归类上反映了各自时代我国对藏缅语系属的认识水平。

美国学者白保罗（Benedict）在他的著作《汉藏语概论》（Sino Tibetan：A Conspectus）（1972）中提出一个与众不同的分类表。在这个表里，汉藏语系只有藏—克伦与汉语两大语族，藏缅语属藏—克伦语族，与克伦语并列。其显著特点就是把壮侗语、苗瑶语排除出汉藏语系。"白保罗关于汉藏语系的新的分类和他的《概论》的发表，犹如在沉静而缺乏生机的死水塘里扔进一块大石头一样，在汉藏语系语言的研究中掀起了一场轩然大波，赞成与反对的声浪错杂交替。欧洲的学者如易嘉乐（S.Egerod）、福雷斯特（R.A.D.Forrest）、奥德里古（A.Haudricourt）、美国的学者如包拟古（Nicholas C.Bodman）、马提索夫等都同意白保罗的观点，都主张把侗台、苗瑶两语族从汉藏语系中分离出去。"[1]马提索夫在1997年第三十届汉藏语言国际研讨会上的最新分类中，汉藏语系只包含汉语和藏缅语族语言。我国的学者闻宥在20世纪也认定台语同汉语没有同源关系。罗美珍、倪大白、董为光等结合壮侗先民的历史和语言情况对白保罗的观点予以支持。当然也不乏批评的观点，如米勒（Miller，1974）、张琨（1973）等。批评的焦点主要在白保罗所用的材料以及缺乏严整的对应规律上。

藏缅语和汉语同属于汉藏语系是这两种代表性观点的共识。汉藏语系究竟是否包含壮侗、苗瑶语族是他们的分歧所在。"越来越多的学者从语言、人文等方面对汉语与苗瑶语、壮侗语的亲缘关系提出了怀疑，甚至明确认为它们之间不存在亲缘关系。而迄今为止，却没有一个学者对汉语与藏缅语的亲缘关系提出过怀疑，尽管目前语言学界尚未对这种亲缘关系提供过全面而系统的科学论证"。[2]孙天心教授于2011年在中央民族大学的一场学术报告中从语音、语法方面阐述藏缅语中存在的一些特殊语言现

---

[1] 徐通锵：《历史语言学》，商务印书馆1991年版，第51页。
[2] 傅爱兰：《藏缅语和汉语的亲属关系》，载《藏缅语新论》，中央民族学院出版社1994年版。

象，指出藏缅语是唯一确定与汉语有亲缘关系的语群，对汉语研究具有非常重要的价值。因此，藏缅语的研究应该是汉藏语研究的一个很好的突破口，对藏缅语有全方位的深入了解，弄清楚藏缅语本身的特点、演变层次以及和汉语的亲属关系层次，不仅是认识藏缅语的需要，也是进一步搞清楚壮侗语、苗瑶语和藏缅语关系的必要条件，从而逐步找到真正适合汉藏语历史研究的方法，梳理清汉藏语的历史发展。

藏缅语族（Tibetan Burmese，以下简称藏缅语）的构想产生较早，但藏缅语的分布范围、包含语种的数量、藏缅语的语支分化是逐步明确起来的。

国外的藏缅语分类主要有：

李方桂先生在《中国的语言和方言》中的分类，将藏缅语分为四个语支：

藏缅语族			
藏语群：嘉戎语、独龙语、怒语	波多—那加—克钦语（景颇语）	缅语群：缅—库基—老库基语	彝语群：包括纳西语（麽些语）等

美国学者谢飞（Robert Shafer）于1955年提出了一个汉藏语系的分类表，认为汉藏语系包括六大语族：缅语族、汉语族、台语族、藏语族、巴尔语族和卡伦语族。他把缅、藏分为两个语族与汉语族、台语族并列。语族下面包含了不同的语群、语支、语区（地理方位）、语言。对于藏语族、缅语族的分类如下表：

藏语族				缅语族					
藏语群	西喜马拉雅语群	东喜马拉雅语群	西部中喜马拉雅语群	未分类语群	缅语	怒语	姆鲁语	克钦语	卢依语	库基语	tsairel

美国学者白保罗（Benedict）在他的著作《汉藏语概要》（Sino Tibetan：A Conspectus）（1972）中提出一个与众不同的分类表。在这个表里，汉藏语系只有藏—克伦与汉语两大语族，藏缅语属藏—克伦语族，与克伦语并列。其内部分类很有特点，以克钦（景颇）语为中心，其他语言或语言群都是克钦（景颇）语成放射状向四周分散形成的。

日本学者西天龙雄在对藏缅语进行调查研究的基础上，于1970年提出了汉藏语系及藏缅语的划分。他认为汉藏语系分汉台和藏缅两大语群。藏缅语群下属的语言分四个语族：

藏缅语群			
藏语族	彝缅语族	博多那嘎语族	钦语族

Egerod（1974）提出的藏缅语下分藏语族、缅语族、巴尔语族。其中：藏语族和缅语族的分类如下：

藏语族				缅语族		
喜马拉雅语支	巴兴—瓦尤语支	米利语支	其他藏语	缅语支	景颇语支	库基语支

马提索夫在1997年第三十届汉藏语言国际研讨会上的最新分类：

藏—缅语						
Kamamrupan：印度东北、缅甸西部	喜马拉雅语：中国西藏、尼泊尔、不丹、锡金	羌：中国四川、云南	景颇—怒—Luish：缅甸北部、云南	彝—缅—纳西：中国西南、缅甸、泰国、老挝、越南	卡伦：缅甸、泰国	白语：中国云南

马提索夫的分类被认为是"反映了当前，也就是二十世纪末关于汉藏语系属分类研究的水平和成果。"①

国内的藏缅语分类主要有：

赵元任（1943）、董同和（1953）关于藏缅语的分类如下：

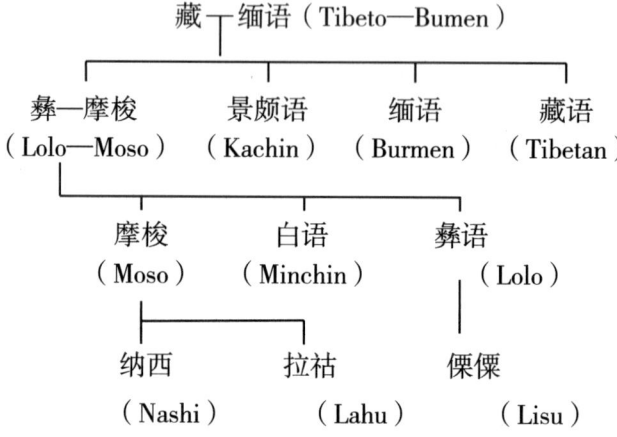

---

① 孙宏开、江荻：《汉藏语言系属分类之争及其源流》，《当代语言学》1999年第2期。

1954年，我国学者罗常培、傅懋勣在《国内少数民族语言文字概况》一文中，提出了汉藏语系分类表，将藏缅语族分为四个语支：

藏缅语族			
藏语支	彝语支	景颇语支	缅语支
藏语、嘉戎语羌语、西番（普米）语、俅（独龙）语、怒语	彝语（诺苏、乃苏、山苏、撒尼、他鲁……都说彝语方言）、傈僳语、拿喜语（纳西语）、哈尼语、（且地、布都……都说哈尼方言）、拉祜语、阿昌语、民家语、（白语、勒墨、那马都说民家方言）	景颇语	缅语、载瓦语、腊汔（茶山，现在叫勒期）、浪速

1987年我国出版的《大百科全书·民族卷》中由马学良、戴庆厦编写的"汉藏语系"条，对汉藏语系进行了分类，藏缅语族的具体分类如下：

藏缅语族				
藏语支	景颇语支	彝语支	缅语支	语支未定
藏语、嘉戎语、门巴语	景颇语	彝语、哈尼语、傈僳语、拉祜语、纳西语、基语	载瓦语、阿昌语	白语、土家语、仓洛门巴语、珞巴族语言（崩尼—博嘎尔语、义都语）

孙宏开1983年提出了藏缅语的分类：

藏缅语族				
藏语支	羌语支	景颇语支	彝语支	缅语支
藏语、门巴语、仓洛语、白马语	羌语、普米语、嘉绒语、木雅语、尔龚语、史兴语、尔苏语、贵琼语、扎巴语、纳木义语、拉坞戎语	景颇语、独龙语、僜语（两种）、珞巴语	彝语、纳西语、哈尼语、白语、拉祜语、基诺语、傈僳语、怒苏语、土家语等	阿昌语、载瓦语、勒期语等

马学良、戴庆厦《汉藏语概论》（2003年）根据新补充的材料，对藏缅语的分类整合如下：

藏缅语族					
藏语支	羌语支	景颇语支	缅语支	彝语支	语支未定
藏语、门巴语	羌语、嘉戎语、普米语	景颇语、独龙语	载瓦语、阿昌语	彝语、傈僳语、哈尼语、拉祜语、纳西语、基诺语	白语、土家语、仓洛门巴语、珞巴语言（崩尼—博嘎尔语、义都语）

随着研究的进展，有个别语言的归属又进行了调整，戴庆厦先生在2010年北京大学举办的《走向当代前沿科学的现代汉语语法研究国际学术研讨会》上提交的论文《汉藏语的"的"字结构》中，采用的分类如下表：

藏缅语族					
藏语支	羌语支	景颇语支	彝语支	缅语支	语支未定
藏语、墨脱门巴语、错那门巴语、仓洛门巴语、白马语	羌语、普米语、嘉戎语、道孚语、却域语、扎坝语、贵琼语、木雅语、尔苏语、纳木义语、史兴语、拉坞戎语	景颇语、阿侬语、独龙语	彝语、傈僳语、嘎卓语、基诺语、苦聪话、怒语、纳西语、哈尼语、拉祜语、桑孔语、柔若语、西摩洛语	缅语、阿昌语、载瓦语、浪速语、波拉语、仙岛语、勒期语	白语、土家语、珞巴语、克伦语、义都语

语支的划分及语言的归类反映了不同时代的研究成果，不同的分类反映了学者们对某些问题存在的争议，不断地促使语言研究走向深入。综合以上各家分类，呈现以下特点：

其一，存在国内国外的区别。

我们可以看出，国内外学者在给藏缅语进行分类时有一个明显的不同，中国的学者多数是就中国境内的藏缅语进行分类，而国外学者的分类多数注意到了除中国之外其他藏缅语区的语言归属。其原因主要是客观历史条件的限制，国内外学者们能够获得的语言材料既不均衡也不全面，自然他们关注的视野也不相同。国内外的区别中还有一点就是藏缅语所处的历史层次不同。谢飞（Robert Shafer）把藏、缅看成是两个独立的语族，和汉语、台语等并立，都是来自于原始汉藏语。白保罗认为藏缅语属汉藏语下的藏—克伦语族，与克伦语并列。Egerod（1974）在藏缅语下分藏语族、缅语族、巴尔语族。在国内，藏缅语是一个独立的语族，和汉语、侗台语、苗瑶语并列。相信，随着跨境语言调查的深入和广泛开展，各国语言学者们合作交流机会的增多，对藏缅语的分类会渐趋一致、取得共识。

其二，语支的划分和具体语言的归属在逐步调整。

就国内的藏缅语分类来看，较早的赵元任（1943）、董同和（1953）将藏缅语族语言分为四个支系，分别是藏语、缅语、景颇语、彝—摩梭语。1987年我国出版的《大百科全书·民族卷》将藏缅语分为藏语支、景颇语支、彝语支、缅语支及语支未定语言，这种变化说明学者们对彝语在藏缅语演变层次中的地位取得了新的认识，彝语在藏缅语中的地位受到重视。同时，未定语支的提出，一方面说明学者们注意到了藏缅语本身特点的复杂性，同时也反映了学者在对待语言类属关系上的科学态度。孙宏开（1983）提出了羌语支，并认为羌语支包含了嘉绒语、羌语、尔龚语、普米语等十几种语言，在国内被普遍认可，在国外也引起了反响，马提索夫曾经说"藏缅语研究中最令人鼓舞的新进展是发现了一个完全不为西方学者所知的新语支——四川的羌语支。"[①]马学良、戴庆厦《汉藏语概论》（2003）在《大百科全书·民族卷》的基础上增加了羌语支，同时对个别语言的系属关系做了调整。

二 藏缅语的特点

（一）语种数量丰富

藏缅语的分布地域广，语种数量多。在中国、印度、缅甸、泰国、越南、孟加拉、老挝、尼泊尔、不丹、锡金等国都有不同程度的分布，尤以在中国、印度、缅甸、泰国等地分布最多。据马提索夫估算，藏缅语约有300—400种语言或方言。在我国，藏缅语主要分布在西北、西南、中南等地区的西藏、青海、甘肃、云南、四川、贵州、广西、湖南等省、区。就目前所知，我国属于这个语族的语言有藏语、门巴语、白马语、羌语、嘉戎语、拉坞戎语、扎巴语、贵琼语、尔龚语、纳木义语、僜语、史兴语、普米语、景颇语、独龙语、阿侬语、彝语、纳西语、哈尼语、傈僳语、怒语、柔若语、桑孔语、基诺语、嘎卓语、西摩洛语、拉祜语、阿昌语、仙岛语、载瓦语、波拉语、浪速语、勒期语、珞巴语、土家语、白语、尔苏语、义都语、苏龙语等。合起来有40种左右，是国内汉藏语语言数量最多的语族。

（二）语言特点复杂多样

藏缅语处于阿尔泰语和南亚、南岛语系的包围之中，长期以来的民族迁徙和融合导致语言之间的相互影响和渗透，语言在有分有合的矛盾中发展变化，导致语言之间的关系剪不断、理还乱。"不平衡性是任何语系、语族的语言所共有的，在汉藏语系语言中，藏缅语族语言的不平衡性尤为明显，在许多重要的特征上，几乎没有一个是所有语言都共有的，即使在多数语言所共有的特征中，不同的语言，其发展的快慢也不尽相同，它们

[①] 转引自孙宏开、江荻《汉藏语言系属分类之争及其源流》，《当代语言学》1999年第2期。

在不同程度上呈现出各自的特点。"①如藏、羌、嘉戎、独龙等语言保留人称、数、时、体、态、方向等语法范畴，而且有丰富的屈折变化，但有些屈折变化有逐渐消失的趋势；而彝、哈尼、纳西等语言大都只有一个态范畴，屈折变化少。这种现象反映了语言发展在藏缅语内部表现出的多层次性，因此，戴庆厦、傅爱兰、刘菊黄（1994）曾经将藏缅语族语言分为北部语群和南部语群，然后进行语支划分，是符合语言实际情况的。藏语支、羌语支语言的形态变化要比彝语支、缅语支语言的形态变化丰富，而景颇语支的形态丰富程度介于二者之间，呈现过渡阶段的特点。依靠助词来表示各种语义关系的语言中，助词丰富的语言，助词的兼用功能少；助词不丰富的语言，助词兼用的功能多。反映在语言与民族的关系上，也出现种种复杂的现象。有些民族使用一种以上的语言，如景颇族使用的景颇语、载瓦语分属不同的语支。藏族中除大多数说藏语外，还有说扎坝、史兴、尔龚、贵琼、木雅、纳木义等语言。这些复杂特点，给藏缅语的描写研究、系属分类以及原始共同语的构拟都带来了很大的困难。

（三）SOV语序

除克伦语和部分白语外，藏缅语属SOV型语言，SOV语序在藏缅语内部具有较强的一致性，是绝大多数语言的常式语序。有时为了强调宾语或将宾语话题化，SOV语序可以变成OSV语序，OSV语序在多数情况下是由于语用需要造成的，并需要有标记出现。与SOV语序相关的是，句法结构关系多用后置助词来表示，且后置助词较为丰富，而SVO型语言多用前置介词来表示，不过前置介词没有后置助词那么丰富。

（四）发生学关系和类型学关系的矛盾

藏缅语族语言存在一种很有意思的现象：从发生关系来看，藏缅语和汉语是同源的，但语序类型不同，汉语是SVO型语言，藏缅语是SOV型语言；从语序类型来看，藏缅语和阿尔泰语系语言同属SOV型语言，而且具有较为丰富的格助词，但它们之间不具有同源关系。这种现象早已被人所注意，日本学者河野六郎博士曾说："如果从语言区域的角度来考虑藏语，那可真有趣！"桥本万太郎认为，"他（河野六郎）说的是这样的事实：藏语在词汇方面和汉藏语系大有关联，然而在句法方面更像阿尔泰语；看看它的语言地域，也的确分布在汉藏语和阿尔泰语的中间。"地理分布的特征可能是造成藏缅语这种特点的原因之一。

---

① 戴庆厦、傅爱兰、刘菊黄：《关于我国藏缅语的系属分类》，载《藏缅语新论》，中央民族学院出版社1994年版。

第二节　藏缅语格助词的界定、研究意义和难点

一　格助词的界定

（一）什么是格助词

1968年菲尔墨发表了《格辨》一文。菲尔墨不同意乔姆斯基在《句法理论若干问题》中对"关系概念（Relational Notions）"和"范畴概念（Categorial Notions）"的看法，他认为，范畴概念不能包括一切语言现象，必须用关系概念才能解释清楚。用范畴概念分析，下列都是介词短语：

by the tailor（裁缝做的）	by train（乘火车）
with a kinfe（用把刀）	in a month（一月之内）
for your friend（为你的朋友）	towards the moon（朝向月亮）
on the street（在街上）	on the bus（在汽车上）

如果用关系概念分析，它们分别为施事者（agent），工具（instrument），持续时间（duration），受益者（benefactor），方向（direction），地点（location）。

格语法理论认为，格功能是表达动词与名词之间的语义关系，尽管不同语言中有不同的"格形式"（caseform），但一切语言中都存在着普遍的"格关系"或"格功能"。主语、宾语等概念只是表层结构的概念，在深层结构中，动词与名词的关系是格的关系。菲尔墨曾区分了许多格，但主要的有施事格（Agentive），工具格（Instrumental），给予格（Factitive），方位格（Locative），对象格（Objective）等。格语法理论的应用使语言学家进一步认识到了动词与名词的种种复杂关系，推动了语言研究中对语义层面的深入研究。在汉语学界，语义指向的研究、多义结构的区分、语义语法的提出等都在不同程度上受到了格语法理论的影响。

格语法研究争论的焦点主要指是否存在屈折变化的格。"对叶斯柏森来说，即使在前置词中并无'处所'意义时，要谈论'分析性'的格也是错误的，因为格是一回事，前置词加宾语是另外一回事（1924，P.186）"。卡西迪（Cassidy）在1937年呼吁挽救格这个词，不要滥用，他说（P.244）："只有承认格是和屈折变化联系在一起的，并且放弃那种把这一术语扩展到其他'形式上'的区别的努力，'格'这一术语才能正

确地得到运用，才会继续有点意义。"莱曼（Lehman，1958）也曾经说："对我们来说，除非一个格表现为某种在一个体系中互相对立的形式，否则这个特定的格就根本不存在。"在菲尔墨看来："主张一定先有各种不同类型的句法关系，然后才会产生各种格的形式来表达这些句法关系，这种意见肯定不会有人反对；显然，犯众怒的是用了格这个词。""因此，就我们目前所讨论的问题而言，我们可以同意叶姆斯列夫的意见，他认为，如果我们抛弃了格这种语法范畴的一种主要特征是表现为附加在体词上的词缀这种见解的话，那么进行格的研究才会取得最大的成果。以下我用格这一术语来指处于底层的句法—语义关系，用格的形式这一术语来指特定的语言中某种格的关系的表现形式，不论通过词缀，还是通过异干法（suppletion），还是通过附加词，还是通过词序制约的办法；对格这一术语最早提出这种用法的，据我所知，是布莱克（Blake，1930）。"[①]也就是说，能够表达不同语义关系的词缀、屈折、附加词，以及固定词序都是格的语法形式。

在具有格形式的语言中，不同类型的语言采用的格形式不同。在古英语、希腊语中，采用的是词缀的形式。在满语、日语、韩国语、蒙古语族语言中，都采用助词来表示这种语义关系。如季永海在《满语语法》中指出："满语中专门用来表示'格'这一语法范畴的词叫作格助词。格助词不能单独使用，不能表达一个独立的概念，也不能在句子中独立地充当句子成分，只能用于名词、代词、数词、动名词以及名词性词组之后，表示这些词或词组与其他词或词组间种种语法关系。"

韩国作者李翊燮、李相亿、蔡琬所著《韩国语概论》中指出："助词主要添加在名词后面，是以表示该名词的格（case）为主要功能的词类。助词中还有所谓特殊的助词，它与格意义的表达无关，只是添加某些意义。为了与特殊助词相区别，一般将表示格功能的助词专门称作格助词。"

德力格尔玛、波·索德在《蒙古语族语言概论》中指出："格是通过一定的语法形式表示静词在语言结构中同其他词之间各种关系的一种语法范畴。主要有主格、领格、宾格、与位格、从比格、凭借格、和同格、联合格等八个基本格。除主格零形态外，其他格都用专门的附加成分来表示。"

[①] 转引自C.J.菲尔墨《"格"辨》，胡明扬译，商务印书馆2005年版。

陈访泽在《日语句法研究》中说："在日语的句法研究中还常常要涉及'格'这样的概念，这样的单位叫作'格成分'。格成分与谓语形成的关系叫'格成分关系'，也是一种结构上的关系。……格成分通常都有形态上的特征，即具有'体言+格'的形式，但是也有的格成分在形态上没有格助词，或体言后加上了提示助词、副助词等"。

藏缅语族语言中，也普遍存在这样的助词，而且数量丰富、自成系统，是藏缅语中重要的语法手段。这类助词附着在名词、代词、名词性短语后具有表示名词性成分和动词之间语义结构关系的功能，我们称之为格助词。

胡坦（1992）指出，藏语中的后置词亦叫"格助词"，其主要语法功能是表示名词在句中同其他词的种种关系。

格助词作为一种语法手段，兼有组织句法结构和表示句中名词性成分和动词之间语义关系的功能，或者是说，格助词表示语义关系的功能是在句法功能的基础上实现的。但格助词的使用受语义关系的制约比较明显，施事成分充当主语时可以用施事助词标注，变换句法位置充当状语后仍旧用施事助词标注，对象成分充当宾语时用对象助词标注，变换句法位置充当主语时，仍是用对象助词标注。至于处所、从由、工具、比较等成分，更是不同的语义关系要用不同的格助词来标注，虽然它们在句中都是充当状语成分。

就我们的分析来看，动作所关涉到的语义对象通常包括：动作的发出者、动作作用的对象、动作发生的处所、位移事物运动的起点、动作所使用的工具、比较行为的比较基准，因此本文研究的格助词主要有：施事助词、对象助词、处所助词、从由助词、工具助词、比较助词。

（二）格助词的辨识

在已有的论文论著中，对于格助词的称呼不尽相同，有的称为"格助词""格标记"，有的称为"结构助词"。使用"格标记"这一术语的，在指称范围上要大于"格助词"，把用来标记格关系的虚词、词缀、甚至于副词都包括进来。使用"结构助词"的有两种不同的情况，有的先把结构助词分为主语助词、宾语助词、定语助词、状语助词、补语助词等，再根据语义关系划分出不同的小类，有的是直接把结构助词分为施事助词、受事助词、处所助词、从由助词、工具助词、比较助词等。

在我们的研究中，格助词的范围仅指附着在名词、代词等或名词性短语之后用来表示附着对象和动词的语义关系的助词。因此，对于已有论文、论著的语料中的相关成分需要进行辨识。

辨识格助词的总原则是从语义关系入手，兼顾语法表现的统一性。个别语言中不好确定的语义角色，要在统观藏缅语全局的基础上，根据一些共性的规律来确定。依照不同的分类标准区分出来的格助词或没有明确分类的助词需要比照我们的分类重新归类。

二　研究意义

（一）格助词的研究有助于深入认识语言的结构特征

在组词成句的过程中，助词具有重要的组织功用，是一种必不可少的语法手段。研究一种语言的助词，有助于深入认识该语言的句法结构及特点。大多数藏缅语乃至汉藏语都是分析性较强的语言，形态变化不丰富，语言的序列也非常有限，而且序列的灵活性或固定性也要受制于虚词和形态等其他语法手段，当然，世界上的任何语言其语序都不可能是任意的。因此，真正体现汉藏语语法结构的应是作为语法标记的特定的虚词系统，而助词是虚词中使用频率最高的部分，也是虚词中起句法作用的主要部分。

在藏缅语中，除克伦语、白语（白语中的一部分）外，都是SOV语言，也就是说，都有动词居后的特征，和动词有关的名词性成分都位于动词之前，动词和名词的不同语义关系很大程度上要靠格助词来表达。有的格助词只能表达一种语义关系，有的格助词能表达两种或两种以上的语义关系。有时，同一种语义关系，要用不同的格助词来表达。有些格助词来源于实词，实词虚化后，不仅改变了原来的读音和意义，同时也关涉到句法结构的变化。像对象助词，在有些情况下可以省略，在有些情况下不可以省略，这说明，对象助词与句法结构和其他语法范畴都存在一定的关系。因此，深入认识格助词的使用情况，对于认识一种语言的结构特征、相关的语法范畴是非常必要的。

伯纳德·科姆里在《语言的共性和类型》的中译本序里也说："人们已经认识到，不同的语言在一些对一般语法理论很重要的方面都有差异，而且任何一种语言，如果不能鉴别它在这些方面跟其他人类语言的异同，就不可能对它的结构有完整的认识。"

格助词的使用是藏缅语的一个较为典型的特征，因此，藏缅语格助词的比较研究对于认识藏缅语句法结构的面貌及其形成具有重要作用。

（二）亲属语言的比较可以反映出某种语法现象的演变链

"语言演变链"（Evolutionary Chain）属历史语言学的研究范畴，这一概念是指"语言间存在的不同特点反映出的语言演变关系。它如同一条由多个链节构成的链条，把不同语言出现的特点有机地连接在一起，表明这些不同特点在演变过程中的地位、性质（包括演变的先后、主次、方向等），系统地展示这一语言群在历史演变中存在的共同演变规律。"（戴庆厦2011）藏缅语和汉语属于亲属语言，但在某一特征上，有的语言发展快些，有的语言发展慢些；有的语言保存较早的特点，有的出现后来的特点。这是对汉藏语进行历时研究的一个有利条件。

藏缅语族语言的格助词呈现出不平衡性。有的语言格助词多，如羌语、缅语、载瓦语，有的语言格助词少，如纳西语、嘎卓语、波拉语等；不同语言的格助词来源不同，有的格助词能够找到它的来源，有的格助词目前还无法找到来源；不同层次上的格助词的发展趋势也存在差别；亲属语言的这种不平衡现象反映了语言发展的不同历史层次。通过梳理藏缅语中格助词发展的不平衡现象，结合相关的特征推测其可能的发展演变方向，理顺各个环节之间的先后关系，用"演变链"的形式将其串接在一起，以期揭示藏缅语定语助词的演变规律。探索藏缅语格助词的演变层次、演变动因。

（三）格助词的比较研究具有语言的类型学价值

类型学的基本特征是跨语言的研究，其主要任务是研究不同语言的共性和个性，探求人类语言共性背后的机制。通过藏缅语格助词的比较研究，深入发掘语言表达的多样性和丰富性，尝试探讨格助词的类型学价值，能为发展和完善普通语言学理论提供有价值的事实例证。

格助词作为语法手段之一，往往要和语序——在有的语言中还包括形态等语法手段，构成一个完整的系统来表示一种语言的句法或语义关系。系统中个别因素的增加或减少要影响到其他因素的变化。在藏缅语格助词的比较中，比较多种语言中格助词的异同及其系统制约性，发现语言结构类型的演变，从而发掘格助词的类型学价值。

（四）深入认识语言的表达功能，推进双语教学

语言教学研究证明，学习一种语言固然需要掌握一定量的基本词汇，但要学会一种语言，还必须熟悉该语言的语法，一堆杂乱无章的词是不能进行交际的。我们知道，世界上的语言中表达语法关系的语序变化是非常有限的，所以在以语序和虚词为主要语法手段的语言中，虚词具体地说是

助词的句法功能更显得尤为重要，而且助词的理解和运用在语言的表达过程中发挥着极其重要的作用。因此，系统地研究不同语言的助词系统，对于认识语言的特点、制定我国少数民族地区双语政策、推进双语教学、推动语言和谐，维护民族团结能够发挥重要的作用。

三 研究难点

（一）研究基础薄弱

藏缅语的研究起步很晚，在20世纪五十年代开始，进行语言大调查，至今也不过六十年左右的时间，大部分语言的调查是从零开始，就拿我们现在的条件来说，调查记录一门新语言其难度有多大，当时的情况更是可想而知。另外，当时的调查是在为少数民族创制、改革、选择文字以及民族识别两大任务的带动下进行的，所以在调查的内容上主要侧重于语音和词汇，而对语法、语义等方面重视不够。因而在藏缅语的描写研究中，语音方面的成果多，语法方面的成果则很少。另外，当时调查和研究有照搬汉语研究的倾向，这是当时的客观条件决定的，从事藏缅语研究的学者主要是出身于研究汉语的，或以汉语为母语的，他们对汉语的传统研究方法比较熟悉，再加上时间短、任务重，调查基本上是在当时汉语描写语法的理论框架下进行的，调查大纲相对简单，尤其是语法部分，不够深入、系统。

藏缅语的研究人数少，历史短。除少数语言学专家学者倾其全力在自己的民族语事业上孜孜以求外，愿意以此为终身事业的年轻学者是少之又少。改革开放以后，学习、研究的条件大大改善。近年来，一些汉语学者开始关注民族语，而且民族院校也培养出一批母语为民族语的学者，他们开始在民族语的研究领域发挥自己的作用，这是一个良好的开端，但距离建立新的语言理论的高度还相差很远。语言研究的许多课题还没有真正开始。

（二）缺乏历史文献

在我们所考察的三十多种藏缅语族语言或方言中，有文献材料的仅有藏语、彝语、纳西语几种，藏语的文献最早不过是出现于七世纪，彝语、纳西语的文献，其出现年代也不明确，而且文献的研究成果很少。这给我们的历时研究造成了极大的困难。历时语言学的最大的特点就是比较鉴别，在缺乏历史文献材料的情况下，我们只能在亲属语言中进行共时平面上的比较、鉴别，而藏缅语的特点又非常复杂，"不同语支之间的同源词，一般不超过20%"①，各语言的演变缺乏明显的痕迹，因此在确定一种语法现象的历时演变时，比如实词虚化、助词的来源、语序的演变等，往往存在缺乏证据的尴尬。

（三）不同眼光的局限

如何处理好汉语研究和民族语研究的关系，这是我们所面临的一个难题。国内民族语研究者多数具有汉语理论的背景，在对语言材料的记录和分析中，往往会不自觉地受汉语眼光的影响，利用汉语的分析框架去研究民族语。这种现象在研究的初期是难以避免的，也不可否认，长期以来汉语学界的研究方法对民族语的研究是有启示的。但毕竟不同的语言都有自己的个性特征，民族语的有些特征可能是从以汉语为母语人的眼光看不到的，或是被牵强附会到汉语的某个特征上，因此，对于同一种现象的认识，母语人和非母语人可能会存在不同的认识。从事民族语研究的母语人少之又少，因此在大规模的少数民族语言调查阶段，多数调查者往往缺乏语言理论的素养，很难在调查中深入揭示语言中暗藏的特征。近年来培养了一批从事民族语研究的少数民族学者、专家，但与少数民族语言理论体系的创建还有一定的距离。因此，究竟该如何认识民族语中的特殊语言现象，至今仍是一个难题。

眼光的局限性还包括，对待某种语言现象，从母语人的角度看可能是一种类型，从汉语的角度看是不同的类型。那么作为研究者，究竟是按一种类型处理还是按不同类型处理？如果按一种类型处理，是否还使用汉语的术语？如果使用汉语的术语的话，可能是对应于汉语中的两个或两个以上的术语，该使用汉语中哪个术语？如果不使用汉语术语，那就得新创一个术语，但新创术语对于多数研究者来说有多大的可接受性？这都是不太容易解决的问题。

第三节 藏缅语格助词的研究现状

一 中国藏缅语的研究状况

中国藏缅语描写语言学的产生与发展大致经历了以下几个阶段。第一阶段：从20世纪30年代初到40年代末。这一时期是中国藏缅语描写语言

---

① 戴庆厦：《中国藏缅语族描写语言学的现状及展望》，载《藏缅语新论》，中央民族学院出版社1994年版。

学的开始阶段。当时,主要是一批从事汉语研究的学者对汉藏语进行了一些田野调查,发表了一些成果。第二阶段是20世纪50年代至60年代中期。在为少数民族创制、改革、选择文字以及民族识别两大任务带动下,广泛地对藏缅语进行调查。其主要成绩是:大体弄清了中国藏缅语的基本情况,初步探索了适合藏缅语特点的描写方法,发表了一批调查报告、语法描写专著和专题论文。这一时期是中国藏缅语描写语言学从产生到成熟的一个重要过渡时期。第三阶段:20世纪70年代中期至今。这一时期,中国藏缅语描写语言学有了大幅度的发展,出现了许多新的特点。其成果主要表现在:新发现了一些独具特点的语言和方言,如道孚语(有的称作尔龚语)、扎坝语、却域语、纳木兹语、史兴语、贵琼语、尔苏(吕苏)语、浪速语、勒期语、波拉语、仙岛语、嘎卓语等。这些语言汇集在戴庆厦、黄布凡等编著的《藏缅语十五种》一书和孙宏开的《六江流域的民族语言及其系属分类》一文中。人们对藏缅语的认识比过去更广了、更深了。随着专题调查研究的不断增多,语法化理论、认知理论、语言演变理论、参考语法理论开始应用于藏缅语研究,语言描写无论在方法上、手段上都有了创新。

  从整体情况看,藏缅语的研究"发端于描写语言学,而历史语言学始终未成主流,只不过是穿插于描写语言学中的一些引人注目的插曲。"①而且,20世纪50年代开展的大规模语言调查,主要是为创制、改革、选择文字服务的。由于受调查目的的局限,所以在调查的内容上,主要侧重于语音和词汇,而对语法、语义等方面重视不够。因而,反映在藏缅语描写研究中,则是语音方面的成果比较多,其他方面较少。用来表达语义结构关系的格助词研究更是非常少。

二 藏缅语格助词的研究现状

  目前,关于藏缅语格助词的成果主要有两种类型:一种是见于某种语言的概况或研究著作中助词章节里的描写或是特殊句式研究中的相关标记的认识,一种是关于藏缅语结构助词或格助词的专题研究论文。前者是藏缅语格助词研究不可或缺的基础成果,但由于各种对某一语言进行全貌研究的论著中都有所涉及,分布较广,我们在此不做介绍。

  关于藏缅语结构助词或格助词的专题研究主要有以下一些成果:

---

① 马学良等:《藏缅语新论》,中央民族学院出版社1994年版。

（一）单一语言的格助词研究

单一语言的格助词研究主要是描述某一种语言中部分或全部格助词的语法功能，分析它们的使用条件和规律。也有些论文是在单一语言的格助词描写分析的基础上，同临近的亲属语言进行对比，像藏语还包括古藏语对比，探讨它们的起源层次。

金有景（1990）《拉祜语的主语、宾语、状语助词》从不同的角度区分了宾语的类型，介绍了两种宾语助词的用法，并描述了所谓的主宾语助词、空间状语助词、时间状语助词和主状语助词。（1990）《拉祜语主语宾语助词的出现规律》详细分析了主语助词（相当于话题助词）和宾语助词的使用条件。

徐悉艰（1992）《景颇语的结构助词》[①]一文，对景颇语结构助词的类别、功能、性质等问题做了较全面的探讨。文章指出："景颇语结构助词的作用，主要是指明其前面的实词在句中充当什么句子成分，帮助其前后的句子成分组成各种结构关系。它只表示语法意义，没有实在的词汇意义；一般都附于实词、词组或句子后面，不能单独使用；有着稳定的、独立的语音形式，而不是附着在实词后面的形态成分。"作者还把景颇语的结构助词与相近的亲属语言进行了比较，指出："景颇语的结构助词与相近的亲属语言除表示主语的助词由于语音相近可能有同源关系外，大多没有同源关系。这说明景颇语的结构助词是景颇语与这些亲属语言分化后才产生的。"

谢广华（1992）《论藏语结构助词》一文指出藏语中同一个结构助词，有的有两种形式，一种是自成音节的，一种是不自成音节的；从不自成音节的结构助词的分布、音变规律，结合藏语中有些双音节词紧缩为单音节词的特点，探讨了不自成音节的结构助词的来源，认为："藏语中词或短语末一音节表达不同语法意义的音变，表面上看起来似乎是它们本身的形态变化，而实际上是在历史上自成音节的结构助词在一定条件下产生了语音归并的结果。"概括介绍了藏语各类结构助词的使用特点以及自主动词与非自主动词的主语对使用结构助词的影响。

纪嘉发（1992）《云南墨江彝语结构助词初探》梳理了云南墨江彝语结构助词的基本用法，并指出了个别结构助词在一些方言间的形式及用法差异。

---

① 载《民族语文研究新探》，四川民族出版社1992年版。

林向荣（1992）《嘉戎语助词的形式及其用法》描述了嘉戎语中常用的几个格助词的功能及用法。

李批然（1994）《哈尼语结构助词研究》指出了哈尼语结构助词的基本功能，分析了它们的使用条件，认为"从现有材料上看，我们暂不能说明哈尼语结构助词的来源问题，但与同语支的结构助词比较来看，哈尼语结构助词的产生至少要晚于哈尼语从同语支分化成为独立的语言。"

马月华（1994）《试析巴塘藏语中的几个结构助词——兼谈人称代词的音变现象》描写了巴塘藏语的使用情况，指出巴塘语"单数人称代词和指人疑问代词作施事主语时，必须加施格助词，一般不能省略"，"及物动词作谓语的句子中，在其受事宾语人物、处所后面必须加表受动意义的结构助词；不及物动词作谓语的句子中，表地点、方位的名词或词组后面也要加宾格助词。"现代藏语中结构助词的语法形式不仅简化了，"随着古藏语中原来比较多的辅音韵尾在现代藏语各方言中逐渐减少或消失，依据不同韵尾添接的格助词的多种变体形式，也逐渐趋于单一。"

李泽然（2005）《哈尼语的宾语助词》从宾语的生命度、主宾语的语义性质、动词的特点、宾语的长度、特殊句式等几方面比较系统地探讨了云南绿春哈尼语中宾语助词使用与否的相关因素。

周发晟（2007）《简论羌语格助词》描述了羌语（曲谷话）中的14个格助词的基本功能及一些格助词的用法特征。

李春风（2011）《拉祜语的宾格助词》描写了拉祜语的宾格助词的功能并分析了宾助助词的使用条件。

（二）跨语言的格助词研究

跨语言的格助词研究包括亲属语言的跨语言格助词研究和非亲属语言的跨语言格助词研究。

1. 亲属语言的跨语言格助词研究

亲属语言的跨语言研究主要是概括比较亲属语言的格助词的功能及基本用法，并通过词源比较、语法功能的差异等来探究亲属语言格助词的起源层次。

戴庆厦（1989）《缅彝语的结构助词》概述了缅彝语结构助词的基本用法和主要特征，并通过亲属语言间结构助词的词源比较得出缅彝语的结构助词大多是不同源的，指出了不同语言中结构助词的语法功能差异以及形态发展的不平衡性，从而证明了缅彝语结构助词的后起性。最后，综合了形态变化丰富与否和结构助词是否发达的关联性特点得出一种可能的推论:"缅彝语的结构助词是随着形态变化的简化、脱落而逐渐产生和发展的,是以一种新的语法形式与语法手段代替原有的形态变化。"

张军(1990)《藏缅语表施动和受动的结构助词》,指出了施动助词用来标注施事的基本功能,及兼作工具助词的功能,受动助词用来标注受动对象、双宾语句的间接宾语以及标注宾语。重点比较了施动助词、受动助词的语形关系,根据助词词首辅音(声母)的发音部位将助词分组归类,把发音部位相同或相近的归为一组,认为同属一组的是具有同源关系,而且施事助词的不同组之间也有可能具有同源关系。张军(1992)《藏缅语表限定、工具、处所、从由和比较的结构助词》(上、下)简要介绍了藏缅语中表限定、工具、处所、从由和比较的结构助词的一些用法,对各类助词进行了语形比较,根据语音形式上的联系,把各类助词分成不同的语音组,认为各组内部是同源的。

朱艳华(2010)《藏缅语工具格的类型及源流》,认为藏缅语工具格有分析式和粘着式两种语法形式,按照兼有功能的数量差异分类描写工具助词的功能,通过词源比较证明藏缅语的工具助词没有共同的来源。

2. 非亲属语言的跨语言格助词研究

非亲属语言的跨语言格助词研究主要是从语言类型学的角度出发,突破亲属语言的范围和其他具有相同类型特点的非亲属语言进行比较,探究格助词的来源或产生格助词的语言类型机制。

龚煌城(1988)《藏缅语的格助词》一文认为属格 *-^{ʔ}yi、与格/位格 *-a 和对格 *-du 是原始藏缅语的三种格助词,"拿来跟阿尔泰语言的格词尾比较,可以找到形态功能都相似的字。除这些字以外,书面藏语还有表'与格、位格、对格'的格助词-ru 及-la,也可以在阿尔泰语言中找到对应的字"。作者还认为"这些词汇上的一致并非巧合,而是由于藏缅语受了阿尔泰语言的影响,从那里移借过来的"。

罗天华(2007)《SOV语言宾格标记的考察》从语序类型的视角,探讨了宾格助词的使用,认为SOV语言中区分施受的要求是宾格助词存在的主要原因,概述了宾格助词的使用条件,并通过SOV语言和SVO语言的比较尝试说明宾格助词和SOV语序的关联性。

(三)对于格助词的多角度深入研究

随着语言学学科的整体发展,语法化理论、系统论的思想也应用于藏缅语的研究。学者们开始多角度地综合研究藏缅语的格助词,并取得了一些专题性的成果。

张琨、贝蒂·谢芙茨（1980）"Eragativity in Spoken Tibetan"（台湾BIHP），分析了藏语中格助词的用法和特点，认为至少现代拉萨藏语不能算是一种作格语言。

胡坦教授（1992）《藏语语法的类型特征》认为藏语不是印欧语那样的主格宾格对立型的语言，它虽然具有一定的作格宾格对立型语言的特征，但不是典型的作格语言。

戴庆厦、徐悉艰（1992）《景颇语语法》：揭示了景颇语句尾词对部分施受关系的标注作用，也就是说，格关系的标注除助词系统外还存在另外的标注系统。

戴庆厦、胡素华（1998）《凉山彝语的体词状语助词》指出了凉山彝语体词状语助词的基本特征，对凉山彝语的体词状语助词做了分类描写，通过凉山彝语体助词和汉语介词在来源上、功用上、语义上、系统性方面的比较并参照其他亲属语言的词类系统，认为彝语语法中没有必要设立介词类，其他彝语研究中将体助词归为介词是受汉语研究的影响。

胡素华（2000）《彝语结构助词虚化的层次》根据虚化程度的不同将彝语结构助词分为虚化最强的、虚化次强的、虚化较弱的、虚化最弱的、虚实两重性的五个层次，并梳理了4个常见的结构助词的虚化情况。

胡素华（2001）《彝语结构助词在不同层面上的多功能性》考察了结构助词在句法结构、语义、语用等不同的层面上表现出来的功用以及在结构关系层面上句与句之间、分句与分句之间、句法成分与句法成分之间等不同层次上的功用，从而说明彝语结构助词在不同层面上的多功能性，并尝试说明多功能结构助词的各个功能之间的关联性特征。

蒋颖（2010）《普米语施受助词的分工互补关系》根据普米语施受助词在句中的分布情况区分了普米语施受助词的四种分布类型：单用施事助词、单用受事助词、施受助词并用和施受助词都不用的情况，分析了普米语施受助词的使用条件，指出了施受助词的分工互补关系，探讨了普米语施受助词的历史来源，认为它们都是由动词虚化而来的。

蒋颖（2010）《普米语施受标记系统的关联性》揭示了普米语施受关系表达方式的多样性特点，既有助词型施受标记方式，又有非助词型施受标记方式，描述了不同标记方式的使用条件及功用，指出了施受标记系统内部不同标记类型的关联性。

三 藏缅语格助词研究中存在的问题

总体来看，藏缅语的格助词研究是描写多，理论探讨少。具体而言，存在以下几方面的问题：

（一）存在诸多不统一

比如嘉戎语的表示处所的语法成分-i，羌语（曲谷话）表示对象的语法成分-tɕ，它们本身是不成音节的，具有附着性的特点，但它们和典型的词缀的附着情况又不同，它们不只能附着在一类词上，而且能附着在不同类的词甚至短语上。对于这些成分的认识，有的把它们看作是词缀，有的把它们看作是助词，因此在各自的论文中讨论的助词对象是不统一的，对助词的统计结果自然也没有可比性。

再如，藏缅语中的这类助词，究竟是从句法关系角度来划分，还是从语义关系的角度来划分？各家的做法也不相同，有的是先从句法角度划分，再根据语义关系来划分，比如，先把结构助词分为主语助词、宾语助词、定语助词、状语助词、补语助词等，再根据名词和动词的语义关系把状语助词分为施事状语助词、处所状语助词、工具状语助词等。不同的划分方法会带来一些纠缠，如表示施事的助词，如果施事成分充当主语，那就成了主语助词，如果施事成分充当状语，那就又成了状语助词。

（二）没有注意区分语法的不同层次或层面

比如关于处所助词，在藏缅语中实际上存在两种不同的处所助词，一种是没有明确来源的处所助词，一种是由方位名词虚化而来的处所助词。这两种处所助词在句法特征及表达的空间关系上都存在较大的不同，但目前看到的研究成果都没有把它们区分开来。

再如，在关于宾语助词的研究中，有的叫宾语助词，有的叫宾格助词，对于它们的句法功能，大多认为是用来标记宾语或动作的对象的，其实，宾语和动作的对象是两个不同层面的术语，应该区别看待。只有把它们区别开来，才能真正认识到这类助词的本质。

（三）缺乏整体观

在有限的研究成果中，多是对某一语言的结构助词的研究或是对单一语言中某一类结构助词的研究，在较大范围内研究格助词的论文还不多见。因此，难以看清一种语言中个别现象的共性特征。

第四节　本文研究拟采用的理论方法及语料来源

一　理论基础

（一）认知语言学理论

语言和认知密切相关。语言是思维、认知的工具，认知的规律、结果要在语言中体现。因此，语法不仅具有相对的独立性，同时也具有开放性，它受现实规则、人们认知、语义结构、语音系统的影响。一方面，人类共性的认知规律作用于不同的语言会产生相同的表现，比如不同语言中处所助词兼表时间的功能，就是因为人的认知总是从空间转移到时间的普遍规律作用的结果。另一方面，由于不同民族的认知视点不同、对现实中信息的选择不同，同样的现实规则在不同语言中的具体表现形式可能不一样或者是同样的现实规则在一种语言中有反映，而在另一种语言中就根本不存在。因此，对于语言的比较研究来说，认知上的研究也是一个重要的视角。

（二）历史语言学理论

历史语言学是十九世纪印欧语言学最伟大的成就之一。历史比较语言学以历史主义的原则，科学的比较方法，通过不同语言的比较，研究语言的历史分期和发展规律，确定语言的亲疏关系，构拟不同历史时期的共同语，进而揭示语言的历史关系，并有效地进行发生学的分类。因此，比较方言或亲属语言之间的差异，找出对应关系，并在此基础上探索语言发展的线索和规律，重建原始语，这是历史语言学的核心所在。用历史主义的眼光看待藏缅语内部的各种语言现象，既是藏缅语研究的必由之路，也是整个汉藏语系语言研究的必由之路。

（三）类型学理论

语言类型学理论的目的是通过跨语言的比较，比较人类语言的共同点和不同点，获得对人类语言共性的认识，洞悉人类语言的共性、本质或"普遍语法"，反过来，对人类语言机制、语言规则的总结概括必须得到跨语言的验证，包括对具体语言的特点的研究也要建立在语言共性和类型分类的基础之上。"跨"是类型理论的一个重要特征。中国境内的藏缅语至少有三十几种，比较这三十几种语言的格助词，从类型学的角度来看待它们的共性特征和差异，有利于更加深入地认识藏缅语格助词的特征。

二 研究方法

本文拟采用的主要研究方法有：

（一）比较研究法

对事物的认识是从比较开始的，事物的特征在比较中得以突显。法国社会人类学家斯旺森（Guy E. Swanson）说："没有比较的思维是不可思议的，如果不进行对比，一切科学思想和所有科学研究，也都是不可思议的。"[1]通过比较认识藏缅语的格助词会是一个行之有效的方法。把藏缅语中的每一类格助词放在一起进行比较，比较它们的语音形式、语法功能、语用功能、使用条件等的异同，探究它们的特征、差异、来源、趋势等，从整体上认识每一类格助词的特点。把格助词和相关词类进行比较，认识它们之间的关系。把同一种语言中具有相同功能的格助词放在一起进行比较，比较它们的异同及演变趋势等。

（二）系统研究法

任何一种语言现象的存在都不是孤立的，它必然与系统之内的其他因素发生这样或那样的关系。系统内某种现象的产生、发展或消亡总会影响到相关的其他因素或是受到其他相关因素的制约，它们或者是共生共灭或者是此消彼长。采用的系统研究法越科学越能触及格助词的本质。因此，在格助词的研究中，我们将尽可能探究格助词与其他语法范畴的关系以及对语言类型的影响。正如菲尔墨所说："再者，如果结果发现包含施事关系的句子可以和其他一些语法现象联系在一起，那么贯穿整个格的研究的那些概念就会比只牵涉到描写表层格的体系的那些概念有更重大的语言学上的意义。"

（三）描写和解释相结合的方法

描写是解释的基础，解释是描写的目的。在描写和解释的过程中尽可能注意宏观和微观相结合，能够见微知著，反过来整体规律又对个别语言形成制约；共时和历时相结合，共时差异反映历时演变，历时演变造成共时表现的复杂性。力图做到观察充分、描写充分、解释充分，提高结论的科学性与实际应用的有效性。

---

[1] 盖伊·E·斯旺森（Guy E. Swanson）：《比较研究的框架：结构人类学和行为理论》，王宏周、张平平译，北京社会科学出版社1992年版，第2页。

三 语料来源

本文的语料主要来自民族出版社出版的"中国少数民族语言简志丛书""中国少数民族语言研究丛书""中国新发现语言研究丛书""中国少数民族语言方言研究丛书",中国社会科学出版社出版的中央民族大学"985工程""中国少数民族语言参考语法研究系列丛书",中央民族大学出版社出版的"985工程""中国少数民族语言研究丛书"、中央民族大学"十五""211"工程建设项目中的民族语研究丛书,四川民族出版社、四川人民出版社出版及其他出版社出版的藏缅语研究著作,《民族语文》刊载的藏缅语研究的论文等。部分语料是来自邓凤民(2009)、余成林(2010)、朱艳华(2010)的博士论文。

还有部分语料是向少数民族的语言学工作者、专家及一些母语人通过调查问卷的形式获得的,分别是:

景颇语:戴庆厦

哈尼语(绿春话):李泽然

载瓦语(遮放话):朱艳华

拉祜语(邦朵话):李春风

说明:

由于条件所限,本文研究的藏缅语语言仅限中国境内的藏缅语。

在中国少数民族语言简志丛书中,有声调的语言,多用五度标记图来标记声调,有的将不同的声调规定为不同的数字序号,就像汉语的一声、二声、三声、四声,我们根据作者在声调一节中列出的五度标记图或数字序号的对应调值,转换成五度标记法中的数字标记法。景颇语有自己的文字,我们根据景颇文及其声调标记和国际音标的对应关系转换成国际音标形式。

一些论著中统一用"助"或"助词"来标注各类助词,有的助词下未做标记或只以横线标注,其中的一部分我们根据文中的叙述类别相应地转换成我们使用的标注。有的论著采用字母缩写的形式标注各类助词,我们根据作者给出的凡例转换成我们使用的标注。

有的语言研究中,存在声调系统,但句子中的助词未标声调,我们尽量遵照原文。

藏语除特别标注外,采用的是玛曲藏语的口语。

本文统计的语言数通常包括不同的语言和方言。

语料中采用的缩略标注有：

施助——施事助词　　对助——对象助词　　处助——处所助词
从助——从由助词　　工助——工具助词　　比助——比较助词

第二章　藏缅语族语言的施事助词

施事助词附着于名词、代词等体词性成分之后，用来标明或强调所附着成分是动作行为的发出者、致使者。施事助词所附着的成分是施事成分，施事助词和其所附着的成分构成施事结构。施事结构在句中的位置有一定的灵活性，可以在句首，也可以在受事成分之后，谓语中心之前。

从语义特征上来说，各种语言都有施事、受事的区别。有的语言要靠施事助词来标明动作的施事者，但并非所有的语言都有施事助词。我们考察了42种藏缅语（包括方言）的格助词，其中32种有施事助词，10种没有施事助词。同一种语言中也表现出较大的方言差异，如，下游史兴语和上游史兴语最大的差别就在于下游史兴语没有施事格助词rɛ̃³³；[①]羌语麻窝话有专门的表示施事的格助词，羌语曲谷话（河西村）中却没有施事格助词。据黄布凡先生的调查，曲谷乡河西村羌语没有表示施事的结构助词，河东村土语却有表施事的结构助词ɕtɕi。而且在多数有施事助词的语言里，施事助词的使用都有一定的条件，并非都是强制性的。在有书面记载的语言中，口语形式和书面形式有了较大差异，口语形式有了缩减和弱化的趋势。

第一节　施事助词的语音特征

一　施事助词的语音形式

施事助词都是自成音节的。根据施事助词的音节数量，可以把施事助词分为单音节性的施事助词、双音节性的施事助词，在我们所调查的语言中，没有出现三个或三个以上等多音节的施事助词。在有声调的语言中，

---

① 参见徐丹《下游史兴语的某些特点》，《民族语文》2009年第1期。

施事助词还有自己的独立的声调。

（一）单音节性的施事助词

如：藏语中的kə（ngə、ɣə）：

ɬa mdzək kə　　zok wʑo ɣot　khə.　　　　拉周在挤牛奶。
拉 周（具格）牛　挤　正在 有

tɕhu wzaŋ ngə　rta ʐon ni　thon tha.　　曲桑骑着马过来了。
曲　桑（具格）马 骑（虚）来 了

nor tɕhu ɣə　　wa　hək.　　　　　　　　诺日曲支帐篷。
诺日曲（具格）帐篷 支撑

（以上例句引自周毛草2003：216、218）

错那门巴语的te^{31}：

ŋA^{35}rA^{753} te^{31} mʌk^{55}mi^{53} nʌŋ^{3} le^{31} lem^{35}taŋ^{53} khri^{53}wo^{53} jin^{35}.
我们　（助词）战士　们（助词）路　带（后加）（助词）
我们给战士们带路了。　　　　　　　（陆绍尊1986：84）

仓洛门巴语的ki：

leŋ^{55}pa$^{(13)}$ t'am^{55}tɕe^{755} raŋ wak^{13}tsa^{55}pa$^{(13)}$ ki ŋam^{13} tɕ'um^{55}ma la.
桃　　　　一切　　（助）孩子们　　　（施助）吃　完（助动）
桃都叫孩子们吃光了。　　　　　　　（张济川1986：110）

白马语的i^{53}：

kha^{13}ko^{53} i^{53}　　ŋa^{35} ndʐø^{13} uɛ^{13}.　　他们把我打了（他们打我了）。
他们　（施助）我　打（已行）　　（孙宏开等2007：113）

a^{13}li^{53} i^{53}　çyɛ^{35}　lɛ^{53} ndʒø^{341} mbɔ^{13}tɕhɛ^{13}.
猫（施助）老鼠（定助）吃　（完成）
猫把老鼠吃了（猫吃老鼠了）。　　　（孙宏开等2007：113）

羌语（麻窝话）的ji：

bulu　ji　tɕiwu tɑ ji.　　　　　　　老鹰把鸡抓走了。
老鹰（施事）鸡　抓走（后加）　　　（刘光坤1998：209）

嘉戎语的kə：

ŋa　kə　ta-ma　to-pɐ-ŋ.　　　　　　我做活儿了。
我（施助）活儿（前缀）做（后缀）　（林向荣1993：336）

拉坞戎语的ɣə^{33}：

ŋa^{53} ɣə^{33} stɛn^{33}ɖən^{33} ji^{53} khrəm^{55}ɕa^{33} nɛ^{33}-vzu-ŋ^{33}.
我（施事）丹增　（对象）批评　（完）做（1、单）

我批评丹增了。　　　　　　　　　　　　（黄布凡2007：99）

pa³³ku³³lŋɑ⁵³ ŋar³³ ɣə⁵³ rə³³-ndzə⁵⁵.　　小鸡叫鹞子捉走了。
小鸡　　　　鹞子（施事）（完）捉走　　（黄布凡2007：99）

景颇语的e³¹：

kǎ³¹na³³ e³¹ mǎ³¹ʒi³³ ja³³.　　　　　　由姐姐买给
姐姐　（结助）买　　给

ʃǎ³¹wa³¹ mǎ³¹ʃa³¹ ni³³ e³¹ kot³¹ kau⁵⁵.　被群众赶走
群　众　　　　　　（结助）赶　掉

ʃi³³ e³¹ ʃa⁵⁵ kau⁵⁵.　　　　　　　　　被他吃掉
他（结助）吃　掉

ʃan⁵⁵ e³¹ kǎ³¹lo³³ ja³³.　　　　　　　由他俩做
他俩（结助）做　　给

（以上例句引自戴庆厦、徐悉艰1991：263）

阿侬语的mi⁵³：

ŋ³¹ mi⁵³ dɛ³¹gɻ̩⁵⁵ khɑ³¹ ɑ³¹nɛ³³ u³¹li³¹ sɻ̩³¹ dʑɛ³¹.
他（施动）狗　（受助）打　（连助）死（体后缀）
他们把狗打死了。　　　　　　　（孙宏开、刘光坤2005：110）

ŋ³¹ khɑ³¹ m̩³¹sɻ̩³¹ lɑ³³o⁵⁵ ɑ³¹tshaŋ³¹ mi⁵⁵ san⁵⁵ɑ³¹ bɑ³⁵.
他（受助）坏　　　　人　　（施助）杀　去
他被坏人杀掉了。　　　　　　　（孙宏开、刘光坤2005：111）

哈尼语的ne³³：

ka²⁴pu²⁴ ne³³ se²⁴je³¹ jɔ⁵⁵ ba⁵⁵xɔ⁵⁵ mi³¹.　干部帮助社员。
干部　（助）社员（助）帮助　给　　（李永燧、王尔松1986：96）

xa³³ma³³ a⁵⁵xɔ⁵⁵ ne³³ bɑ̣³¹ dʑa³¹ a⁵⁵.　　母鸡让野猫抓吃了。
母鸡　　野猫（助）抓　吃　了　　（李永燧、王尔松1986：96）

柔若语的ɕi³³：

tu⁵⁵ ɕi³³ vu⁵³ sɛ³³ kõ³³ pa⁵³ ɕi⁵⁵ zɔ³¹.　他打死了三只老鼠。
他（助词）老鼠三　只　打　死（助词）

n̥a⁵⁵ ni̠³³ kṵ³¹ ɕi³³ xo³³ kṵ³¹ tso³³ zo³¹.　猫把肉吃了。
猫　个（助词）肉　个　吃（助词）

liu⁵⁵ kõ³³ ɕi³³ khyi³³ kɔ³³ ŋa⁵³ ɕi⁵⁵ zɔ³¹.　豹子把狗咬死了。
豹子　（助词）狗（助词）咬　死（助词）

（以上例句引自孙宏开等2002：121）

西摩洛语的xɔ⁵⁵：

ɯ⁵⁵ xɔ⁵⁵ kje³³jo³³ phɔ³¹.　　　　　被他骗了。
他（施助）骗　　　了

tʃo³¹sɿ⁵⁵ xɔ⁵⁵ pa³¹ tʃɔ³¹ phɔ³¹.　　被风吹跑了。
风　　（施助）跑（助）了

po³³li³¹ ŋA⁵⁵ xɔ⁵⁵ tɯ³¹ pje³³ phɔ³¹.　玻璃被我打碎了。
玻璃　我（施助）打　碎　了

（以上例句引自戴庆厦等2009：150）

阿昌语（梁河话）的xɑ³³：

ʂaŋ³⁵ lɑ⁷³¹ tə³³　pja³¹ xɑ³³ tin³³ lɑ⁷⁵⁵ kəu³³.
他的　手（受格）马蜂（强调）蜇　来　了
他的手被马蜂蜇了。　　　　　　（时建2009：152）

khɑ⁵⁵ʑu⁷³¹ xɑ³³ naŋ³³ tə³³　sai³³ lɑ⁷⁵⁵/³¹ ɛi⁷⁵⁵?
谁　　（强调）你（受格）支使　来　　的
是谁支使你来的？　　　　　　　（时建2009：152）

载瓦语的ə⁷³¹：

jaŋ⁵¹ taŋ³¹pau⁵⁵ mă⁵⁵ khui⁵¹ ə⁷³¹ tsaŋ⁵⁵ ŋat³¹ pə⁵¹.
他的　腿　　（方助）狗（施助）被　咬（变化）
他的腿被狗咬了。　　　　　　　（朱艳华提供）

phjin³¹kɔ⁵¹ jaŋ³¹/⁵¹ ə⁷³¹ tsaŋ⁵⁵ tsɔ³¹/⁵¹ pjam⁵⁵/³¹ pə⁵¹.
苹果　　　他（施助）被　吃　掉　（变化）
苹果被他吃掉了。　　　　　　　（朱艳华提供）

仙仁土家语的ko³³：

ko³³ thu⁵⁴xui³³ ko³³ so⁵⁴ nõ³³ a⁵⁵la⁵⁵ lu³³/⁵⁵.
他　土匪　　（施事）三　年　关　了
他被土匪关了三年了。　　　　　（戴庆厦、李洁2005：100）

mo³³pi³⁵ xa³³lie⁵⁴ ko³³ ka³⁵ lu³³/⁵⁵.　　猫被狗咬了。
猫　　　狗　　（施事）咬　了　　　（戴庆厦、李洁2005：100）

（二）双音节性的施事助词

如：普米语的ɣue⁵⁵iɛ¹³和ʑue⁵⁵iɛ¹³：

lau¹³sə⁵⁵ ɣue⁵⁵iɛ¹³ tə⁵⁵ɡɯ⁵⁵ tɕi⁵⁵ dʑə¹³dʑə¹³ ti¹³ pʐa¹³ thə¹³ khũɛ¹³ si⁵⁵.
老师　　（施助）　他　（受助）　信　　一　封　（前加）给（后加）
老师给他一封信。　　　　　　　（陆绍尊2001：176）

ço¹³sɛ̃⁵⁵ zue⁵⁵iɛ¹³ lau¹³sə⁵⁵ tɕi⁵⁵ kɑ̃⁵⁵pi⁵⁵ ti¹³ stie¹³ thə¹³ khuẽ¹³ si⁵⁵.
学生　（施助）老师（受助）钢笔　一　支　（前加）给（后加）
学生给老师一支钢笔。　　　　　　　　　（陆绍尊2001：176）

却域语的ji¹³n̠i⁵⁵：
phu⁵⁵ro⁵⁵ ji¹³n̠i⁵⁵ xpa⁵⁵ ʁa　tə⁵⁵mdzi̠¹³ si³¹.
乌鸦　（施助）青蛙（受助）（前加）捉（助动）
乌鸦捉住了青蛙。　　　　　　　　　　（戴庆厦等1991：62）

元江苦聪话的kiɛ⁵⁵n̠ɛ³³：
ʐa³¹n̠i³³ ŋa³¹ khɯ³³ nɔ³¹ kiɛ⁵⁵n̠ɛ³³ tshu³³ na³¹ o³³.
今天　我　脚　你（施助）　砍　伤（体助）
今天我的脚被你砍伤了。

ɕi³⁵ khɯ³¹ ŋa³¹ kiɛ⁵⁵n̠ɛ³³ dɔ³³ pi⁵⁵.　　　是我打破这个碗的。
这　碗　我（施助）打　破

ʐi³³tsv³¹ŋa³¹ kiɛ⁵⁵n̠ɛ³³ tsʌ³¹ pɯ³³ ɕʌ³³=ɕi³³a³³.
全部　我　（施助）吃　（体助）（态度语气）
全部都是被我吃的。

　　　　　　　　　　　　　　（以上例句引自常俊之2011：145）

在我们所考察的32种语言的施事助词中，仅有3种语言的施事助词是双音节的，其余29种都是单音节的。可见施事助词大多是单音节性的。

目前关于双音节施事助词的来源还不太清楚，有待于对藏缅语助词的深入研究来解决。

二　施事助词的语音变化

施事助词本身没有什么意义，不能独立运用，只是附着于名词、代词等体词性成分之后，起一种提示作用，在有些情况下可用可不用，即使不用，也不影响意义的表达。因此，施事助词的语音容易在语流中发生变化。就我们所观察到的情况说，施事助词的语音变化主要有条件变体、自由变体、脱落、合并以及特殊音变等。

（一）条件变体

施事助词受其前一音节末尾音素的影响发生语音变化从而形成变体，我们称之为施事助词的条件变体。施事助词的条件变体主要是施事助词的词首辅音发生变化形成的。如：

玛曲藏语：

玛曲藏语（口语）中的施事助词主要有：kə、ngə、ɣə三个。这三个施事助词都对应于书面语的gis，它们属于不同语音环境下的条件变体，分布情况是：前一音节以辅音p、t、r、k结尾时，施事助词的变体是kə；前一音节以鼻辅音m、n、ŋ结尾时，施事助词的变体是ngə；前一音节以元音i、ə、o、u结尾时，施事助词的变体是ɣə。如：

ɬa mdzək kə　　zok wʐo yot khə.　　　　拉周在挤牛奶。
拉　周（具格）牛　挤　正在　有

tɕhu rtɕət kə　　jak li jet kot khə.　　　　曲吉在打扮。
曲　吉（具格）打扮　　正在

wsam ndzəp kə　　rta ptak.　　　　　　三木珠拴了马。
三木　珠　（具格）马　拴（了）

tɕhu wzaŋ ngə　　rta ʐon ni　thon tha.　　曲桑骑着马过来了。
曲　桑（具格）马　骑（虚）来　了

rtop hdan ngə　hwe tɕha ndon ngot khə.　道布旦在读书。
道布　旦（具格）书　　读　　正在

nor tɕhu ɣə　　　wa　hək.　　　　　　诺日曲支帐篷。
诺日曲（具格）帐篷 支撑

tɕhə ɣə　　　ʐaŋ　nəp soŋ zək.　　　　水淹没了庄稼。
水（具格）庄稼 淹没　　了

ptʂwa ɕi m̥tsho ɣə　χihdzə ɣə　　tɕo tho htəp kot khə.
扎西草　　（具助）剪刀（具助）头发　　剪　着
扎西草在用剪刀剪头发。

（以上例句引自周毛草2003：216—227）

（二）自由变体

有些施事助词的变体，不受语音环境的影响，仅仅与个人的使用习惯有关系，这种变体属于自由变体。自由变体的存在不影响语义的表达。如：

傈僳语：

ɑ⁵⁵nɑ³³ ne³³ nu³³ tɛ⁵⁵ knu³³ lɑ³³.　　　阿娜来喊你。
阿娜　（助）你（助）口　来　　（徐琳等1986：73）

ɑ³¹mɑ⁴⁴ ne³³ ŋuɑ³³ tɛ⁵⁵ go³¹ lɑ³³?　　　谁来给我？
谁　（助）我（助）给　来　　（徐琳等1986：73）

上面例句中的ne³³可变读为le³³，而不影响语义的表达。是相同发音部位上不同的发音方式造成的差异，在母语人看来，听感差异较小，所以不同的人有不同的读法。

（三）脱落

随着语音弱化程度的加深，还会造成一些音位的脱落，包括辅音音位的脱落和元音音位的脱落。如：

独龙语：

kǔɹ^{55}cǎŋ^{53}ɹa^{31} mi^{55}（或i^{55}） a^{31}mɹa^{55} găm^{53}tɕe^{53} ɔ^{53}.
青年　人　（助词）　　地　好好地　做
青年人好好地种地。　　　　　　　　（孙宏开1982：145）

pɹa^{55}se^{53} mi^{55} aŋ^{31}dʑa^{55} kwe^{31}ca^{55} le^{31} nam^{55}.
农民　（助词）粮食　国家　（助词）卖
农民把粮食卖给国家。　　　　　　　（孙宏开1982：145）

上面例句中的mi^{55}在口语中经常是丢掉m读为i^{55}，这是一种词首辅音脱落的现象。

嘉戎语：

wəjo-k　wə-jo na-top.　　　　　　他正在打他。
他（施助）他（前缀）打　　　　　　（林向荣1993：337）

上面例句中的-k是施事助词kə的元音脱落造成的。

勒期语：

ŋǒ^{53}nuŋ^{55} ŋjei^{53} khou^{55}sou^{55} le^{55} kha:t^{55} thu^{ʔ55} pjɛ^{33}.
我们　（施事）小偷　（受事）赶　出　了
我们赶走了小偷。

a^{55}maŋ^{33} ŋjei^{53} a^{33}nɔ^{ʔ31} le^{55} lɔ^{ʔ55}pɔn^{33} pjɛ^{33}.
哥哥　（施事）弟弟（受事）使醒　　了
哥哥把弟弟弄醒了。

kjǐ^{31}nɔ^{ʔ31} ŋjei^{53} tʃhɛn^{33} pa:n^{53}ʃɔ^{ʔ55} le^{55} khou^{55} tsoː^{33} pjaŋ^{53} pjɛ^{33}.
老鼠　（施事）米　　全部　（受事）偷　吃　完　了
老鼠把米偷光了。

（以上例句引自戴庆厦、李洁2007：168）

上面例句中的施事助词ŋjei^{53}在口语中都可变读为ŋ^{53}，这是一种只保留词首辅音和声调的现象，形成一个辅音音节，和独龙语相比，是词的后半部分脱落。

（四）合并

两个相连的音节，随着其中一个音节的某些音位的脱落，两个音节并为一个音节，形成"合音"的现象。如：

仓洛门巴语：

tɕi¹³ nan¹³ kum¹³-je¹³le¹³.　　　　　　　　我认识你。
我　你　认　识　　　　　　　　　　（张济川1986：111）

在仓洛语中"我"本是tɕaŋ¹³，但是加了助词ki⁽¹³⁾以后要变tɕi¹³，所以只有tɕi¹³ki⁽¹³⁾，而没有tɕaŋ¹³ki⁽¹³⁾。因为tɕi¹³只用在助词ki⁽¹³⁾的前边，所以有时ki⁽¹³⁾反而可以省略。

木雅语：

mə³³nɛ⁵⁵ndæ³³ni³³（nə+ji）khæ³³tu⁵⁵dɐ⁵³pi³³.
老太太们　（结构助词）　　说话
老太太们在聊天。

ŋi⁵³（ŋə⁵⁵+ji）n̪u³³kə⁵³ ji³³ ɣə⁵³ndə³³ khə³³rø⁵⁵ ŋɐ³³.
我（结构助词）笔　（工助）信　　写　　　（语助）
我用笔写了信。

ɐ⁵⁵tsi⁵³（tsə³³+ji）gu²⁴ n̪ʥui⁵³（或n̪ʥɚ⁵³）ni⁵³.
他（结构助词）　牛　有　　　　（语助）
他有牛。

（以上例句引自戴庆厦等1991：128）

上面三例中的施事成分（是多音节的时候，其末尾音节）nə、ŋə⁵⁵、tsə³³分别和施动助词ji合并为ni³³、ŋi⁵³、tsi⁵³，表示动作行为的施动者或事物的领有者，造成了音节的合并现象。

（五）特殊音变

既不同于条件变体和自由变体，也不同于脱落及合音现象，变化的规律性不强，这样的变体我们称之为特殊音变。

柔若语：

tu⁵⁵ ɕi³³　　vu̯⁵³ sɛ³³ kõ³³ pa⁵³ ɕi⁵⁵ zɔ³¹.　他打死了三只老鼠。
他（助词）老鼠三　只　打　死（助词）

ɲa⁵⁵ ni³³ ku̯³¹ ɕi³³　xo³³ ku̯³¹ tso³³ zo³¹.　猫把肉吃了。
猫　　个（助词）肉　个　吃　（助词）

liu³³ kõ³³ ɕi³³ khyi³³ kɔ³³ ŋa⁵⁵ ɕi⁵⁵ zɔ³¹.　豹子把狗咬死了。
豹子　（助词）狗（助词）咬　死（助词）

（以上例句引自孙宏开等2002：121）

柔若语中的ɕi³³可变读为xe³³，只是ɕi³³较为常用些。在这一对变体中，辅音和元音都发生了变化，而且它们的辅音不属于同一发音部位，似乎不属于语流音变现象，因此我们将其称为特殊变体。

分析以上的变体情况，除特殊音变外，施事助词的语音变化是有规律可循的。条件变体受其前边音节末尾音素的影响较大，但发生变化的主要是施事助词的词首辅音，而且辅音的变化是同一发音部位上发音方法的差异，如藏语的kə—ngə—ɣə，词首辅音都属于舌根音。傈僳语中ne³³和le³³自由变读，词首辅音也是同一发音部位上的发音方法上的变化。对于有声调的语言来说，脱落的一个最大的特点是不管是辅音的脱落还是元音的脱落，脱落之后的语音成分还能保持原来的声调，具有较强的音节地位。而合音的情况往往是前一音节的词首辅音和施事助词的元音重新组合，吞掉了前一音节的元音和施事助词的词首辅音，从而减少了音节。

第二节 施事助词的语法特征

一 施事助词的句法特征

（一）施事助词的附着对象

1. 施事助词附着于名词之后。如：

玛曲藏语：

| wsam ndzəp kə | rta ptak. | 三木珠拴了马。 |
| 三木 珠（具格）马 | 拴（了） | （周毛草2003：217） |

麻窝羌语：

| bulu ji | tɕiwu ta ji. | 老鹰把鸡抓走了。 |
| 老鹰（施事）鸡 | 抓走（后加） | （刘光坤1998：209） |

景颇语：

| kă³¹na³³ e³¹ mǎ³¹ʒi³¹ ja³³. | 由姐姐买给 |
| 姐姐（结助）买 给 | （戴庆厦、徐悉艰1992：263） |

元江苦聪话：

ɕi³⁵ mi⁵⁵n̪ɛ³³ phɯ³¹ kiɛ⁵⁵n̪ɛ³³ tɕhi³¹zu³³.	
这 猫 狗（施事）咬	
这只猫被狗咬了。	（常俊之2011：146）

2．施事助词附着于代词之后。如：

仓洛门巴语：

ro⁷¹³ ki¹³　ro⁷¹³ ma¹³-te¹³la¹³ ak⁵⁵ la.

他（施事）他　不　去　说（助动）

他说他不去。　　　　　　　　　　　（张济川1986：110）

景颇语：

ʃan⁵⁵ e³¹　kǎ³¹lo³³ ja³³　　　　　　由他俩做

他俩（结助）做　给　　　　　　　（戴庆厦、徐悉艰1992：263）

白马语：

khɑ¹³ko⁵³ i⁵³ ŋa³⁵ ndzø¹³ uɛ¹³.　　他们把我打了（他们打我了）。

他们　（施助）我　打　（已行）　（孙宏开等2007：113）

拉坞戎语：

ŋa⁵³ ɣə³³ stɛn³³ɖæn³³ ji⁵³ khrəm⁵⁵ɕa³³ nɛ³³-vzu-ŋ³³.

我（施事）丹增　（对象）批评　（完）做（1、单）

我批评丹增了。　　　　　　　　　　（黄布凡2007：99）

3．施事助词附着于名词性短语之后。如：

仙岛语：

xai⁵⁵ ju⁷⁵⁵ a⁷⁵⁵/³¹ fut⁵⁵ pɔ⁵¹.　　　被这个人做了。

这　个（施事）做（助词）　　　（戴庆厦等2005：89）

柔若语：

tsha⁵⁵ pɔ³³ za⁵⁵ su⁵⁵ ia⁵³ kɔ³³ tsha⁵⁵pɔ³³mɔ̯¹³su⁵⁵ ia⁵³ ɕi³³ pa⁵³ zɔ³¹.

学生　　　　个（受助）老师　　　　个（施助）打（助词）

学生被老师打了。　　　　　　　　　（孙宏开等2002：121）

（二）施事成分的语义类型

施事指的是行为动作的发出者。一般来说，能够发出行为动作的都是有生事物。但根据藏缅语的施事助词所标记的对象，在使用藏缅语人群的集体意识中，有些事物虽然是无生事物，但能够像有生事物一样致使其他事物发生变化或对其他事物产生影响，也是动作的执行者或致使者。所以，充当施事的事物包含以下几种类型。

1．有生事物

有生事物能够主动发出行为动作，是典型的施事，在各种语言中普遍存在。例如：

错那门巴语：

ŋA³⁵rA⁷⁵³ te³¹ mʌk⁵⁵mi⁵³ nʌŋ³⁵ le³¹ lem³⁵tʌŋ⁵³ khri⁵³wo⁵³ jin³⁵.
我们　（施助）战士　们（助词）路　　带（后加）（助词）
我们给战士们带路了。　　　　　　　　（陆绍尊1986：84）

tə⁵⁵gue⁵⁵ iɛ¹³ zɑ¹³mɑ⁵⁵ ni¹³ bie⁵⁵　　thə¹³ tʃhɑ¹³ si⁵⁵.
他　（施事）母鸡　　二（受事）（前加）宰（后加）
他宰了两只母鸡。　　　　　　　　　　（陆绍尊2001：176）

嘉戎语：

kə-jo kə　　ka-tsa　nɐ-zə-u.　　　　牛在吃草（亲见）
牛　（施助）草　（前缀）吃（后缀）　（林向荣1993：337）

2．发生致使作用的无生物

无生事物不能像有生物那样主动地发出某种行为动作，但是无生物也能对和它相关的事物产生影响，致使其发生某种明显的变化。在说话人看来，该无生物和有生物一样具有施事性、主动性，因而能够充当施事，带有施事助词。无生的施事有动态的、静态的、外力作用造成的动态事物。

（1）动态的无生事物

麻窝羌语：

muʐu ji　　phəq　daχlə　ji.　　　　风把树吹断了。
风（施事）树　（前加）断（后加）　（刘光坤1998：209）

元江苦聪话：

a³³tɕi⁵⁵ mʌ³¹xie³⁵ a⁵⁵ka³³ kiɛ⁵⁵ȵɛ³³ ta³³ tsʌ³¹ v³³ o³³ ti³¹.
一点　不　是　水　（施事）　冲　吃　去（体助示证）
差点儿就被水冲走了。　　　　　　　　（常俊之2011：144）

a³³bʌ³¹ ɣɯ³³ ɣɔ³³mɔ⁵⁵ mu³¹xʌ³³ kiɛ³³ȵɛ³³ mɤ³³ khʌ³³ po³³=pɯ³³o³³.
爸　的　帽子　　风　（施事）吹（趋向）　（体助体助）
爸的帽子被风吹掉了。　　　　　　　　（常俊之2011：144）

风是无生命的，但风是动态的事物，风的出现往往会致使其他事物发生变化或对其他事物形成影响，因此风能够被看成是动作行为的发出者从而成为施事。

（2）静态的无生事物

元江苦聪话：

ŋa³⁵ ɣɯ³³ la³¹pv⁵⁵ lɔ³³　　ɣɯ³¹bɯ³¹ kiɛ⁵⁵ȵɛ³³ thaŋ³¹ na³¹ po=pɯ³³o³³.
我　的　手　（受事）水　烫　（施事）烫　痛　（体助体助）

我的手被开水烫了。　　　　　　　　　　（常俊之2011：144）

在上面这个例句中，"开水"是无生命的，同时也不是动态的，但能对别的事物产生影响或致使别的事物发生变化，因此被看作施事。

（3）外力作用造成的动态无生事物

元江苦聪话：

tɕhi⁵⁵tshɤ³³ kiɛ⁵⁵ȵɛ³³ vɤ³¹ka⁵⁵mʌ³³ ti³¹ma³¹ ʐa³¹ piɛ³⁵ po³³=puɯ³³o³³.
汽车　　（施事）蛇 大　　一　条　压死　（体助体助）
汽车压死了一条蛇。　　　　　　　　　　（常俊之2011：144）

在上面这个例句中，汽车本身是无生命的，但在外力作用下也能成为动态事物，从而成为动作行为的直接发出者，因此也被看作施事。

（三）施事助词的使用条件

并不是所有的施事成分都要加施事助词的。当施事成分出现在句首，而且不需要强调时，施事助词可加可不加，一般不加，但在下列条件中，需要加施事助词。

1. 受事在前、施事在后时，表施事的成分一般要加施事助词。如：

仓洛门巴语：

leŋ⁵⁵pa⁽¹³⁾ t'am⁵⁵tɕe⁷⁵⁵ raŋ wak¹³tsa⁵⁵pa⁽¹³⁾ ki ŋam¹³ tɕ'um⁵⁵ma la.
桃　　　　　一切　（助）孩子们　　　（施助）吃　完　（助动）
桃都叫孩子们吃光了。　　　　　　　　　（张济川1986：110）

纳木兹语：

ɦæ˥⁵⁵tsŋ⁵⁵ jæ³¹ kæ³⁵ ȵi⁵⁵ ʁæ³¹ hæ⁵⁵.　　（一）只鸡叫老鹰叼走了。
鸡儿　　只 老鹰（作格）叼 走　　（戴庆厦等1991：171）

嘎卓语：

zɿ³¹ ŋa³³ kɛ³³ tsɿ³⁵ ji³²³ wa³³.　　　　　我去拔草了。
草 我（助）拔 去（助）　　　　　　　（戴庆厦等1991：262）

2. 当强调主语是施动者时，要使用施事助词。例如：

普米语：

lɑu¹³sə⁵⁵ gue⁵⁵iɛ¹³ ʥə¹³ʥə¹³ dzy¹³ ʐɯɯ⁵⁵.
老师　　（施事）字　　　　写　（后加）
老师正在写字。　　　　　　　　　　　　（陆绍尊2001：177）

仓洛门巴语：

tɕi¹³ ki⁽¹³⁾ praŋ¹³ p'ak⁵⁵pe⁵⁵, nan¹³ ki⁽¹³⁾ kur¹³puŋ¹³ sik¹³tɕo⁵⁵.
我　　　　 睡处 扫　　　你　　　　　碗　　洗

我来扫地，你去洗碗。　　　　　　　　　（张济川1986：109）

3. 当施受关系容易混淆时，要加施事助词来区分。如：

有时，动词前只出现一个名词性成分，施受关系无法确定，为了标明该名词性成分的语义角色，要加施事助词。如：

西摩洛语：

ɯ^{55} xɔ^{55} kje^{33}jo^{33} phɔ^{31}.　　　　　被他骗了。
他（施助）骗　　　了　　　　　　　　（戴庆厦等2009：150）

如果不加施事助词，究竟是他骗别人了，还是别人被他骗了，不容易分清。

仓洛门巴语：

nan^{13} ki$^{(13)}$ pi^{13}le^{13} ma^{13}la^{13}ma ka$^{(13)}$ tɕi^{13} ki$^{(13)}$ se^{55} la.
你　　　给　　　不　　想　（助）我　　　知道（助动）
我知道你不想给。　　　　　　　　　　（张济川1986：110）

如果不加施事助词，很容易理解为"我知道不想给你"，与原来的施受关系正好相反。

景颇语：

ʃan^{55} e^{31}　kǎ^{31}lo^{33} ja^{33}　　　　　　由他俩做
他俩（结助）做　　给　　　　　　（戴庆厦、徐悉艰1992：263）

如果不加施事助词，可能会出现歧义。

（四）施事助词与其他范畴的关系

1. 有两个施事助词的语言

我们考察了藏缅语族的42种语言（包括方言）的格助词，其中10种没有施事助词，32种有施事助词。在有施事助词的语言中，绝大多数语言都只有一个施事助词（不包括变体），通常情况下，它们不能区分施事成分的数、性等范畴差异，仅用来标明或强调施事者。只有普米语、彝语（凉山话）有两个施事助词，施事助词的使用受句中其他范畴的制约。如：

普米语的ʐue^{55}iɛ^{13}和gue^{55} iɛ^{13}：

①ɕo^{13}sɛ̃^{55} ʐue^{55}iɛ^{13} lau^{13}sə^{55} tɕi^{55} kã^{55}pi^{55} ti^{13} stie^{13} thə^{13} khuẽ^{13} si^{55}.
学生　（施事）老师　（受事）钢笔　一　支（前加）给（后加）
学生们给老师一支钢笔。　　　　　　　　（陆绍尊2001：176）

②tə^{55} gue^{55}iɛ^{13} ʐɑ^{13}mɑ^{55} ni^{13} bie^{55}　thə^{13} tʃha^{13} si^{55}.
他（施事）　母鸡　二（受事）（前加）宰（后加）
他宰了两只母鸡。　　　　　　　　　　　（陆绍尊2001：176）

上面例①中的"学生"是复数形式，因此使用复数形式的施事助词 ʐue⁵⁵iɛ¹³，例②中的"他"是单数形式，因此使用单数形式的施事助词 gue⁵⁵iɛ¹³。

彝语（凉山话）的 kɯ³¹ 和 si³¹：

kɯ³¹ 表示它之前的名词性成分是施事。如：

ʐo³³ la⁵⁵tʂho³³ kɯ³¹ ka⁴⁴ dʐɯ³³ o⁴⁴.　　　　　羊被狼吃了。
羊　狼　　（助）（助）吃　（语气）

ŋa³³ tʂhŋ³³ kɯ³¹　tsŋ⁵⁵ ko⁴⁴ba³³ o⁴⁴.　　　　我被他骂惨了。
我　他　（助词）骂　惨　（语气）

si³¹ 表示前面的名词性成分是动作行为的施事。如：

a⁴⁴ʐi³³ tʂhŋ³³ si³¹ ndu³¹.　　　　　　　　　　孩子被他打了。
孩子　他（助词）打

ŋa³³ tʂhŋ³³ si³¹ tʂhŋ³¹vŋ⁵⁵ ho³¹m̥a⁵⁵.　　　　我被他教育了一通。
我　他（助词）一阵　　教育

（以上例句引自胡素华2002：42）

上面例句中的 kɯ³¹ 和 si³¹ 都是表施事的，二者的区别可能是"kɯ³¹ 句中的谓语部分必须有补语，或者与别的助词共现。"①

2．施事助词的双重标注

在景颇语中，除施事助词外，句尾词也具有标注动作施事的功能，有时，在省略主（宾）语的句子里，根据句尾词就可以补出施事或受事。所以，施事助词可以和句尾词共同表示句子的施事成分。如：

①ŋai³³ kǎ³¹na³³ e³¹ tǎ³¹ʐu³³ʃǎ³¹ʒin⁵⁵ ja³³ sai³³.
　我　姐姐　（施助）批评　　　给（句助）
我姐姐被批评了。

②nam³¹si³¹ ŋai³³ e³¹　ʃa⁵⁵ kau⁵⁵ sǎ³³ŋai³³.
　水果　　　我（施助）吃　掉　　（句助）
水果被我吃了。

③ŋai³³ pheʔ⁵⁵ ʃi³³ kǎ³¹jat³¹ kau⁵⁵　toŋ³¹　nuʔ⁵⁵ai³³.
　我（受助）他　打　（助动）（助动）（句助）
他打我了。

（以上例句引自戴庆厦2006：32—41）

---

① 胡素华：《彝语结构助词研究》，民族出版社2002年版，第42页。

例①的句尾词sai³³，表示的施事是第三人称单数，即kǎ³¹na³³是"姐姐"的人称、数；例②的句尾助词sǎ³³ŋai³³表示的施事是第一人称单数，即ŋai³³"我"的人称、数；例③的句尾词nuʔ⁵⁵ai³³表示的施事是第三人称单数，受事是第一人称单数。

景颇语的施事助词和句尾词都能表示施事，但二者的地位并不平等。首先，句尾词只能表明施事或受事的人称，因此仅适用于句中名词性成分有明确的人称区别的情况，当句中名词性成分人称相同的时候，句尾词的区分功能就无济于事。而施事助词附着于施事成分之后，能够直接表明句中的施事成分。其次，景颇语的句尾词有逐渐减少的趋势，因而其有限的区分功能也逐渐让位于助词、语序等语法手段。

在拉坞戎语中，施事的标注也是双重的，除施事助词外，动词后缀也能体现出施事者。如：

ŋa⁵³ ɣə³³ stɛn³³ dʑən³³ ji⁵³   khrəm⁵⁵ɕa³³ nɛ³³-vzu-ŋ³³.
我（施事）丹增   （对象）批评   （完）做（1、单）
我批评丹增了。   （黄布凡2007：99）

后缀-ŋ，显示了动作的施事是第一人称单数，和ɣə³³共同标注动作的施事。比较这两种标注形式，施事助词的标注功能更为显豁。如：

pa³³ku³³lŋɑ⁵³ ŋar³³ ɣə⁵³   rə³³-ndʑə⁵⁵.   小鸡叫鹞子抓走了。
小鸡   鹞子（施事）（完）捉走   （黄布凡2007：99）

在上面这个例子中，动词的前缀ə表示第三人称，没有单复数之分。但是，动词前的两个名词"小鸡"、"鹞子"同为第三人称单数，最终还得靠ɣə⁵³来标注施事。

（五）施事成分和工具成分的同现

在藏缅语中，大多数施事助词还兼有工具助词的功能，也就是说，施事成分和工具成分是用同一个助词来标注的。因此，当施事成分和工具成分出现在同一个句子中，而且施事成分需要强调时，同一个助词就要出现两次。如：

玛曲藏语：

ptʂwa ɕi m̥tsho ɣə   χihdʑə ɣə   tɕo tho htəp kot khə.
扎西草   （具助）剪刀（具助）头发   剪 着
扎西草在用剪刀剪头发。   （周毛草2003：227）

普米语：

lau¹³sə⁵ gue⁵⁵ iɛ¹³ mɑu¹³ pi⁵⁵ gue⁵⁵ iɛ¹³ tue⁵⁵tsə⁵⁵ dzy¹³ ʐɯu⁵⁵.
老师　（施事格）毛笔　　（工具格）对联　　（后加）
老师正在使用毛笔写对联。　　　　　　（陆绍尊2001：177）

ʂɛ⁵⁵ yɛ̃⁵⁵ ʐue⁵⁵ iɛ¹³ mɛ¹³ tʃhɯɯ⁵⁵ ʐue⁵⁵ iɛ¹³ uə̃⁵⁵ tɕi⁵⁵ tʂha⁵⁵ ʐɯu⁵⁵.
社员们（施事格）明火枪　　（工具格）熊（助词）射　（后加）
社员们正在使用明火枪射老熊。　　　　（陆绍尊2001：177）

木雅语：

ŋi⁵³（ŋə⁵⁵＋ji）ȵu³³kə⁵³ji³³ ɣə⁵³ndə³³ khə³³rø⁵⁵ ŋe³³.
我（结构助词）　笔　（工助）信　　写　（语助）
我用笔写了信。　　　　　　　　　　　（戴庆厦等1991：128）

二　施事助词的功能差异

格助词的功能主要是标明句中名词和动词的语义关系或者名词的语义角色。在有格助词的语言中，有的格助词只能标明一种语义关系，有的格助词能够标明两种或两种以上的语义关系。藏缅语中施事助词的功能也存在这种现象，有的只有一种功能，标明行为动作的发出者或致使者，有的兼有其他的语法功能[①]，表示行为动作凭借的工具、行为动作的性状、处所、时间、原因等。在藏缅语族不同的语言中，施事助词兼有功能的数量差异，反映了施事助词发展的不平衡性。根据施事助词的数量差异，藏缅语的施事助词有以下四种情况。

（一）单一功能的施事助词

1．白马语的 i⁵³：

kha¹³ko⁵³ i⁵³ ŋa³⁵ ndzø¹³ uɛ¹³.　　　　他们把我打了（他们打我了）。
他们　（施助）我　打　（已行）

a¹³li⁵³ i⁵³　ɕyɛ³⁵　　lɛ⁵³ ndʒø³⁴¹ mbɔ¹³tɕhɛ¹³.
猫　（施助）老鼠（定助）吃　　（完成）
猫把老鼠吃了（猫吃老鼠了）。

ndɐ³⁵ ŋa³⁵ tɐ¹³na⁵³ i⁵³　shɐ⁵³tø¹³ ɕe¹³ tɕhɛ¹³.
昨天　我　老熊　（施助）咬　　给　（完成）

[①] 此处的"兼有"是同时具有的意思，目前的研究还无法明确区分不同功能的主次和先后关系，下文中出现的"兼有""兼用""兼作"等，情况相同，不再加注。

昨天老熊把我给咬了（昨天老熊咬我了）。
（以上例句引自孙宏开等2007：113）

2．道孚语的ɣu：

ape ɣu   gede ji khanda gə-v-rə-si.
爷爷（施事格）小的   糖   买了
爷爷给娃娃买了糖。　　　　　　　（戴庆厦等1991：39）

pjɛɣu ɣu   ɣraze lu də-mtɕhur. 老鹰叼了小鸡。
老鹰（施事格）小鸡 个 叼了　　　（戴庆厦等1991：40）

3．却域语的ji¹³n̠i⁵⁵：

phu⁵⁵ro⁵⁵ ji¹³n̠i⁵⁵ xpa⁵⁵ ʁa   tə⁵⁵mdzɿ¹³ si³¹.
乌鸦　（施助）青蛙（受助）（前加）捉（助动）
乌鸦捉住了青蛙。　　　　　　　（戴庆厦等1991：62）

4．纳木义语的n̠i⁵⁵：

kæ³⁵（n̠i⁵⁵）ɦæ˞⁵⁵tsʅ⁵⁵ jæ³¹ ʁæ³¹ hæ⁵⁵.
老鹰（作格）鸡儿　　只　叼 走
老鹰把（一）只小鸡叼走了。　　（戴庆厦等1991：170）

ɦæ˞⁵⁵tsʅ⁵⁵ jæ³¹ kæ³⁵ n̠i⁵⁵ ʁæ³¹ hæ⁵⁵. （一）只鸡叫老鹰叼走了。
鸡儿　　只 老鹰（作格）叼 走　（戴庆厦等1991：171）

5．义都语的n̠i⁵⁵：

ŋa³⁵ n̠i⁵⁵ tsa⁵⁵ɕi⁵⁵ go³¹ i⁵⁵he⁵⁵ a³³dʑo⁵⁵pra⁵³ a⁵⁵ŋa⁵⁵ ja³¹.
我（施事）扎西（对象）这 书   借   （已行）
我把这本书借给扎西了。　　　　（江荻2005：109）

a³³hi⁵⁵ja³³ n̠i⁵⁵ tsa⁵⁵ɕi⁵⁵ go³¹ ndia³³. 他喜欢扎西。
他　（施事）扎西（对象）喜欢　（江荻2005：110）

（二）有两种功能的施事助词

1．玛曲藏语的kə（ngə、ɣə）：

（1）作施事助词

tɕhu rtɕət kə   jak li jet kot khə.   曲吉在打扮。
曲 吉（具格）打扮   正在

rtop hdan ngə hwe tɕha ndon ngot khə. 道布旦在读书。
道布 旦（具格）书   读   正在

（2）作工具助词

tɕhu koŋ bi ɣə   jə ye tʂhi.   你用钢笔写字。
你 钢 笔（具格）字 写

（以上例句引自周毛草2003：216、217）

2．错那门巴语的 te^{31}：

（1）作施事助词

ŋʌ^{35}rʌ^{ʔ53} te^{31} mʌk^{55}mi^{53} nʌŋ^{35} le^{31} lem^{35}tʌŋ^{53} khri^{53}wo^{53} jin^{35}.
我们 （助词）战士 们（助词）路 带（后加）（助词）
我们给战士们带路了。

tui^{55}tʂʌŋ^{55} te^{31} pe^{35}rʌ^{ʔ53} le^{31} tshoŋ^{55}do^{53} tsho^{ʔ53}wo^{53} ne^{ʔ35}.
队长 （助词）他们（助词）开会 开（后加）（助词）
队长给他们开会了。

（2）作工具助词

cer^{35}kʌn^{55} ȵy^{35}ku^{53} te^{31} ji^{35}ci^{53} pri^{35}wo^{53} ne^{ʔ35}.
老师 竹笔 （助词）字 写（后加）（助词）
老师用竹笔写字。

nʌ^{55}le^{31} ŋʌ^{35}rʌ^{ʔ53} thoŋ^{55}ɕø:^{55} te^{31} leŋ^{35} mø^{55} wʌ^{31}, tʌ^{31}tʌ^{31}
从前 我们 木犁 （助词）田地 犁（语助） 现在
lek^{55}ɕø^{55} te^{31} mø:^{55}wø^{53} jin^{35}.
铁犁 （助词）犁（后加）（助动）
从前我们用木犁犁地，现在用铁犁犁地了。

（以上例句引自陆绍尊1986：84）

3．麻窝羌语的 ji：

（1）作施事助词

bulu ji tɕiwu ta ji. 老鹰把鸡抓走了。
老鹰（施事）鸡 抓走（后加）

qɑk pɑȵi thɑχla ji dastə tɕi ji.
我（助词）东西 他们（施事）（前加）藏（后加）
他们藏起来了我的东西。

（2）作工具助词

qɑ χe ji phuʁɑ dɑʐʐɑ. 我用针缝衣服。
我 针（工助）衣服（前加）缝

qɑ was ji stə ɖɑ:. 我用筷了吃饭。
我 筷子（工助）饭 吃

（以上例句引自刘光坤1998：209—215）

4．普米语的 gue^{55}iɛ^{13} 或 ʐue^{55}iɛ^{13}：

（1）作施事助词

lau^{13}sə^{55} gue^{55}iɛ^{13} tə^{55}gɯ^{55} tɕi^{55} ʥə^{13}ʥə^{13} ti^{13} pʒa^{13} thə^{13} khuẽ^{13} si^{55}.
老师　　（施事）　他（受事）信　　一　封　（前加）给（后加）
老师给他一封信。

ɕo^{13}sẽ^{55} ʐue^{55}iɛ^{13} lau^{13}sə^{55} tɕi^{55} kã^{55}pi^{55} ti^{13} stie^{13} thə^{13} khuẽ^{13} si^{55}.
学生　（施事）　老师（受事）钢笔　　一　支（前加）给　（后加）
学生给老师一支钢笔。

（2）作工具助词

lau^{13}sə^5 gue^{55} ie^{13} mau^{13} pi^{55} gue^{55} iɛ^{13} tue^{55}tsə^{55} dzy^{13} ʐɯu^{55}.
老师　　（施事格）　毛笔　（工具格）对联　　（后加）
老师正在使用毛笔写对联。

（以上例句引自陆绍尊2001：176、177）

5．木雅语的 ji：

（1）作施事助词

mə^{33}nɐ^{55}ndæ^{33}ni^{33}（nə+ji）khæ^{33}tu^{55}dɤ^{53}pi^{33}.
老太太们（结构助词）　　　说话
老太太们在聊天。　　　　　　　　　（戴庆厦等1991：128）

（2）作工具助词

ŋi^{53}（ŋə^{55}+ji）n̪u^{33}kə^{53}ji^{33} ɣə^{53}ndə^{33} khə^{33}rø^{55} ŋe^{33}.
我（结构助词）　笔（工助）信　　写　（语助）
我用笔写了信。　　　　　　　　　　（戴庆厦等1991：128）

6．拉坞戎语的 ɣə^{33}：

（1）作施事助词

ŋa^{53} ɣə^{33} stɛn^{33}ʥən^{33} ji^{53} khrəm^{55}ɕa^{33} nɛ^{33}-vzu-ŋ^{33}.
我（施事）丹增　（对象）批评　（完）做（1、单）
我批评丹增了。

pa^{33}ku^{33}lŋa^{53} ŋar^{33} ɣə^{53} rə^{33}-ndzə^{55}.　　小鸡叫鹞子捉走了。
小鸡　　　鹞子（施事）（完）捉走

（2）作工具助词

ŋa^{53} rviɣ^{53} ɣə^{33} se^{55} pha-ŋ^{33}.　　　　我用斧头砍柴。
我　斧子（工具）柴　砍（1、单）

cçə⁵³ ja³³le³³ tə⁵³ jə³³me³³ ɣva⁵³ yə³³ kə³³-vzu⁵⁵ pɑu³³.
这   馍馍（定指）玉米   粉 （工具）（完）做 名化
这馍馍是用玉米粉做的。

（以上例句引自黄布凡2007：99、100）

7．景颇语的 e³¹：

（1）作施事助词

kǎ³¹na³³ e³¹ mǎ³¹ʒi³³ ja³³　　　　　　由姐姐买给
姐姐（结助）买　给

ʃǎ³¹wa³¹ mǎ³¹ʃa³¹ ni³³ e³¹ kot³¹ kau⁵⁵　　被群众赶走
群　众　　们（结助）赶　掉

（2）作处所、时间助词

ntai³³ khaʔ³¹ e³¹ nka⁵⁵ ʒoŋ³³ maʔ³¹ ai³³.
这　河（结助）鱼　有　（句尾）
这河里有鱼。

ʃi³³ joŋ³¹ e³¹　ŋa³¹ ai³³.　　　　　　　　他在学校。
他 学校（结助）在（句尾）

jǎ³¹phot³¹ e³¹ sa³³ wa³¹ ʒit³¹ jo⁵¹!　请你早上来吧！
早上　（结助）来（助动）（句尾）（语助）

mǎ³³niŋ³³ e³¹ tsun³³ tọn³¹ ai³³ ʒe⁵¹.　　　　　是去年说定的。
去年 （结助）说　定　的 是

（以上例句引自戴庆厦、徐悉艰1992：263）

8．阿侬语的 mi⁵³①：

（1）作施事助词

a³¹mɯ³¹ mi⁵³ di³¹khĩ³³ kha⁵⁵ ɣa⁵⁵ a³¹ba⁵⁵.
妈妈　（施动）碗　烂　掉　去
妈妈把碗打烂了。

ŋ³¹ mi⁵³　dɛ³¹gŋ⁵⁵ kha³¹ a³¹nɛ³³ u³¹li³¹ ʂɿ³¹ dʑɛ³¹.
他（施动）狗　（受助）打 （连助）死（体后缀）
他们把狗打死了。

---

① 在《阿侬语研究》中，mi⁵³和mi⁵⁵是两个词，根据藏缅语的规律，我们认为它们是一个词，声调的不同是语音环境的差异造成的。

（2）作工具助词

ŋ³¹ va⁵⁵ mi⁵⁵ ɕuŋ⁵⁵ a³¹tɕhiʔ³¹ ɛ³¹.　　　　他用斧子劈柴。
他　斧子（工助）柴　劈　（陈述后缀）

ŋ³¹ bɯn³¹ mi⁵⁵ ŋua⁵⁵ a³¹tɕhuŋ³³ ɛ³¹.　　　　他用钩子钓鱼。
他　钩子（工助）鱼　钓　（陈述后缀）

（以上例句引自孙宏开、刘光坤2005：110、113）

9．独龙语的mi⁵⁵（或i⁵⁵）：

（1）作施事助词

pɹa⁵⁵se⁵³ mi⁵⁵ aŋ³¹dʑa⁵⁵ kwe³¹ca⁵⁵ le³¹ nam⁵⁵.
农民　（助词）粮食　国家　（助词）卖
农民把粮食卖给国家。

（2）作工具助词

ŋa⁵³ tsɯ³¹te⁵⁵ mi⁵⁵ ɹɔ̃⁵⁵ dɔ̃t⁵⁵niŋ³¹.　　　　我要用剪子剪布。
我　剪子　（助词）布　剪（后加）

ŋa⁵³ ɕǎm mi⁵⁵ ɕiŋ⁵⁵ tuŋ⁵⁵niŋ³¹.　　　　我要用刀砍柴。
我　刀（助词）柴　砍（后加）

（以上例句引自孙宏开1982：145、146）

10．柔若语的ɕi³³：

（1）作施事助词

tu⁵⁵ ɕi³³ vu̯⁵³ sɛ³³ kõ³³ pa⁵³ ɕi⁵⁵ zɔ³¹.
他（助词）老鼠　三　只　打　死（助词）
他打死了三只老鼠。

liu³³ kõ³³ ɕi³³ khyi³³ kɔ³³ ŋa⁵³ ɕi⁵⁵ zɔ³¹.
豹子　（助词）狗（助词）咬　死（助词）
豹子把狗咬死了。

（2）作工具助词

ʔa⁵⁵ mo³³ ʔa⁵³ ka̯⁵⁵ ɕi³³ ŋu⁵⁵ kɔ³³ me³³ pho³³ pi³¹.
伯母　针　支（助词）我（助词）衣服　补　给
伯母用针给我补衣服。

ʔa⁵⁵ tɕɛ⁵⁵ ue⁵⁵ lɛ³³ ɕi³³ xɛ³⁵ zɔ³³ kha⁵³.
哥哥　口袋　个（助词）玉米　装
哥哥用口袋装玉米。

（以上例句引自孙宏开等2002：121、122）

11．怒苏语的 i³¹：

（1）作施事助词

la⁵⁵　i³¹ khui³⁵ na³⁵　tshuaˌ⁵³ saˌ⁵³ ga³¹.

老虎（助词）狗（助词）咬　　杀（助词）

老虎把狗咬死了。　　　　　（孙宏开、刘璐1986：76、77）

（2）作工具助词

ŋa³⁵ tshe⁵⁵te³⁵ i³⁵ ga⁵³ phiaˌ⁵³ ṇa⁵³ dʑa³¹.

我　剪刀　（助词）衣　裁　　（助词）

我用剪刀裁衣服。　　　　　（孙宏开、刘璐1986：76、77）

12．西摩洛语的 xɔ⁵⁵：

（1）作施事助词

tʃo³¹ʂŋ⁵⁵ xɔ⁵⁵ pa³¹ tʃɔ³¹ phɔ³¹.　　　　　被风吹跑了。

风　（施助）跑（助）了

po³³li³¹ ŋA⁵⁵ xɔ⁵⁵ tɯ³¹ pje³³ phɔ³¹.　　　玻璃被我打碎了。

玻璃　我（施助）打　碎　了

（2）作工具助词

no⁵⁵ phɣ³³ʃɯ⁵⁵ xɔ⁵⁵ m̩³¹tʃɔ³³ kho³¹.　　　你用斧头砍柴。

你　斧头　（工助）柴　　砍

a⁵⁵kɔ³³ ŋi³³po⁵⁵ xɔ⁵⁵ ji³¹.　　　　　　　哥哥用刀割。

哥哥　刀（工助）割

　　　　　　　　（以上例句引自戴庆厦等2009：150）

13．阿昌语的 xa³³：

（1）作施事助词

ʂaŋ³⁵ laʔ³¹ tə³³ pja³¹ xa³³ tin³³ laʔ⁵⁵ kəu³³.

他的　手（受格）马蜂（施助）蜇　来　了

他的手被马蜂蜇了。

laŋ³¹khaŋ³¹ ʂaŋ³¹ xa³³ ʐu³³ laʔ³¹ xəu³³/³⁵.

榔头　　　他（强调）拿　去　了

榔头是他拿走的。

（2）作工具助词

laʔ³¹ xa³³ ʑi³¹ xa³³khəu³³ la³³ tɕu⁵⁵ uŋ³³ kəu³³/³¹.

手（工助）一　下　扣　来　就　行　了

用手扣一下就行了。

ŋa³³ tɕɛ̃³³pji³¹ xɑ³³ tʂɿ³³ ɕɛ.　　　　　我用铅笔写字。
我　铅笔　（工助）字　写

　　　　　　　　　　　　（以上例句引自时建2009：145—153）

14．载瓦语的ə²³¹：

（1）作施事助词

jaŋ⁵¹ taŋ³¹pau⁵⁵ mǎ⁵⁵ khui⁵¹ ə²³¹ tsaŋ⁵⁵ ŋat³¹ pə⁵¹.
他的　腿　（方助）狗（施助）被　咬（变化）
他的腿被狗咬了。

phjin³¹kɔ⁵¹ jaŋ³¹ᐟ⁵¹ ə²³¹ tsaŋ⁵⁵ tsɔ³¹ᐟ⁵¹ pjam⁵⁵ᐟ³¹ pə⁵¹.
苹果　　　他　（施助）被　吃　掉　（变化）
苹果被他吃掉了。

（2）作工具助词

ŋɔ⁵¹ mau³¹pji³¹ ə²³¹ ka̠⁵⁵ lɛ⁵¹.　　　　　我用毛笔写。
我　毛笔　（工助）写（非实然）

jaŋ³¹ ʃam⁵¹ᐟ³¹ ə²³¹ tsan³¹ᐟ⁵¹ ʐa⁵⁵.　　　他用刀砍。
他　刀　（工助）砍　（实然）

　　　　　　　　　　　　（例句由朱艳华提供）

15．波拉语的jaŋ³¹：

（1）作施事助词

ŋa⁵⁵ᐟ³⁵ jaŋ³¹ ʃau⁷⁵⁵ vɛ⁵⁵.　　　　　被我喝了。
我　（助）喝　（助）

ɣɔ²³¹na²³¹ lə³¹ŋjau³⁵ jaŋ³¹ pẽ³¹ sɛ⁷⁵⁵ vɛ⁵⁵.
老鼠　　猫　　　（助）咬　杀　（助）
老鼠被猫咬死了。

（2）作工具助词

vɚ⁵⁵sɛ³¹ jaŋ³¹ pɛ²³¹　　　　　　用棍子打
棍子　用　打

pẽ³⁵ jaŋ³¹ pu³¹ pha⁵⁵　　　　　　用布补衣服
布　用　衣服　补

　　　　　　　　　　　（以上例句引自戴庆厦等2007：156）

16．仙岛语的a⁷⁵⁵：

（1）作施事助词

kjin³¹mɔ³¹ᐟ⁵¹ a⁷⁵⁵ kzɔ⁷⁵⁵ᐟ³¹ tsɔ³¹ᐟ⁵¹ op⁵⁵.
老鹰　　（施事）鸡　　小　抓

老鹰抓小鸡。

ŋɔ⁵⁵ a⁷⁵⁵ ŋjaŋ³¹ ta⁵⁵ᐟ³⁵ ʂat⁵⁵.　　　　　我告诉他。
我（施事）他（助）　告诉

tʂu⁵⁵ a⁷⁵⁵ᐟ³¹ pa⁷⁵⁵ te⁵⁵ lui⁵⁵.　　　　　人赶羊。
人（施事）羊（受事）赶

（2）作工具助词

mʐau³¹ a⁷⁵⁵ᐟ³⁵ thɔŋ³¹ phʐak⁵⁵ᐟ³⁵　　　用刀劈柴
刀　（工具）柴　劈

kum³¹puŋ³¹ a⁷⁵⁵ n⁵⁵pui⁵¹ m̥ut⁵⁵　　　　用火筒吹火
火筒　（工具）火　吹

（以上例句引自戴庆厦等2005：89）

17．勒期语的 ŋjei⁵³：

（1）作施事助词

ŋǒ⁵³nuŋ⁵⁵ ŋjei⁵³ khou⁵⁵sou⁵⁵ le⁵⁵ khaːt⁵⁵ thu⁷⁵⁵ pjɛ³³.
我们　　（施事）小偷　　（受事）赶　出　了
我们赶走了小偷。

sək⁵⁵ xjɛ³³ kam⁵³ ŋo⁵³ ŋjei⁵³ tuːn³³lən³³ pjɛ³³.
树　这　棵　我（施事）推　倒　了
这棵树被我推倒了。

（2）作工具助词

tsɿ̌³³ŋjam³³ ŋjei⁵³ wɔm³³ tsɔː³³　　　用筷子吃饭
筷子　　（工具）饭　吃

mji³³ɔ̯m³³ ŋjei⁵³ ŋɔ⁷⁵⁵ pəːk³¹　　　用枪打鸟
枪　　（工具）鸟　打

（以上例句引自戴庆厦、李洁2007：169）

18．仙仁土家语的 ko³³：

（1）作施事助词

ko³³ thu⁵⁴xui³³ ko³³ so⁵⁴ nõ³³ a⁵⁵la⁵⁵ lu³³ᐟ⁵⁵.
他　土匪　（施事）三　年　关　了
他被土匪关了三年了。

mo³³pi³⁵ xa³³lie⁵⁴ ko³³ ka³⁵ lu³³ᐟ⁵⁵.　　猫被狗咬了。
猫　狗　（施事）咬　了

（2）作工具助词

no⁵⁴tsə³³ ŋa³³ ɣa³³pa³³ ko³³ xa³³.　　　　　有人用石块打我。
别人　我　石块　（工助）打

ŋa³³ xo³³xər³⁵ ko³³ thã³³ tshu⁵⁴.　　　　　我用盒子装糖。
我　盒子　（工助）糖　装

（以上例句引自（戴庆厦、李洁2005：100）

（三）有三种功能的施事助词

1．仓洛门巴语的ki¹³：

（1）作施事助词

ro⁷¹³ ki¹³ tɕaŋ¹³ ɕa ȵu⁵⁵ku¹³ tʼor⁵⁵ ŋo¹³le¹³ ak⁵⁵tɕi⁵⁵.
他　　我（结构）笔　一　　　买　说
他说给我买一支笔。

tɕi¹³ ki⁽¹³⁾ praŋ¹³ pʻak⁵⁵pe⁵⁵, nan¹³ ki⁽¹³⁾ kur¹³puŋ¹³ sik¹³tɕo⁵⁵.
我　　　睡处　扫　　你　　　碗　　洗
我来扫地，你去洗碗。

（2）作工具助词

ro⁷¹³ ɕiŋ⁵⁵ tʻuŋ⁵⁵ ŋa laŋ¹³ ȵi ka¹³taŋ¹³ pur¹³ma¹³ ki⁽¹³⁾ ɕa⁵⁵raŋ¹³
他　树　上　（结构）坐（连）手　指头　　　　　头
ɕet⁵⁵ tɕʻo⁵⁵wa la.
梳　　在（助动）
他坐在树上，用手指头梳头发。

a⁵⁵ɕiŋ⁵⁵ mom¹³ ri¹³ tsʻa⁵⁵lu¹³ ki⁽¹³⁾ ɕur⁵⁵kʻe⁵⁵.
咱俩　大白菜　水　热　　　　烫
咱们俩用热水烫白菜吧。

（3）表示原因

tɕaŋ¹³ tɕa¹³rik¹³ ki¹³wa ki⁽¹³⁾ mon¹³pa⁵⁵ lo¹³ ma¹³se⁵⁵la¹³.
我　汉族　　是　　　　门巴　话　不　会
我是汉族，（所以）不会门巴话。

ro⁷¹³ ka pi¹³tar¹³ preŋ⁵⁵preŋ⁵⁵ ki⁽¹³⁾ pʻreŋ⁵⁵ tin¹³ ȵi kʻon⁵⁵-ma¹³
她　的　鞋　　光滑　　　　（助词）滑　走（连）赶　不
tɕʻin⁵⁵ma, haŋ⁵⁵ raŋ rit¹³pa la mi.
上　　什么（助）受罪（助动）（语气）
因为她的鞋底滑，（走起路来）老要滑倒，赶不上，简直受罪了。

（以上例句引自张济川1986：109—111）

第二章　藏缅语族语言的施事助词

2．嘉戎语的kə（弱化为k）：
（1）作施事助词

ŋa kə ta-ma to-pɐ-ŋ.　　　　　　　　我做活儿了。
我（施助）活儿（前缀）做（后缀）

wəjo-k　wə-jo na-top.　　　　　　　　他正在打他。
他（施助）他　（前缀）打

（2）作工具助词

no tɐ-ndɐr kə　ta-pu mə　tə-sə-top.
你 棍子 （施助）孩子 别（前缀）使用打
你别用棍子打孩子。

mə　wə-mȵak kə　tə-rjo　nɐ-sɐ-pə-u.
他（前缀）眼睛（施助）话（前缀）使用做（后缀）
他用眼睛说话。

（3）表示"由于"、"缘故"

mə　wə-pok kə-zor wətʃhəs　kə smo　nɐ-zə-u.
他（前缀）肚子 痛　由于 （助词）药（前缀）吃（后缀）
他由于肚子痛在吃药。

no　nə-tʃhəs　kə　ŋa tə-tʃəm　to-kə-ŋ.
你（前缀）由于 （助词）我 房 子（前缀）买（后缀）
由于你的缘故我买了房子。

　　　　　　　　　（以上例句引自林向荣1993：336—338）

3．史兴语（上游）的rɛ̃³³：
（1）作施事助词

ki⁵⁵　rɛ̃³³　ra³³ pu⁵³-wu³³　sɿ.　　　　老鹰把鸡叼走了。
老鹰（施助）鸡　叼 （已行）（语尾）

（2）作工具助词

thi⁵³ bi⁵³mi³³ rɛ̃³³　sɿ⁵⁵ qhu³³-ji³³.　　他用斧头劈柴。
他　斧头 （施助）柴 劈（进行体）

（3）作从由助词

ŋɜ⁵⁵ dʑa³³na⁵³ rɛ̃³³ lɜ̃³³-ji³³.　　　　我从内地来。
我　内地（施助）来（进行体）

　　　　　　　　（以上例句引自戴庆厦等1991：193、194）

4．傈僳语的 ne³³：

（1）作施事助词

a⁵⁵na³³ ne³³ nu³³ tɛ⁵⁵ knu³³ la³³.　　　　阿娜来喊你。
阿娜　（助）你（助）口　来

a³¹ma⁴⁴ ne³³ ŋua³³ tɛ⁵⁵ go³¹ la³³?　　　　谁来给我？
谁　　（助）我（助）给　来

（2）作工具助词

dɯ³¹do⁴⁴be³³ ne³³ ti⁵⁵ ha³⁵.　　　　　　用木锤砸。
木锤　　　（助）砸　上

ba³³tshɻ³¹ go³³ thi³¹ kho³⁵ ma⁴⁴ bu³¹ ne³³ ʃa³⁵ ha³⁵.
衣服　　　那　一　件　　（助）绸（助）做　成

那一件衣服是绸做的。

（3）作补语标记

a⁵⁵to⁵⁵ tʃhu³³ ne³³ dɯ³¹ za³¹ dɯ³¹.　　　火燃烧得轰隆隆。
火　烧　（助）轰隆隆

（以上例句引自徐琳等 1986：73、74）

5．嘎卓语的 kɛ³³：

（1）作施事助词

ŋa³³ kɛ³³ niɛ³²³jo³⁵ ŋ³¹ pa³³tsa³¹ khoʁ³¹.　　我打了弟弟两巴掌。
我（助）弟弟　　两　巴　掌　打

zɿ³¹ ŋa³³ kɛ³³ tsɿ³⁵ ji³²³ wa³³.　　　　　　我去拔草了。
草　我（助）拔　去（助）

（2）作工具助词

phi³³ta³¹tsa³³ kɛ³³ tsi　　　　　　　　　用刀砍
刀　　　　　（助）砍

ji³²³tɕa⁵³ kɛ³³ ja³⁵　　　　　　　　　　用水洗
水　　　（助）洗

（3）作从由助词

ji³³ o³¹tso³³ kɛ³³ li³²³.　　　　　　　他从前面来。
他　前面（助）来

a³¹ŋ³²³ kɛ³³ ji³¹ŋ³²³ tshɿ³³.　　　　　从昨天到今天。
昨天（助）今天　到

（以上例句引自戴庆厦等1991：261、262）

6．元江苦聪话的kiɛ⁵⁵n̠ɛ³³：

（1）作施事助词

ʐa³¹n̠i³³ ŋa³¹ khɯ³³ nɔ³¹ kiɛ⁵⁵n̠ɛ³³ tshu³³ na³¹ o³³.
今天　　我　脚　你（施事）砍　伤（体助）
今天我的脚被你砍伤了。

ɕi³⁵ khɯ³¹ ŋa³¹ kiɛ⁵⁵n̠ɛ³³ dɔ³³ pi⁵⁵.　　　是我打破这个碗的。
这　碗　我　（施事）　打　破

（2）表示"一样、之类"的意思

ŋa³¹ kiɛ⁵⁵n̠ɛ³³ ʐA³³ka⁵⁵ ɕiu³³ = ɕi³³o³³.　　跟我一样可怜。
我　一样　　可怜

ɣa³³ kiɛ⁵⁵n̠ɛ³³ ɣɯ³³ mɯ³¹ŋɯ³¹ zu³³ sA³³.
鸡　之类　　的　东西　　养　容易
鸡之类的东西容易养。

nv³¹tʂʐ̩³¹sa³⁵ kiɛ⁵⁵n̠ɛ³³ ɣɯ³³ sa³⁵ mia³⁵.
牛　羊　肉　之类　　的　肉　好吃
牛羊之类的肉好吃。

（3）位于句首，表示因果关系

kiɛ⁵⁵n̠ɛ³³ n̠ɛ³⁵n̠i³¹vi⁵⁵ ɣA³³ mɯ³¹tsA³¹o³³.
所以　　你　两　位　可以　结婚
所以你们两个可以结婚。

kiɛ⁵⁵n̠ɛ³³ uɛ³⁵bA³¹uɛ³⁵miɛ⁵⁵ mA³¹ zɤn³⁵tsA³¹n̠ɛ.
所以　　她爸她妈　　不　认　吃
所以她爸她妈不认她做女儿。

（以上例句引自常俊之2011：145—147）

7．哈尼语的ne³³：

（1）作施事助词

ka²⁴pu²⁴ ne³³ se²⁴je³¹ jɔ⁵⁵ ba⁵⁵xɔ⁵⁵ mi³¹.　　干部帮助社员。
干部　（助）社员（助）帮助　给

xa³³ma³³ a⁵⁵xɔ⁵⁵ ne³³ ba̠³¹ dza³¹ a⁵⁵.　　　母鸡让野猫抓吃了。
母鸡　　野猫　（助）抓　吃　了

（2）作工具助词

da⁵⁵tʂʐ̩⁵⁵ ne³³ tɕhi³¹ la³¹ di³¹.　　　用棍子打一下。/打一棍子。
棍子　　（助）一　下　打

a³¹jo³¹ bu̯³¹du⁵⁵ ne³³ so³¹mja³³ bu̯³¹. 他用（毛）笔写字。/他写毛笔字。
他　（毛）笔（助）字　　写

（3）作从由助词

ŋa⁵⁵ pe³¹tsi⁵⁵ ne³³ i³⁵.　　　　　我从北京来。
我　北京　从　来

a³¹jo³³ ma³¹ a³¹ta³³ phθ³³ ne³³ phθ⁵⁵ li³³ tɕa³¹ a⁵⁵.
他　们　上　边　从　过　去　掉　了
他们从上边过去了。

（以上例句引自李永燧、王尔松1986：96、97）

（四）有四种功能的施事助词

纳西语的nɯ³³：

（1）作施事助词

ŋə³³ nɯ³³ thɯ³³ to⁵⁵ ʂə⁵⁵.　　　我对他说。
我　（助）他（助）说

khɯ³³ nɯ³³ ɕi³³ tsha⁵⁵ kv⁵⁵.　　狗会咬人。
狗　（助）人　咬　会

（2）作处所、时间助词

ŋə³¹ tʂhɯ³³ kha³¹ nɯ³³ bɯ³³.　　我现在就去。
我　这　时　（助）去

（3）作从由助词

thɯ³³ ʑi³³tʂhɯ³³ nɯ³³ tshɯ³¹.　他从昆明来。
他　昆明　（助）来

（4）作补语标记

ŋə³¹ ndzɯ³³ nɯ³³ gɯ³³ ʐua³³ se³¹.　我吃得饱极了。
我　吃　（助）饱　极　了

thɯ³³tshər³³ nɯ³³ ʂɯ³³ bɯ³³ ʐə³³.　他热得要死。
他　热　（助）死　要　了

（以上例句引自和即、姜竹仪1985：81、82）

为了便于比较，我们将以上各语言的施事助词所具有的功能列表如下：①

---

① 由于表处所的助词多数能作表时间的助词，本章中将表处所和表时间统计为一种功能。

第二章　藏缅语族语言的施事助词

	语言及施事助词	施事	工具	处所、时间	其他
具有一种功能的施事助词	白马语的i⁵³	+			
	道孚语的ɣu	+			
	却域语的ji¹³n̠i⁵⁵	+			
	纳木义语的n̠i⁵⁵	+			
	义都语的n̠i⁵⁵	+			
具有两种功能的施事助词	藏语的kə（ngə、ɣə）	+	+		
	错那门巴语的te³¹	+	+		
	麻窝羌语的ji	+	+		
	普米语的gue⁵⁵iɛ¹³或ʐue⁵⁵iɛ¹³	+	+		
	木雅语的ji	+	+		
	拉坞戎语的ɣə³³	+	+		
	景颇语的e³¹	+		+	
	阿侬语的mi⁵³	+	+		
	独龙语的mi⁵⁵（或i⁵⁵）	+	+		
	柔若语的ɕi³³	+	+		
	怒苏语的i³¹	+	+		
	西摩洛语的xɔ⁵⁵	+	+		
	阿昌语的xɑ³³	+	+		
	载瓦语的ə⁷³¹	+	+		
	波拉语的jaŋ³¹	+	+		
	仙岛语的aʔ⁵⁵	+	+		
	勒期语的ŋjei⁵³	+	+		
	仙仁土家语的ko³³	+	+		
具有三种功能的施事助词	仓洛门巴语的ki¹³	+	+		原因
	嘉戎语的kə	+	+		原因
	史兴语（上游）的rẽ³³	+	+		从由
	傈僳语的ne³³	+	+		补语标记
	嘎卓语的kɛ³³	+	+		从由
	元江苦聪话的kiɛ⁵⁵n̠ɛ³³	+			"一样""之类"及因果连词
	哈尼语的ne³³	+	+		从由
具有四种功能的施事助词	纳西语的nɯ³³	+	+	+	从由及补语标记

上面的31种语言（包括方言）的施事助词，只有5种是单一功能的，即只表示施事；有18种是兼有两种功能；7种兼有三种功能；还有1种兼有四种功能。18种兼有两种功能的施事助词，除景颇语的施事助词兼表处所、时间外，其余都是兼表施事和工具。7种兼有三种功能的施事助词，除元江苦聪话外，都兼有工具助词功能。纳西语的施事助词兼有四种功能，但没有表工具的功能。总共26种具有兼用功能的施事助词，其中23种同时兼有工具助词的功能。

以上情况说明，在大多数藏缅语中，施事成分和工具成分具有相同的句法属性，或者是说，在这些语言中是不大区分施事和工具的，它们都是动作行为的直接发出者。所不同的是，用以标明施事的助词不是在任何情况下都出现，而用以标明工具的助词通常是必须出现的。为了讨论的方便，本文还是将施事助词和工具助词分别看待。

三　藏缅语施事助词和汉语"被"的异同

施事助词是句法结构中用来标明施事成分的助词，但从施事助词的分布情况来看，施事成分位于句首主语位置上，施事助词的使用可加可不加，不具有强制性。当句子的语序发生变化，即当受事成分位于句首，施事成分位于受事成分之后时，施事助词是强制使用的。如果将前者称为常式句，后者称为变式句，施事助词在变式句中的强制性特征使得施事助词和变式句的句法结构联系起来，成为该类变式句的必要条件之一，再加上这种变式句常用来对译汉语中的被动句，因此，施事助词似乎和汉语的"被"具有同样的作用，但事实上，二者是不能彼此画等号的。

（一）二者的相同点

1．都能标注行为动作的施事

现代汉语的"被"字句是指在谓语动词前面，用介词"被（给、叫、让）"引出施事或单用"被"的被动句。它是受事主语句的一种。如：

他被老师批评了。

苹果被孩子们吃完了。

树叶被风吹走了。

他让火车吵醒了。

以上例句中用"被（让）"引出的对象"老师""孩子们""风""火车"等都是发出行为动作或力量的施事者。

藏缅语中有施事助词的语言都能用施事助词来标明施事成分。（此处

不再举例）

2．施事结构通常位于受事之后

汉语被动句中用介词"被（给、叫、让）"引出施事，"被（给、叫、让）"和施事成分组成一个介词结构，放在受事主语后，充当句子的状语。在藏缅语中，当施事成分位于受事成分之后时，施事助词是强制使用的，因此，施事结构的典型位置是在受事成分之后的。

（二）二者的不同点

1．二者的词性不同

汉语中的"被（给、叫、让）"是介词，来源于动词，而且"给、叫、让"至今是介动同形，它们的词汇意义比较明显。藏缅语中的施事助词大多只起一定的语法作用，没有词汇意义，且找不到和动词的渊源关系。

2．"被"所介引的施事可以省略

在汉语中，"被"所介引的施事在不需要或不知道、不便于说出施事是谁或什么的情况下可以省略，如："被偷了""被打了"等，但在藏缅语中，这种现象还不多见。戴庆厦对景颇语的"Np+ e^{31}"句式做过全面的检讨[1]，没有发现景颇语有类似汉语那种"被骂、被骗、被偷、被打"缺少主动者的"被"字句，汉语这类句子译为景颇语，景颇语要不就加出主动者，要不就是加表示"遭受、给"等义的被动义。例如：

ʃi^{33} phe^{ʔ55} mǎ^{31}ʃa^{31} ni^{33} e^{31}　mǎ^{31}su^{ʔ31} kau̯^{55} nu^{ʔ55}ai^{33}.
他（宾助）人们　　（施助）骗　　（助动）（句助）
他被人们骗了。

tai^{31}ni^{55} kǎ^{31}nau^{33} tǎ^{31}ʒu^{33} tɔn^{31} ai^{33} khʒum^{55} nu^{ʔ55}ai^{33}.
今天　　弟弟　　骂　　（助动）的　遭受　（句助）
今天弟弟被骂了。

ʃi^{33} a^{ʔ31} kǎ^{55}ʒa^{55} mǎ^{31}khʒi^{ʔ31} phe^{ʔ55} tsen^{31} kau̯^{55} ja^{33} sai^{33}.
她的　辫子　　　（宾助）剪　（助动）给（句助）
她的辫子被（他）剪掉了。　　（以上例句引自戴庆厦2006）

在其他语言的语料中我们也没发现省略掉施事的情形，也就是说，施事助词只能是附着于施事成分后出现。

---

[1] 戴庆厦、李洁：《景颇语的"Np+"式——与汉语被动结构比较》，载《藏缅语族语言研究》（四），中央民族大学出版社2006年版。

3. 藏缅语的施事结构可以位于受事之前，充当句子的主语

在藏缅语中，施事成分位于受事成分之前充当句子的主语时，多数情况下可以不带施事助词，但为了强调施事，仍旧可以带上施事助词。在汉语中，当施事充当主语时，是不需要也不能用"被（让、叫、给）"来介引的。

嘉戎语：

wəjo ndʒəs kə tə-zɐ nəu-pa.   他们在做饭。
他   俩（施助）饭（前缀）做   （林向荣1993：338）

道孚语：

pjɛɣu ɣu   ɣraze lu də-mtɕhur.   老鹰叼了小鸡。
老鹰（施事格）小鸡 个 叼了   （戴庆厦等1991：40）

由于看到了藏缅语的施事助词和汉语"被"的种种不同，因此戴庆厦将藏缅语中的施事后置句称为"强调施动句"。

第三节　施事助词的词源关系

为了便于比较，我们把所调查的藏缅语的施事助词按不同语支顺序排列如下：

语支	语言	施事助词
藏语支	玛曲藏语（口语）	kə（ngə、ɣə、mi）
	错那门巴语	te^{31}
	仓洛门巴语	ki^{13}
	白马语	i^{53}
羌语支	羌语（曲谷话）	（无）
	羌语（麻窝话）	ji
	普米语	gue^{55}iɛ^{13}、ʐue^{55}iɛ^{13}
	嘉戎语	kə
	道孚语	ɣu
	却域语	ji^{13}ȵi^{55}
	扎巴语	（无）
	木雅语	ji
	纳木义语	ȵi^{55}
	史兴语（上游）	rɛ̃^{33}
	史兴语（下游）	（无）

（续表）

	拉坞戎语	ɣə³³
景颇语支	景颇语	e³¹
	阿侬语	mi⁵³
	独龙语	mi⁵⁵（i⁵⁵）
彝语支	彝语	kɯ³¹、si³¹
	傈僳语	ne³³或le³³
	嘎卓语	kɛ³³
	基诺语	（无）
	元江苦聪话	kiɛ⁵⁵ȵɛ³³
	纳西语	nɯ³³
	哈尼语	ne³³
	拉祜语	（无）
	桑孔语	（无）
	柔若语	ɕi³³（可变读为xe³³）
	怒苏语	i³¹
	西摩洛语	xɔ⁵⁵
缅语支	阿昌语	xɑ³³
	载瓦语	ə⁷³¹
	浪速语	（无）
	波拉语	jaŋ³¹
	勒期语	ŋjei⁵³（ŋ⁵³）
	仙岛语	a⁷⁵⁵
语支未定	白语	（无）
	赵庄白语	（无）
	仙仁土家语	ko³³
	珞巴语	（无）
	义都语	ȵi⁵⁵

从比较中我们可以看出，藏缅语不同语支的施事助词大多无共同来源，就是在同一语支内部，也是仅部分语言具有同源关系，如藏语支：玛曲藏语的kə、仓洛门巴语的ki¹³、白马语的i⁵³具有同源关系，而错那门巴语的te³¹与之不同源；羌语支：羌语（麻窝话）的ji、却域语的ji¹³ȵi⁵⁵、木雅语的ji同源，嘉戎语的kə和道孚语的ɣu同源，其他的都不同源；景颇语支：独龙语的mi⁵⁵与阿侬语的mi⁵³同源，和景颇语的e³¹没有同源关系；彝语支：嘎卓语的kɛ³³、元江苦聪话的kiɛ⁵⁵ȵɛ³³同源，傈僳语的ne³³或le³³、

纳西语的nɯ³³、哈尼语的ne³³同源，其余的语言的施事助词之间看不出同源关系；缅语支：阿昌语的xɑ³³，载瓦语的ə⁷³¹、仙岛语的a⁷⁵⁵同源，其他语言的施事助词之间无明显的同源关系；语支未定语言：仙仁土家语的ko³³、义都语的ȵi⁵⁵无同源关系，其他语言或方言都没有施事助词。

可见藏缅语的施事助词没有共同的来源，它们是在原始藏缅语分化为不同的语言后各自产生的。

本章小结：多数藏缅语中存在施事助词，施事助词基本上是单音节性的；除了语音变体外，施事助词的形式是单一的或是说一种语言只有一个施事助词；施事助词基本上不受其他范畴变化的影响。施事助词的功能发展不平衡，大多数施事助词兼作工具助词，这是藏缅语施事助词的一个较为突出的特征。由于施事后置时使用施事助词的强制性特征，使得施事助词逐渐和一种特殊句式"类被动句"或"强调式施动句"联系起来。藏缅语的施事助词大多没有共同来源，它们是在原始藏缅语分化为不同的语言后各自产生的。

第三章　藏缅语族语言的对象助词

施事（也叫施动）和受事（也叫受动）被认为是一组相对的概念。施事指动作行为的发出者，在句子中比较容易确认，但究竟什么是受事，还存在分歧。根本的问题在于：在一个行为动作中，动作的发出者通常只有一个，而受动或被影响者可以有两个或两个以上。发出动作的通常是有生性的人、动物等，受动或被影响者可以是有生性的人、动物、集体或无生性的事物。因此，受事或受动的所指便失去了同一性，表述者究竟用来指人还是指物，模棱两可。

从句法位置上看，尤其在双宾语句中，施事通常是主语，受事或受动既可以指直接宾语，也可以指间接宾语。由于受事和宾语的这种内在联系，研究者又往往容易将受事和宾语纠结在一起，用宾语来指受事或用受事来指宾语。因此，在以往的藏缅语研究中，用以指称和施事助词相对的助词有种种不同的概念，概括起来有：受动助词、受事助词、受事格、予格、指明受事的助词、表示受事的结构助词、对象格助词、对象格标记、对象格、对象助词、宾语助词、宾格助词等。

对这些助词或格的作用的描述有："表示前面的名词性词语是动词谓语的间接宾语，指出名词性词语所表示的人或物是动作服务、给予或面向的对象，是受事"[①] "受动助词有tɕi^{55}和biɛ^{55}两个，单数使用tɕi^{55}，多数使用biɛ^{55}，主要加在代词及其他称人名词或动物名词后面，表示动作的对象或动作的承受者。"[②] "它主要加在作间接宾语的句子成分的后面……le^{31}加在直接宾语后面时，受动者一般都是有生命的或人们认为有生命的集体"[③] "助词la^{33} 表示受事，它是宾语的一个标志。称人名词、人称代词或动物名词处于同一个施受关系时，要区分出谁是施事，谁是受事，一般

---

① 黄布凡、周发成：《羌语研究》，四川人民出版社2006年版。
② 陆绍尊：《普米语研究》，民族出版社2001年版。
③ 孙宏开：《独龙语简志》，民族出版社1982年版。

使用受事助词la³³标记受事者，亦即标示宾语"① "ʑɛ³¹：宾语助词，位于体词之后，表示该体词是动作行为的受事者。但并不是任何宾语后面都要加宾语助词，只有在施事者与受事者分辨不清时，或是强调受事者时，才必须使用它"② "ŋʏ⁵⁵，宾语标志，用在表示人的名词或代词后边，表示该名词（代词）是宾语。这种宾语和动词之间是一种间接关系，但是跟一般说的间接宾语的含义有所不同。比如它包含'留捎给某某什么''替某某做什么''问某某怎样''对某某怎样'等动词和宾语的关系"③。

综合以上各家的看法，统观藏缅语中该类助词的表现，其共同的特征是：一、这类助词标注成分的特征主要是指人或动物的名词、代词等；二、被标注的人或动物不限于动作直接作用的对象，还可以是动作的相关性对象，包括"留捎给某某什么""替某某做什么""问某某怎样""对某某怎样"等动作关系的对象；三、被标注成分通常是作双宾语句的间接宾语；四、表人或动物的成分充当直接宾语时，只有在施事受事容易混淆的情况下才加标注。这就是说，这类助词标注的成分是充当宾语的，但助词本身不是为标注宾语而存在的，它们所标注的主要是动作行为直接作用或关涉的多种关系下的有生性对象，因此，我们将这类助词称为对象助词。

对象助词的作用是用来标注宾语（包括直接宾语和间接宾语）位置上表人的名词或代词以及通人性的动物、以人为主体的单位、组织和国家等成分。对象指称的应该是和施事属于同类的一个客体。施事和对象仅是某个施受关系中主动和被动的差别，在不同的动作过程中，它们可以互换角色。行文中我们将有些例句中的对象助词简标为"对助"。

第一节　对象助词的语音特征

一　对象助词的语音形式

根据对象助词能否自成音节，可以把对象助词分为音节性的和非音节性的两类。能够自成音节的称为音节性助词，附着在其他音节上不能自成音节的称为非音节性对象助词。

---

① 李永燧：《桑孔语研究》，中央民族大学出版社2002年版。
② 戴庆厦、蒋颖、孔志恩：《波拉语研究》，民族出版社2007年版。
③ 徐琳、赵衍荪：《白语简志》，民族出版社1984年版。

（一）非音节性的对象助词

羌语（曲谷话）的-tɕ：

ləɣʐsum te:　　　the:-tɕ　　ləɣʐ ʔapen　de-le-w.
老师（定指）一个　他（受事）书　一本（趋向）给（宾语人称）
老师给了他一本书。

kuetɕa ʔitɕi-tɕ　　　dʑikų ha-ʂkų-zə　　　　wa!
国家　我们（受事）钱　（趋向）借（使动）（语气）
国家贷款给我们了！

ʔũ ʔitɕi-tɕ　　　zmeʐ　ʔu-su-n　　　　　ba!
你 我们（受事）羌语（命令）教（人称2单）（语气）
你教我们羌语吧！

（以上例句引自黄布凡、周发成2006：189）

嘉戎语的-i：

ŋa ta-mar mə　we-ʃə-i　　　nə-ndin.　　　　我把酥油交给他了。
我 酥 油 他（前缀）（助词）（前缀）交给

no mə　wə-wa-i　tə-rjo te　to-pə-u.
你 他（前缀）（助词）话　一（前缀）做（后缀）
你对他说一下。（你对他说一句话。）

ka la we-ʃə-i　　　thə　　　ko-tə-pə-u　　　ta-tsəs?
兔子（前缀）（助词）什么 （前缀）（前缀）做（后缀）（前缀）说
（他）对兔子说（你）在做什么？

（以上例句引自林向荣1993：327、328）

通常情况下，词是成音节的，怎么会有不能成为独立音节的词呢？关于嘉戎语的非音节性助词，林向荣曾经指出："嘉戎语助词的形式，既有成音节的，也有不成音节的音素。特别是那些不成音节的音素部分，它们是加在前接词尾上的，如加在开音节词后读作韵尾，加在闭音节词上，它又不与辅音尾拼读，但仍读得像韵尾的一部分，一般读得轻而短，粘附性强。这部分助词很容易和形态（即词缀）混淆。"林向荣赞同瞿霭堂关于形态和助词的区分原则："汉藏语言形态的一个特点是局限性，即功能范围较小，助词没有这种限制，因此，凡是功能范围较小的语法成分，大多是词缀"，并参照金鹏等处理这一问题的办法："我们这里所说的形态是有一定范围的。有一类和句子结构有关的语法成分，我们把它作助词来处理，不算形态。因为第一，它和词根结合得并不太紧；第二，它并不是加在某一类词的后面给某个词以某种附加的语法意义；而是依照句子结构的需要加在某类句子成分后面表示句子成分之间的关系，至于在它前面的是哪一类词就没有一定了"，将嘉戎语的-i、-s归为助词。黄布凡、周发成将羌语（曲谷话）中的一些非音节性语法成分划归为助词，应该是出于同样的理由。我们赞同他们的做法，这些非音节性语法成分有可能是屈折性形态成分向助词发展过程的表现，所以从发展的角度来看，可以说，这种对象助词是萌芽型的对象助词。

（二）音节性的对象助词

我们所考察到的音节性对象助词都是单音节的，没有发现两个或两个以上音节的对象助词。如：

错那门巴语的le^{31}：

ŋʌi^{35} te^{31} pu^{35}sʌ^{53} le^{31} pe^{253} the^{253} ɳer^{35}wo^{53} jin^{35}.

我（助词）小孩（对助）衣服 一 买（后加）（助动）

我给小孩买了一件衣服。 （陆绍尊1986：85）

cer^{35}kʌn^{55} te^{31} ŋe^{35} le^{31} ji^{35}ci^{53} the^{253} tɕi:^{35}wø^{53} ne^{235}.

老师 （助词）我（对助）书 一 给（后加）（助动）

老师送给我一本书。 （陆绍尊1986：85）

仓洛门巴语的ka^{13}：

tɕaŋ^{13} so^{55}ŋo^{13} t'or^{55} ka$^{(13)}$ noŋ^{13} tɕa^{55}. 我在等一个人。

我 人 一 （对助） 等 （助动）（张济川1986：113）

羌语（麻窝话）的ɕi

qa tha: ɕi dəwuwa tʃa. 我骂他了。

我 他（对助）（前加）骂（后加） （刘光坤1998：210）

zəʂkuə lutɕi ɕi qu ji. 老鼠怕猫。

老鼠 猫（对助）怕（后加） （刘光坤1998：210）

景颇语的phe^{255}：

ŋai^{33} ʃi^{33} phe^{255} tsun^{33} tan^{55} n^{31}ŋai^{33}. 我告诉他了。

我 他（受助）告诉 （句尾） （戴庆厦、徐悉艰1992: 256）

an^{55}the^{33} sa^{31}ʒa^{33} ni^{33} phe^{255} tso^{255} ʒa^{231} ka^{231}ai^{33}.

我们 老师 们（受助） 热爱 （句尾）

我们热爱老师。 （戴庆厦、徐悉艰1992: 257）

傈僳语的 tɛ⁵⁵：

nu⁴⁴ ŋua⁴⁴ tɛ⁵⁵ ma⁵⁵ go³¹ lɛ³³.　　　　你教我吧！
你　我　（助）教　给　来

ŋua⁴⁴ e⁵⁵ tɛ⁵⁵ xua⁴⁴.　　　　　　　　我找他。
我　他（助）找

e⁵⁵ ŋua⁴⁴ tɛ⁵⁵ xua⁴⁴.　　　　　　　　他找我。
他　我　（助）找

　　　　　　（以上例句引自少语研究所[①]1959：73）

基诺语的 va⁴⁴：

ŋo³¹ xji³³ a⁴⁴po³³ va⁴⁴ mo⁴⁴ji⁴⁴ a³³.　　我喜欢这花。
我　这　花　（助）喜欢　（助）　　（蒋光友2010：173）

jo³¹mɛ³³ xo³¹tʃha⁵³ va⁴⁴ tʃha³¹ khjɛ⁵⁴ kɔ³³ a³³.
猫　　老鼠　（助）跟　咬　（助）（助）
猫在追咬老鼠。　　　　　　　　　（蒋光友2010：173）

元江苦聪话的 lɔ³³：

ʑa³¹sɔ⁵⁵ nɔ³¹ lɔ³³ di³¹lau³⁵?　　　刚才你挨骂了吗？
刚才　你（受事）骂　　　　　　（常俊之2011：147）

phɯ³¹ ɕi³⁵ mi⁵⁵n̪ɛ³³ lɔ³³ tɕhi³¹zu³³.　狗把这只猫咬了。
狗　这　猫　　（受事）咬　　　（常俊之2011：147）

拉祜语的 tha²¹：

qha³³pɤ³¹ ve³³　tha²¹ ɔ³¹bo³³ɯ¹¹tʃa⁵³　感谢大家
大家　（助词）（对助）感谢　　　　　（李春风提供）

ʑɔ⁵³ tha²¹ χa³³lɛ³¹　　　　　　　喜欢他
他（对助）喜欢　　　　　　　　　（李春风提供）

梁河阿昌语的 tə³³：

ŋɑ³³ ʂaŋ³¹ tə³³ tɕi⁷³¹ ɛi⁵⁵~³³.　　我给他。
我　他（宾格）给　　　　　　　（时建2009：141）

ŋɑ³³ naŋ³³ tə³³ n³¹ pja⁷³¹~³³.　　我不骗你。
我　你（宾格）不　骗　　　　　（时建2009：141）

[①] 《傈僳语语法纲要》一书是由当时的中国科学院少数民族语言研究所编著并于1959年出版的，为了行文方便，在本文中简称"少语研究所"。

载瓦语的ʒɿ⁵⁵：

ŋɔ⁵¹ nuŋ⁵⁵mɔʔ³¹ ʒɿ⁵⁵ a³¹ mjaŋ⁵¹ ʃʔ³¹.　　　我还没见到你们。
我　你们　（宾助）没　见　还　　（朱艳华提供）

jaŋ³¹ ŋɔ⁵¹ ʒɿ⁵⁵ kǎ³¹ʒum⁵⁵ tʃaʔ³¹ kɔ³¹/⁵¹ ʒa⁵⁵.
他　我（宾助）帮助　　　很　大　（实然）
他对我帮助很大。　　　　　　　　　　（朱艳华提供）

浪速语的ʒɛ³¹：

ŋɔ³¹ a⁵⁵pai³⁵/⁵¹ ʒɛ³¹/⁵¹ ta³⁵ kjɔ³⁵ va⁵⁵.　　　我告诉姐姐了。
我　姐姐　　（助）告诉　（助）　（戴庆厦2005：76）

nɔ̃³¹ khək⁵⁵ ʒɛ³¹ jɔ̃³¹ ʒa⁵⁵?　　　　　你喊谁？
你　谁　（助）喊（助）　　　　（戴庆厦2005：76）

因此，藏缅语的对象助词是以单音节为主的，单音节性的对象助词的普遍存在，充分说明藏缅语分析性较强的类型特点。

二　对象助词的语音变化

（一）对象助词的语流音变

对象助词不能独立运用，附着在名词、代词或名词性短语上起一定的语法作用，它本身没有什么实在意义，因此在语流中因语音环境的不同而发生语音变化，形成变体。如：

在仓洛门巴语中，kɑ¹³的变体，除了kɑ以外，还有ŋa、ɕa和ha。ŋa只用在t'uŋ⁵⁵"上边"、p'raŋ⁵⁵"下边"两个方位名词的后边；ɕa只用在tɕaŋ¹³"我"、nan¹³"你"、ai⁵⁵"我们"、nai¹³"你们"的后边（tɕaŋ¹³和nan¹³后边偶尔也用kɑ⁽¹³⁾）；ha只用在rok¹³te⁵⁵"他们"的后边（用kɑ⁽¹³⁾也可）。如：

tɕaŋ¹³ so⁵⁵ŋo¹³ t'or⁵⁵ ka⁽¹³⁾ noŋ¹³ tɕa⁵⁵.　　我在等一个人。
我　人　一　（对助）等　（助动）（张济川1986：113）

u⁵⁵hu⁵⁵ ɕo　ts'e⁵⁵riŋ¹³ ki⁽¹³⁾ tɕaŋ¹³ ɕa　nan¹³ ɕa　pi¹³ ak⁵⁵ la.
这　（语气）（人名）（结构）我（对助）你（对助）给　说（助动）
才仁跟我说，把这个给你。　　　　（张济川1986：113）

在上边的两例中，在数量短语so⁵⁵ŋo¹³ t'or⁵⁵"一人"后面用ka，在代词tɕaŋ¹³"我"、nan¹³"你"后面用ɕa。

（二）口语和书面语的差别

在有些语言中，口语中的对象助词和书面语中的对象助词语音形式存在差异，如景颇语，口语多用e⁷⁵⁵，书面语多用phe⁷⁵⁵。

ŋai³³ ʃi³³ phe⁷⁵⁵ tsuŋ³³ tan⁵⁵ n³¹ŋai³³.　　　　我告诉他了。
我　他（受助）告诉　　（句尾）　　（戴庆厦、徐悉艰1992：256）
an⁵⁵the³³ sǎ³¹ʒa³³ ni³³ phe⁷⁵⁵ tso⁷⁵⁵ ʒa⁷³¹ ka⁷³¹ai³³.
我们　老师　们（受助）热爱　（句尾）
我们热爱老师。　　　　　　　　　　　（戴庆厦、徐悉艰1992：257）

在玛曲藏语中，书面语有对象助词la，口语中却没有对象助词，如：

书：sgrol ma-s ŋa la　char gdugs gɔig byin zin.
　　卓　玛　我（对助）雨伞　　一　　给　了
口：hdzon mi　ŋa ɕok hdək zək wʐən tha.
　　卓玛　（具助）我　雨伞　　一　给　了
卓玛给了我一把雨伞。　　　　　　　　　　（周毛草2003：227）

第二节　对象助词的语法特征

一　对象助词的附着对象

（一）对象助词附着于名词之后

如：错那门巴语：

ŋʌi³⁵ te³¹ pu³⁵sʌ⁵³ le³¹ pe⁷⁵³ the⁷⁵³ n̩er³⁵wo⁵³ jin³⁵.
我　（助词）小孩（助词）衣服　一　买（后加）（助动）
我给小孩买了一件衣服。　　　　　　　（陆绍尊1986：85）

白马语：

kho¹³n̩e⁵³ ma⁵³n̩e⁵³ tsa⁵³ po⁵³di³⁴¹ tso³⁵ de¹³.
他　　军人　（与助）子弹　讨要（进行）
他向军人要子弹。　　　　　　　　　（孙宏开等2007：114）

景颇语：

wǎ⁷³¹ji³¹ wǎ⁷³¹la³¹ phe⁷⁵⁵ kǎ³¹wa⁵⁵ nu⁷⁵⁵ai³³.
母猪　　公猪　（受助）咬　　（句尾）
母猪咬公猪。　　　　　　　　　　（戴庆厦、徐悉艰1992：257）

独龙语：

aŋ³¹n̡i³¹ɹuǔ⁵⁵ɹuǐ⁵⁵ a³¹tsăŋ⁵³ sɯ³¹nǎ⁵⁵nǎ⁵⁵ kuŋ⁵⁵tsan⁵³taŋ⁵³ le³¹
各民族　　　　　人　　都　　　共产党　　　（助词）
a³¹lɯǔp⁵⁵ɕɯ³¹.
热爱

各族人民都热爱共产党。　　　　　　（孙宏开1982：146）

彝语：

nɯ³³ a⁴⁴ʑi³³ tɕo⁴⁴ ndza⁵⁵ mu³³ ho³¹m̥a⁵⁵.　你要好好教育孩子。
你　孩子（对助）好好（助词）教育　　（胡素华2002：257）

（二）对象助词附着于代词之后

如：景颇语：

ŋai³³ ʃi³³ phe⁷⁵⁵ tsun³³ tan⁵⁵ n³¹ŋai³³.　我告诉他了。
我　他（宾助）告诉　　（句尾）　（戴庆厦、徐悉艰1992：256）

梁河阿昌语：

ŋa³³ ʂaŋ³¹ tə³³ tɕi⁷³¹ ɛi⁵⁵⁻³³.　　　我给他。
我　他（宾格）给　　　　　　（时建2009：141）

载瓦语：

ŋɔ⁵¹ nuŋ⁵⁵mɔ⁷³¹ ʑ⁵⁵ a³¹ mjaŋ⁵¹ ʃ⁷³¹.　我还没见到你们。
我　你们（宾助）没　见　还　　（朱艳华提供）

勒期语：

thə³³ le⁵⁵ ju:⁵⁵jo:⁵⁵, xjɛ³³ le⁵⁵ ju:⁵⁵jo:⁵⁵.　看看那，看看这。
那（宾助）看　看　这（宾助）看　看　（戴庆厦、李洁2007：166）

（三）对象助词附着于形容词之后

如：独龙语：

ŋa⁵³ dzuǔŋ⁵³ le³¹ pɯ³¹ɹěn⁷⁵⁵，jǐt⁵⁵ le³¹ ma⁵⁵pɯ³¹ɹěn⁷⁵⁵.
我　冷（助词）害怕　　热（助词）（前加）害怕
我怕冷，不怕热。　　　　　　　　　（孙宏开1982：147）

ăŋ⁵³ tsăŋ⁵⁵ma⁵⁵ le³¹ a³¹lɯǔp⁵⁵ɕɯ³¹.　他喜欢干净。
他　干净　（助词）喜欢　　　　　（孙宏开1982：148）

（四）对象助词附着于名词短语之后

如：麻窝羌语：

spusku baˈspusku χtʂa ɕi　zət　syji.
活佛　大　活佛　小（受事）经文　教（后加）
大活佛教小活佛经文。　　　　　　　（刘光坤1998：211）

景颇语：

ǎn⁵⁵the³³ sǎ³¹ʒa³³ ni³³ tsu̠n³³ ai³³ ka³¹ phe⁷⁵⁵，ǎ⁵⁵tsoṃ⁵¹ ʃa³¹ mǎ³¹tat³¹
我们　　老师　们　说　的　话（受助）好好　　地　听
ʒa⁷³¹ai³³.　　　　　　　　　我们要好好地听老师说的话。
（句尾）　　　　　　　　　　　　（戴庆厦、徐悉艰1992：258）

基诺语：

ŋo³¹ xji³³ a⁴⁴po³³ va⁴⁴ mo⁴⁴ji⁴⁴ a³³.　　我喜欢这花。
我　这　花　（对助）喜欢　（助）　　（蒋光友2010：173）

元江苦聪话：

ʐa³¹sɔ⁵⁵ nɔ³¹ lɔ³³ di³¹lau³⁵?　　刚才你挨骂了吗?
刚才　你（受事）骂　　　　　（常俊之2011：147）

拉祜语：

ŋa³¹ xɯ³³ lɛ³³ ŋa³³ xɯ³³ ve³³ kɔ²¹tsia³³ tha²¹ xa²¹ ve³³.
我　们（主助）我们　（助）国家　（宾助）热爱（助）
我们热爱我们的国家。　　　　　（常竑恩1986：49）

（五）对象助词附着于动词短语之后

如：扎巴语：

tʊ³¹zə⁵⁵ lə⁵⁵ ko⁵⁵ wu³¹ ga⁵⁵，tsɿ⁵⁵ lə⁵⁵ mui⁵⁵ wu³¹ ga⁵⁵.
她　歌舞　唱（对助）喜欢　还　歌舞　做（助词）喜欢
她喜欢唱歌，还喜欢跳舞。　　　　（龚群虎2007：117）

（六）对象助词附着于主谓短语之后

如：哈尼语：

a³¹jo³¹ ŋa³¹ jɔ⁵⁵ a³¹ya³¹ tɕhu³³ na³³ le⁵⁵ e⁵⁵ phθ³¹.
他　我（助）猪　养　会（宾助）夸
他夸我会养猪。　　　　　　　　　（李永燧、王尔松1986：99）

（七）对象助词附着在"互相"之后，表示前边的人或动物之间互为
　　受动者

如：麻窝羌语：

khuə phi n̠i khuə n̠iq alal　　ɕi ʁdzəʁdzi̠ tɕi ji.
狗　白　和　狗　黑　互相（受事）咬　（后加）
白狗和黑狗互相咬。　　　　　　　（刘光坤1998：212）

təβaɹ n̠i ɣly（iu）alal　　ɕi pan̠i bəba tɕi ji.
哥哥　和　妹妹　　互相（受事）东西　抢（后加）

哥哥和妹妹互相抢东西。　　　　　　　　（刘光坤1998：212）
扎巴语：
tʊ³¹zɿ⁵⁵ zɿ⁵⁵ndʑe³¹ tɿ⁵⁵te⁵⁵ wu³¹ zo³¹de⁵⁵ tə⁵⁵ ndu⁵⁵.
他们　　经常　　互相（助词）帮助　做（助词）
他们经常互相帮助。　　　　　　　　　　（龚群虎2007：117）

二　对象成分的语义类型

施事和对象是动词联系起来的一对范畴，分别指动作的发出者和动作的承受者。通常情况下，施事和对象是属于同一类的两个个体，区别在于施事是主动的，对象是被动的，在不同的动作过程中二者的语义角色可以互换，也就是说，对象也具有充当施事的能力。

（一）对象成分多数是表人的

在人类的社会活动中，人们首先关注的是人自身，个人会发出什么样的行为动作，发出的行为动作会对他人造成怎样的影响。因此，在人类的认识中，人首先是行为动作的主动发出者，也是发出动作行为后首先被关注的对象，当然还包括通人性的神鬼、动物及其他拟人化事物等。反映在语言中，人是充当施事的最合理成分，也是充当对象的最合理成分。如：
错那门巴语：
ŋʌi³⁵ te³¹ pu³⁵sʌ⁵³ le³¹ pe⁷⁵³ the⁷⁵³ n̠er³⁵wo⁵³ jin³⁵.
我（助词）小孩（助词）衣服　一　买（后加）（助动）
我给小孩买了一件衣服。　　　　　　　　（陆绍尊1986：85）
仓洛门巴语：
tɕaŋ¹³ so⁵⁵ŋo¹³ tʻor⁵⁵ ka⁽¹³⁾ noŋ¹³ tɕa⁵⁵.　我在等一个人。
我　人　一（助词）等（助动）（张济川1986：113）
景颇语：
kup³¹ʃi³³ ʃǎ³¹koŋ³¹ ʃǎ³¹naʔ⁵⁵ e³¹, ʃi³³ ka³¹nu⁷⁵ pheʔ⁵⁵ mjit³¹tumʔ⁵⁵
八月　　十五　　夜晚　　　他　母亲　（受助）想念
uʔ³¹ai³³.　　　　　　　　　　　　　八月十五夜晚,他想念母亲。
（句尾）　　　　　　　　　　　　　（戴庆厦、徐悉艰1992：257）

（二）由组织、机构、国家等充当的对象
独龙语：
ɑŋ³¹n̠i³¹ɹuʔ⁵⁵ɹuʔ⁵⁵ a³¹tsăn⁵³ suɯ³¹năʔ⁵⁵năʔ⁵⁵ kuŋ⁵⁵tsan⁵³taŋ⁵³ le³¹
各民族　　　　　　人　　都　　　　　共产党　　（助词）

ɑ³¹lŭp⁵⁵ɕɯ³¹.　　　　　　　　　　　　各族人民都热爱共产党。
热爱　　　　　　　　　　　　　　　　　（孙宏开1982：146）

iŋ⁵⁵ ɕɔ³¹taŋ³¹ le³¹ cŭm⁵³ wɑi⁵³.
我们 学校　（助词）房子　盖
我们给学校盖房子。　　　　　　　　　　（孙宏开1982：147）

拉祜语：

ŋa³¹xɯ³³ lɛ³³ ŋa³¹xɯ³³ ve³³ kɔ²¹tsia³³ tha²¹ xa²¹tɕa⁵³ ve³³.
我们　（话助）我们　　的　国家　（对助）热爱　（语助）
我们热爱我们的国家。　　　　　　　　　（李春风提供）

ŋa³¹xɯ³³ pɤ²¹tsi³³ tha²¹ xa²¹.　　　　我们热爱北京。
我们　　北京（对助）热爱　　　　　　　（李春风提供）

（三）由动物充当的对象

景颇语：

waʔ³¹ji³¹ waʔ³¹la³¹ pheʔ⁵⁵ kǎ³¹wa⁵⁵ nuʔ⁵⁵ ai³³.
母猪　　公猪　（受助）咬　　　（句尾）
母猪咬公猪。　　　　　　　　　　　　　（戴庆厦、徐悉艰1992：257）

麻窝羌语：

zəʂkuə luttɕi ɕi　qu ji.　　　　　　　老鼠怕猫。
老鼠　猫（受事）怕（后加）　　　　　　（刘光坤1998：210）

嘉戎语：

ka la　wɐ-ʃə-i　　　thə　　ko-tə-pə-u　ta-tsəs?
兔子（前缀）（助词）什么　（前缀）（前缀）做（后缀）（前缀）说
（他）对兔子说（你）在做什么？　　　　（林向荣1993：328）

（四）少量由事物、事件充当的对象

扎巴语：

tɕa⁵⁵ɕi⁵⁵ nthi³⁵ wu³¹ ga⁵⁵ndu³⁵,　dʐyi³⁵ wu³¹ ga⁵⁵ ma⁵⁵ ndu³¹.
扎西　　肉　（助词）喜欢（助词）鱼　（助词）喜欢　不（助动）
扎西喜欢吃肉，不喜欢吃鱼。

tʊ³¹zə⁵⁵ ŋa⁵⁵ zə³¹ ja⁵⁵ wu³¹　tə³⁵ ʂtʂe³¹.
他　　我（助词）手（助词）（前加）拉
他拉着我的手。

tʊ³¹zə⁵⁵ lə⁵⁵ ko⁵⁵ wu³¹ ga⁵⁵, tsɪ⁵⁵ lə⁵⁵ mui⁵⁵ wu³¹ ga⁵⁵.
她　　歌舞　唱（助词）喜欢　还 歌舞　做（助词）喜欢

她喜欢唱歌，还喜欢跳舞。

（以上例句引自龚群虎2007：116—117）

以上例句中的"肉""鱼""我的手"是表示事物的，"唱歌""跳舞"是表示动作事件的。它们都充当对象成分，受对象助词的标注。

三　对象助词的使用条件

对象助词是句子中用来标注对象成分的，但并不是所有的对象都用对象助词标注。对象助词的使用是有条件的。

（一）对象成分充当双宾语句的间接宾语时，对象助词的使用是强制性的

藏缅语是SOV语言，双宾语句的句法格局通常是S+O_1+O_2+V，即"施事+间接宾语+直接宾语+动词"，在动词前连续出现三个名词性成分，这三个名词性成分和动词的语义关系不同，容易发生混淆，同时，双宾语句中的间接宾语，正是在动作行为的过程中处于被动地位的个体，是动作行为者所关注的对象，因此，间接宾语上使用对象助词具有强制性。如：

景颇语：

ʃi³³ naŋ³³ pheʔ⁵⁵ lai³¹ka³³ ja³³ a³¹ni⁵¹?　他给你书吗？
他　你（受助）书　　给　（句尾）　（戴庆厦、徐悉艰1992: 303）
ʃi³³ ŋai³³ pheʔ⁵⁵ kum³¹phʒo³¹ lǎ³¹tsa³³ ja³³ sai³³.
他　我（受助）钱　　　　一百　　给（句尾）
他给了我一百元钱。　　　　　　　　（戴庆厦、徐悉艰1992: 370）

阿侬语：

a³¹io³¹ tʰɑ³¹ɲaŋ⁵⁵ kha³¹ ʂɿ⁵⁵va³¹ tʰi³¹ pɯŋ⁵⁵ dʑiŋ⁵⁵.
我　　弟弟　　（受助）书　　一　　本　　给
我给弟弟一本书。　　　　　　　　　（孙宏开、刘光坤2005: 111）

元江苦聪话：

ŋa³¹ ɣɔ³¹ lɔ³³　sv³³ ti³¹ pɤŋ³¹ pi³¹o³³.
我　他（受事）书　一　本　给（体助）
我给他一本书。　　　　　　　　　　（常俊之2011：148）

哈尼语：

a³¹da³³ ne³³ a³¹ɲi⁵⁵ a³³ so³¹ɣa³¹ tɕhi³¹ kho³¹ bi³¹ mi³¹.
爸爸　（助）弟弟（助）书　　　一　　本　　给予
爸爸给弟弟一本书。　　　　　　　　（李永燧、王尔松1986: 98）

ŋa⁵⁵ a³¹jo³¹ a³³ tshe³¹ tɕhi³¹ kho⁵⁵ bi³¹ mi³¹ a⁵⁵.
我 他 （助）锄头 一   把   给   了
我给了他一把锄头。　　　　　　　　　（李永燧、王尔松：1986：98）

载瓦语：
jaŋ³¹ naŋ⁵¹ ʒɿ⁵⁵ xai⁵¹ pji³¹/⁵¹ ʒa⁵⁵.   他给你什么呢？
他 你 （宾助）什么 给   （实然）　（朱艳华提供）

波拉语：
jɔ̃³¹ ŋa⁵⁵ ʒɛ³¹ pu³¹ tă³¹ khjɛ⁷⁵⁵ vɛ⁵⁵ pi³¹ ɛ³¹.
他 我 （助）衣服 一 件   买 给 （助）
他买给我一件衣服。　　　　　　　　（戴庆厦等2007：158）

（二）施事受事成分容易混淆时要加对象助词

在非双宾的SOV句中，当施事、对象宾语均为有生事物，而且他们都能发出动词所表示的动作行为时，为了避免混淆，通常要在对象宾语后加对象助词。如：

景颇语：
an⁵⁵the³³ nan⁵⁵the³³ phe⁷⁵⁵ ka³¹ʒum⁵⁵ ka⁷³¹ai³³.
我们   你们   （受助） 帮助   （句尾）
我们帮助你们。　　　　　　　（戴庆厦、徐悉艰1992：257）

wǎ⁷³¹ji³¹ wǎ⁷³¹la³¹ phe⁷⁵⁵ kǎ³¹wa⁵⁵ nu⁷⁵⁵ ai³³.
母猪   公猪   （受助） 咬   （句尾）
母猪咬公猪。　　　　　　　　（戴庆厦、徐悉艰1992：257）

独龙语：
aŋ³¹n̠i³¹ɹɯ̆⁷⁵⁵ɹɯ̆⁷⁵⁵ a³¹tsăŋ⁵³ sɯ³¹nă⁷⁵⁵nă⁷⁵⁵ kuŋ⁵⁵tsan⁵³taŋ⁵³ le³¹
各民族   人   都   共产党   （助词）
a³¹lɯ̆p⁵⁵ɕɯ³¹.　　　　　　　　　　各族人民都热爱共产党。
热爱　　　　　　　　　　　　　　　（孙宏开1982：146）

基诺语：
jo³¹mɛ³³ xo³¹tʃha⁵³ va⁴⁴ tʃhʌ³¹ khjɛ⁵⁴ kɔ³³ a³³.
猫   老鼠   （助） 跟 咬 （助）（助）
猫在追咬老鼠。　　　　　　　　　　（蒋光友2010：173）

（三）使让对象成分后要加对象助词

如：白马语：
tɕhø⁵³ khi³⁵ dɐ¹³, ŋa³⁵ na¹³ kho⁵³ ʃa⁵³!
你   病 （进行）我 （与助）背 （祈使）

你有病，（你）让我来背吧！
tɕhø⁵³ ʑi³⁴¹ ndɛ⁵³ ŋø⁵³ pe¹³ʐa³⁴¹ na¹³ ta³⁵ tʃu¹³!
你　书　这　我　弟弟　（与助）看（祈使）
这本书你让我弟弟看吧！　　　（以上例句引自孙宏开等2007：115）
史兴语（下游）：
ȵi⁵⁵tɕhɛ⁵⁵re³¹ ŋe⁵⁵ sŋ⁵⁵ sə̃⁵⁵ ɕi⁵⁵ ʁo³¹.
你　书　　我（受格）看（使动）（婉转）
你的书让我看一下。　　　　　（徐丹2009：25—41）
元江苦聪话：
ɣɔ³¹ lɔ³³ ʑɛ³³khʌ³³tɕɛ³³mʌ³³ tʌ³¹ dɔ³¹ pi³¹.
他（受事）很　　多　　　别　喝　使
别让他喝太多了。　　　　　　（常俊之2011：148）
梁河阿昌语：
a³¹nuŋ³¹ tə³³ tɕhɛ̃³³ tɕi⁷³¹ waŋ³³ la⁷³¹.　让弟弟先进去。
弟弟　（宾格）先　给　进　去　（时建2009：142）
载瓦语：
jaŋ⁵⁵ȵik⁵⁵ ʒɿ⁵⁵ ŋa⁵⁵mɔ⁷³¹ jum⁵¹ mă⁵⁵ lɛ⁵⁵ naŋ⁵¹ a⁷³¹.
他俩　（宾助）我们　　家（方助）来　让　（谓助）
让他俩到我们家里来。　　　　　（朱艳华提供）

（四）有些语言的非自主性动词的施事要加对象助词
如：独龙语：
dɯ³¹gui⁵⁵ gɹu³¹ a³¹ja⁵⁵ ĭŋ⁵⁵ne⁵⁵ le³¹ a³¹ta⁵⁵ɕɯ³¹.
狗　叫　那　我们俩（助词）听见
狗叫被我们俩听见了。　　　　　（孙宏开1982：148）
ɕɔ³¹sɯŋ⁵⁵ tăn⁵⁵a³¹laŋ⁵³ tsaŋ³¹kɔ⁵⁵wa⁵³ a³¹ja⁵⁵ ĭŋ⁵⁵ le³¹ a³¹ta⁵⁵ɕɯ³¹.
学生　　现在　　唱歌　　那　我们（助词）听见
学生在唱歌被我们听见了。　　　（孙宏开1982：148）
ŋa⁵³ le³¹ ɕiŋ⁵⁵wăt⁵⁵ ɕiŋ⁵⁵ a³¹ja⁵⁵ pɯ³¹năm⁵⁵ɕɯ³¹.
我（助词）花　　气味　那　　　闻
花的气味被我闻到了。　　　　　（孙宏开1982：148）

（五）对象成分需要强调时，要加对象助词
对象成分需要强调的情况有：
1．在常式句中对对象成分的强调
上面讲到，在SOV句中为了避免语义关系的混淆要在表人或动物的对象宾语后加对象助词，但在有些分析性特征较强的语言中，这种情况已经出现了另一种倾向，因为语序具有较强的语法功能，包含施事和对象的句法格局通常是"施事+对象+动词"，语序和语义成分的关系对应一致，所以即使是表人或动物的成分充当直接宾语，也不加对象助词。只有为了强调对象时或是在书面语、正规场合的讲话中，才在对象后加对象助词。如：

普米语：

以下两句话的施事、对象成分都是表人代词，在不需要强调的情况下，施事助词和对象助词都不加。

ni²⁴ tə⁵⁵gɯ⁵⁵ tiəuŋ⁵⁵ qa⁵⁵mɛ³¹?　　　你见到他了吗？
你　 他　　　见　　吗

tə⁵⁵gɯ⁵⁵ ni²⁴ tʃyn⁵⁵ qa⁵⁵mɛ³¹?　　　他见到你了吗？
他　　 你　见　　 吗

当需要强调对象成分的时候，就要加对象助词，变成如下情况：

ni²⁴ tə⁵⁵gɯ⁵⁵ tʃi⁵⁵ tiəuŋ⁵⁵ qa⁵⁵mɛ³¹?　你见到他了吗？
你　 他　（与助）见　　吗

tə⁵⁵gɯ⁵⁵ ni²⁴ tʃi⁵⁵ tʃyn⁵⁵ qa⁵⁵mɛ³¹?　他见到你了吗？
他　　 你（与助）见　　吗

（以上例句引自蒋颖2010：a）

哈尼语：

在一些常式句中可以不加对象助词，但需要强调的时候，要加上对象助词。如：

no⁵⁵ a³¹ɣa̠³¹ sḛ³¹.　　　　　　　你杀猪。
你　猪　　杀

a³¹jo³¹ a³¹n̠u³¹ lu³¹.　　　　　　他放牛。
他　　牛　　放

以上两例是一般的常式句，靠语序来区分施事、受事，既不强调主语，也不强调对象。

ŋa⁵⁵ a³¹kɯ³¹ jo⁵⁵ di³¹.　　　　　我打狗。
我　狗　（宾助）打

a³¹jo³¹ xa³¹dʑa⁵⁵ jo⁵⁵ le³¹.　　　他驱赶麻雀。
他　麻雀（宾助）赶

（以上例句引自李泽然2009）

以上两例加了对象助词，用来强调句子的宾语，即句子的重心在宾语"狗""麻雀"上。

2．在变式句中对对象成分的强调

所谓的变式句即对象成分提前到施事之前或是说施事置于对象成分之后的句子。在变式句中，如果动词的动作性不强，施事位于对象成分后不加施事助词，要在对象成分之后加上对象助词表示对对象成分的强调。如果动词的动作性较强，施事助词的使用是强制性的，即施事成分后必须加施事助词，但为了强调对象成分，仍旧要在对象成分后加上对象助词，即同时出现施事助词和对象助词。如：

哈尼语：

常式句：

我叫他：ŋa⁵⁵ a³¹jo³¹ jo⁵⁵ gu⁵⁵
　　　　我　他（宾助）叫

我们爱爷爷奶奶：ŋa⁵⁵ja³¹ a³¹phi³¹ a³¹bo⁵⁵ jo⁵⁵ ga³¹
　　　　　　　　我们　奶奶　爷爷（宾助）爱

变式句：

我叫他：a³¹jo³¹ jo⁵⁵ ŋa⁵⁵ gu⁵⁵
　　　　他（宾助）我　叫

我们爱爷爷奶奶：a³¹phi³¹ a³¹bo⁵⁵ jo⁵⁵ ŋa⁵⁵ja³¹ ga³¹
　　　　　　　　奶奶　爷爷（宾助）我们　爱

（李泽然提供）

以上常式句中的宾语助词jo⁵⁵可以省略，在变式句中不能省略。

再如：

景颇语：

n³³tai³³ lă³¹pu³¹ phe⁵⁵ ʃi³³ ni³³ni⁵⁵ ta⁷³¹ nu⁷⁵⁵ai³³.
这　　裙子　（受助）他　两天　织　（句尾）

这裙子他织了两天。　　　　　　　　（戴庆厦、徐悉艰1992：370）

仙岛语：

tsɔ³¹vui³¹ ta³⁵　　　　　　　　　小孩打

小　孩　打　　　　　　　　　（戴庆厦等2005：87）

tsɔ³¹vui³¹ te⁵⁵ ta³⁵　　　　　　　打小孩

小　孩（助）打　　　　　　　　（戴庆厦等2005：87）

勒期语：

ŋjaŋ³³nuŋ⁵⁵ le⁵⁵ ma:u⁵³ pjɛ³³.　　　他们被欺骗了。
他们　　（受事）欺骗　了
ŋjaŋ³³ le⁵⁵ ŋo⁵³ kha:t⁵⁵ thuʔ⁵⁵ pjɛ³³.　　他被我赶出去了。
他（受事）我　赶　　出　　了

以上例子中的受事助词不能省略，省略后，施受关系就变了。
有时句中即使出现了施事助词，但为了强调对象，也要加上对象助词。如：

ŋjaŋ³³ le⁵⁵ a³³pho⁵³ ŋjei⁵³ pa:t³¹ pjɛ³³.　　他被爸爸打了。
他（受事）爸爸　（施事）打　　了
mji³³ji³¹tso³³ le⁵⁵ pei⁵³ ŋjei⁵³ la:p⁵⁵ nɔʔ³¹ pjɛ³³.　姑娘被太阳晒黑了。
姑娘　　　（受事）太阳（施事）晒　　黑　　了
ŋo⁵³ le⁵⁵ ŋjaŋ³³nuŋ⁵⁵ ŋjei⁵³ ma:u⁵³ pjɛ³³.　我被他们骗了。
我（受事）他们　　　（施事）骗　　了

（以上例句引自戴庆厦、李洁2007：167）

3．在对举句中对对象成分的强调

在对举句中，充当宾语的成分即使是一般的无生事物或事件，由于前后两部分对举来说，造成了两种事物或事件的对比，这时要辅以对象助词来强调比较的对象。如：

扎巴语：

tɕa⁵⁵ɕi⁵⁵ nthi³⁵ wu³¹ ga⁵⁵ndu³⁵,　dʑyi³⁵ wu³¹ ga⁵⁵ ma⁵⁵ ndu³¹.
扎西　肉　（助词）喜欢（助词）鱼　（助词）喜欢　不（助动）
扎西喜欢吃肉，不喜欢吃鱼。　　　　　　（龚群虎2007：116）
tʊ³¹zə⁵⁵ lə⁵⁵ ko⁵⁵ wu³¹ ga⁵⁵, tsɿ⁵⁵ lə⁵⁵ mui⁵⁵ wu³¹ ga⁵⁵.
她　歌舞　唱（助词）喜欢　还 歌舞 做　（助词）喜欢
她喜欢唱歌，还喜欢跳舞。　　　　　　（龚群虎2007：117）

哈尼语：

no⁵⁵ ɕa⁵⁵de³³ ɕi⁵⁵ de³³ tha³¹ du³¹, ø⁵⁵ de³³ jo⁵⁵ du³¹ yo³¹bo³³.
你　田　　这块　别　挖　　那块（宾助）挖　应该
你别挖这块田，应该挖那块田。
ŋa⁵⁵ u³¹tshɔ³¹tshɔ³¹ na³³ ma³¹ ɣɤ⁵⁵, u³¹tshɔ³¹thɔ³¹ ɲi⁵⁵ jo⁵⁵ ɣɤ⁵⁵ mo³¹.
我　帽子　　　　黑 不 买　帽子　　　红（宾助）买 想
我不买黑帽子，而是想买红帽子。

no⁵⁵ a⁵⁵bo⁵⁵ ɕi³¹ bo⁵⁵ tha³¹ ɕa³³, ø⁵⁵ bo⁵⁵ jo⁵⁵ ɕa³³ nɔ³¹.
你 树 这棵 别 种 那棵(宾助)种 吧
你别种这棵树，种那棵树吧。

no⁵⁵ tshe³¹ ɕi³¹ tshe³¹ tha³¹ ba³¹, ø⁵⁵ tshe³¹ jo⁵⁵ ba³¹ nɔ³¹.
你 锄头 这 把 别 拿 那 把(宾助)拿 吧
你别扛这把锄头，扛那把锄头吧。　　　（以上例句由李泽然提供）

4. 在"互相"后对互为对象成分的强调

有时，在人和人或动物和动物之间发生的动作是双向的，二者互为施事和对象，词汇上用一个表示"互相"的词表示这种双向关系，在"互相"之后再加上对象助词，强调了二者互为对象成分。如：

麻窝羌语：

khuə phi ȵi khuə ȵiq alal ɕi ʁdzəʁdzi tɕi ji.
狗 白 和 狗 黑 互相(受事) 咬 (后加)
白狗和黑狗互相咬。　　　　　　　　　（刘光坤1998：212）

təbaɹ ȵi ɣly（iu）alal ɕi paȵi bəba tɕi ji.
哥哥 和 妹妹 互相(受事)东西 抢 (后加)
哥哥和妹妹互相抢东西。　　　　　　　（刘光坤1998：212）

扎巴语：

tʊ³¹zə⁵⁵ne⁵⁵ tɿ³⁵te⁵⁵ wu³¹ te⁵⁵ ntɕhi⁵⁵ kə³¹ tə³¹.
他俩 互相(助词) 一 看 (眼) (前加) 做
他们俩互相看了一眼。　　　　　　　　（龚群虎2007：117）

（六）长宾语后要加对象助词（包括事件性宾语）

如：长宾语即由短语来充当宾语的情况，充当宾语的短语可以是指人，也可以是指物或事件。如：

拉祜语：

no⁵⁵ a³¹so⁵⁵ la⁵⁵ ŋa³³ le⁵⁵ sa⁵⁵ xu³³ xu³³. 你看看是谁来了？
你 谁 来 是 (助) 看 看　　　（李永燧、王尔松1986：99）

a³¹jo³¹ ŋa³¹ jɔ⁵⁵ a³¹ɣa³¹ tɕhu³³ na³³ le⁵⁵ e⁵⁵ phθ³¹.
他 我(助) 猪 养 会 (助) 夸
他夸我会养猪。　　　　　　　　　　　（李永燧、王尔松1986：99）

梁河阿昌语：

ŋa³³ u³³ tiaŋ³¹ lau³¹ ɕi⁷⁵⁵ tsu³³⁻³¹wa⁵⁵ xəu⁵⁵tiu⁷³¹ tə³³ ɕɛ³¹ nɛi⁷⁵⁵.
我 舞 跳 爱 的 孩子 那 一个(宾助) 认识 (进行体)

我认识那个爱跳舞的孩子。　　　　　　　　　（时建2009：142）
ṣaŋ³¹ liaŋ³³pa³³pa³³ kəŋ³¹ ɛi⁷⁵⁵ n̩a⁷³¹tɕit³¹ ta³¹ tɕuŋ³¹ tə³³ pa³³
她　漂亮　　　　　　很　的　眼睛　　一　双（宾格）有
nɛi²⁵⁵~³¹.
（进行体）
她有一双很漂亮的眼睛。　　　　　　　　　（时建2009：142）

四　对象成分和动词之间的语义关系

对象成分和动词的语义关系复杂多样，很大程度上取决于动词的语义特征。首先可以根据动作是否直接作用于对象分为直接对象、间接对象，体现在句法上就是直接对象充当单宾语句中的宾语，间接对象充当双宾语句中的间接宾语，还有一类充当使让类动词的使让对象。间接对象又可以根据不同动词的情况分成以下的一些类别：给送类对象、借要类对象、讲说类对象、帮为类对象、朝向类对象、称谓类对象等。在语义表达允许的情况下，直接对象和间接对象是可以互相转化的。

（一）直接对象

直接对象指的是动作直接作用的人、动物或拟人化的事物，这类结构的动词包括具体的动作动词"打、咬、骂、叫"类，心理活动动词"爱、恨、喜欢、讨厌"类，也包括表示比较的"适合、符合"类等。另外，表示某种感情态度的形容词所针对的对象也可以归入直接对象。如：

波拉语：
tǎ³¹ʃɔ̃⁵⁵ ʒɛ³¹ pɛ⁷³¹.　　　　　　　　　　打小孩。
小孩（助）打　　　　　　　　　　　　（戴庆厦等2007：157）
jɔ̃³¹ ŋa⁵⁵ ʒɛ³¹ pɛ⁷³¹ a⁵⁵.　　　　　　　　她打我。
她　我（助）打（助）　　　　　　　　（戴庆厦等2007：157）

麻窝羌语：
qa tha: ɕi dəwuwa tʃa.　　　　　　　　我骂他了。
我　他（受事）（前加）骂（后加）　　（刘光坤1998：210）
zəʂkuə luttɕi ɕi qu ji.　　　　　　　　老鼠怕猫。
老鼠　猫（受事）怕（后加）　　　　　（刘光坤1998：210）

普米语：
kɛ⁵⁵fã⁵⁵tɕyẽ pa⁵⁵sia⁵⁵ʐa⁵⁵ biɛ⁵⁵ sgia⁵⁵ ʐɯɯ⁵⁵.
解放军　　　老百姓　（受事）爱　　（后加）
解放军热爱人民。　　　　　　　　　　（陆绍尊2001：178）

景颇语：

ʃi³³ ŋa³³ wǎ⁵⁵la⁵¹ wa³³ phe⁷⁵⁵ tam³³ sa³³ wa³¹ sai³³.
他　　公牛　　这（受助）找　去（助动）（句尾）
他去找公牛了。　　　　　　　　（戴庆厦、徐悉艰1992：258）

基诺语：

phɯ³¹ çi³⁵ mi⁵⁵n̠ɛ³³ lɔ³³ tɕhi³¹zu³³.　　狗把这只猫咬了。
狗　这　猫　（受事）咬　　　（常俊之2011：147）

xji³³ mi⁴⁴khɔ⁴⁴ khɤ³¹ zɔ⁴⁴khɔ⁴⁴ va⁴⁴ tɛ⁴⁴ phjɔ⁴⁴ nɛ³³.
这　姑娘　　那　伙子　（助）看　爱　（助）
这姑娘爱上了那个小伙子。　　　（蒋光友2010：173）

羌语（曲谷话）：

guəs tsal qa-tɕ　　ma-ɣdzə-jy.　　这件衣服对我不合身。
衣服 这件 我（范围）不　够（情体）　（黄布凡、周发成2006：189）

扎巴语：

tʊ³¹zə⁵⁵ ŋa⁵⁵ wu³¹ m̥ui³¹m̥ui⁵⁵ tʂyi⁵⁵ta⁵⁵ ze³¹.
他　　我（助词）很　　热情　（助词）
他对我很热情。　　　　　　　　（龚群虎2007：118）

a⁵⁵pe⁵⁵ ŋa³¹ tha³¹ ʂptse⁵⁵ʂptse⁵⁵ ze³¹.　　爸爸对我很严格。
爸爸　我（助词）严格　　　（助词）　（龚群虎2007：119）

（二）间接对象

1. 给送类对象

给送类对象指的是"给、送、写给、教给、指给"类动词的对象成分。给送类结构的认知图式是把某物（可以是具体的也可以是抽象的）从当事者的一方转移到另一方，其中拥有某物并主动转出的一方是施事，被转给的一方是对象。

羌语：

mi ma-nam qupu-tɕ　du ʔapau　de-le-w.
　坏人　他（对象）毒　一　包（趋向）给（宾语人称）
坏人给了他一包毒药。　　　　　（黄布凡、周发成2006：189）

扎巴语：

tʊ³¹zə⁵⁵ ve⁵⁵n̠ə³¹pha³¹ wu³¹ pi³¹ te⁵⁵ tɕyi⁵⁵ tə³⁵ khui³¹.
他　　兄弟　　（助词）笔　一　支　（前加）给
他给了弟弟一支笔。　　　　　　（龚群虎2007：116）

基诺语：

ŋo³¹ khɤ³¹ va⁴⁴ phlu³¹ ŋɔ⁴⁴ jɛ³¹ a⁴⁴tso³¹ tso³¹ mʌ⁴⁴ nɛ³³.
我　他　（助）钱　　五　元　欠债　欠（助）（助）
我借给了他五元钱。　　　　　　（蒋光友2010：174）

元江苦聪话：

ŋa³¹ ɣɔ³¹ lɔ³³ sv³³ ti³¹ pɤŋ³¹ pi³¹o³³.
我　他（受事）书　一　本　　给（体助）
我给他一本书。　　　　　　　　（常俊之2011：148）

哈尼语：

ŋa⁵⁵ a³¹jo³¹ a³³ tshe³¹ tɕhi³¹ khɔ⁵⁵ bi³¹ mi³¹ a⁵⁵.
我　他　（助）锄头　一　把　给　　　了
我给了他一把锄头。　　　　（李永燧、王尔松1986：98）

波拉语：

ŋa⁵⁵ jɔ̃³¹/⁵¹ ʒɛ³¹ nɔ³¹ tă³¹ tɔ³¹/⁵¹ pi³¹/³⁵ ɛ³¹.
我　他　（助）牛　一　头　送　（助）
我送他一头牛。　　　　　　　　（戴庆厦等2007：158）

麻窝羌语：

spusku baˈspusku χtʂɑ ɕi zət syji.
活佛　大活佛　小（受事）经文 教（后加）
大活佛教小活佛经文。　　　　　（刘光坤1998：211）

2．借要类对象

借要类对象指的"借、要、索要"类动词的对象成分。借要类结构的认知图式也是把某物（可以是具体的也可以是抽象的）从当事者的一方转移到另一方，在这个过程中主动去获得该物的一方是施事，拥有某物并被索要的一方是对象。

白马语：

kho¹³ȵe⁵³ ma⁵³ȵe⁵³ tsa⁵³ po⁵³di³⁴¹ tso³⁵ dɐ¹³.
他　　军人　（与助）子弹　讨要（进行）
他向军人要子弹。　　　　　　　（孙宏开等2007：114）

纳西语：

ŋə³¹ thɯ³³ to⁵⁵ la³¹lo³³ so³¹.　　　我跟他学手艺。
我　他　（助）手艺　学　　　　（和即人、姜竹仪1985：82）

3. 帮为类对象

帮为类对象指的是"（为……）做、（替……）干"类动词的对象成分。帮为类结构的认知图式也要关涉两方当事者，动作可以是一方独立完成，也可以是两方共同完成，但强调突显的是其中一方的动作行为，而且其动作行为是为另一方而做的。发出动作行为的一方是施事，受益的一方是对象。

羌语：

qupu ʐmə-tɕ   dzə naka   tə-bəl wa!
他   群众（对象）事 好的 （已行）做（语气）
他为群众做了好事！　　　　　　　　　　（黄布凡、周发成2006：189）

qa mama-tɕ   guəs ɦa-χula.   我给妈妈洗了衣服。
我 妈妈（对象）衣服（已行）洗　　（黄布凡、周发成2006：189）

梁河阿昌语：

naŋ³³ ŋa³³ tə³³ wa⁷³¹ kha⁷³¹ tɕi⁷³¹⁻⁵⁵la⁷³¹.
你   我（宾格）猪   喂   给   去
你帮我喂猪去。　　　　　　　　　　　　（时建2009：141）

白语：

mo³¹ sɣ³¹ a³¹ne̲⁴⁴ ŋɣ⁵⁵ tɯ²¹po̲²¹.   他替奶奶梳头。
他 梳 阿奶 （助）头　　　　　　　（徐琳、赵衍荪1984：54）

4. 朝向类对象

朝向类对象指的是"（向……）开枪、（向……）扔、（向……）点头、（对……）说"类动词的对象成分，"（向……）开枪、（向……）扔"等动词所表示的动作总是要朝向某个方向的。朝向类结构的认知图式也要关涉两方当事者，但动作行为是一方单独完成的，另一方仅仅是方向性动作朝向的目标。发出动作的一方是施事，动作朝向的目标是对象。

白马语：

mĩ¹³pĩ⁵³ tɕ¹³na⁵³ kɛ⁵³ ȵi³tɕhɔ⁵³ ko⁵³mbɔ¹³tɕhɛ¹³.
民兵   老熊   （与助）枪   放   （完成）
民兵向老熊放枪。　　　　　　　　　　　（孙宏开等2007：115）

拉坞戎语：

a³³tə⁵³ ɣə³³ stan³³dʑən³³ khe⁵³ ʁu⁵³ ŋɛ³³ŋɛ³³ŋɛ⁵⁵ ə³³-vzu³³.
他 （施事）丹增   （对象）头 点   （完）做
他向丹增点了点头。　　　　　　　　　　（黄布凡2007：97）

ʁgra⁵³ ɣə³³ cçə⁵³ tha³³ me³³mda⁵⁵ rə³³-li³³.
敌人（施事）他（朝向）枪　　（完）开
敌人朝他开枪了。　　　　　　　　　　　（黄布凡2007：98）
扎巴语：
tʊ³¹zə⁵⁵ ŋa⁵⁵ wu³¹ n̠a⁵⁵n̠i³¹ ɪ⁵⁵ ŋa⁵⁵ŋa³¹ ʂtɹ³⁵.
他　　我（助词）脸　（前加）扮（脸）（助词）
他向我做鬼脸。　　　　　　　　　　　　（龚群虎2007：118）
嘉戎语：
ka la wɐ-ʃ-ə-i　　thə　　　ko-tə-pə-u　　　　ta-tsəs?
兔子（前缀）（助词）什么（前缀）（前缀）做（后缀）（前缀）说
（他）对兔子说（你）在做什么？　　　　　（林向荣1993：328）

5. 称谓类对象

称谓类对象指的是"称呼、称、叫"类动词的对象成分。称谓类结构的认知图式也要关涉到两方当事者，但该结构在于说明当事双方的关系，被称呼的一方是对象，另一方是施事。如：

基诺语：
ŋo³¹ khɤ³¹ va⁴⁴ ŋo⁴⁴phy⁴⁴ khu³¹ nɛ³³.　　我叫他爷爷。
我　他（助）我爷爷　叫　（助）　（蒋光友2010：174）

（三）使让对象

使让对象是使动词或"使、让"类动词的对象成分。使让对象的特点是既充当"使让"的对象成分，又充当另一动作的施事。如：

白马语：
tɕhø⁵³ ʑi³⁴¹ ndɛ⁵³ ŋø⁵³ pe¹³ʐa³⁴¹ na¹³ ta³⁵ tʃu¹³!
你　书　这　我　弟弟　（与助）看（祈使）
这本书你让我弟弟看吧！　　　　　　　（孙宏开等2007：115）
扎巴语：
tʊ³¹zə⁵⁵ wu⁵⁵ ɕha⁵⁵ tʂhu³⁵.　　　　　叫他走吧。
他　（助词）走　使　　　　　　　（龚群虎2007：117）
梁河阿昌语：
a³¹nuŋ³¹ tə³³ tɕhẽ³³ tɕi⁷³¹ waŋ³³ la⁷³¹.　让弟弟先进去。
弟弟　（宾格）先　给　进　去　　（时建2009：142）

五　对象助词和其他指示对象的范畴

在景颇语中，除了对象助词外，句尾词也具有指示对象成分的人称和数的作用。如：

景颇语：

ŋai³³ naŋ³³ pheʔ⁵⁵ tsun³³ sǎ⁵⁵teʔ⁵⁵ai³³.　　　我对你说了。
我　你（结助）说　（句尾）　　　　（戴庆厦、徐悉艰1992：273）

上例中句尾词表示主语是第一人称，宾语是第二人称单数。

jaʔ⁵⁵ ʃǎ³¹ʒin⁵⁵ niʔ³¹!　　　　　　　你现在教我吧！
现在 教　（句尾）　　　　　（戴庆厦、徐悉艰1992：273）

上例中句尾词表示主语是第二人称，宾语是第一人称单数。

ŋai³³ ʃi³³ pheʔ⁵⁵ sa³³ ʃǎ³³ ka⁵⁵ la⁵⁵ weʔ³¹kaʔ³¹!
我　他（结助）去　叫　（助动）（句尾）

我去把他叫来！　　　　　　　（戴庆厦、徐悉艰1992：273）

上例中句尾词表示主语是第一人称，宾语是第三人称单数。

从上面的例子中可以看出，句尾词具有指出施事、受事的人称的作用，但明确标注对象成分的还是对象助词。而且，句尾词有渐趋减少脱落的趋势。

六　对象助词的数量差异

对象助词是一个相对宽泛的概念。上面我们讲到，对象本身可以包括动作行为直接作用的对象、动作行为针对的对象、动作行为服务的对象、动作行为朝向的对象等。在有的语言里，各种不同的对象助词采用一个语音形式，在有的语言里，不同的对象采用不同的语音形式。不同语言中对象助词的数量差异反映了不同语言的使用群体在客观上的认知差异，也反映了藏缅语中对象助词发展的不平衡性，同时也反映了不同语言句法结构的演变差异、助词系统的丰富程度。

（一）只有一个对象助词的语言

只有一个对象助词的语言，对象助词使用比较广泛，能够表达对象和动词之间的不同语义关系。

独龙语的 le³¹：

（1）用于直接对象上

a³¹jǎʔ⁵⁵ ɟɔ⁵⁵mǎi⁵⁵ɹa³¹ ǎŋ⁵³ tɕal⁵³ le³¹　tɯ⁵³ɔ̌ŋ⁵³.
那　老头　　他 儿子（助词）骂

那老头骂他儿子。　　　　　　　　　　（孙宏开1982：146）
aŋ³¹n̠i³¹ɹɯ̌ʔ⁵⁵ɹɯ̌ʔ⁵⁵ a³¹tsǎŋ⁵³ sɯ³¹nǎʔ⁵⁵nǎʔ⁵⁵ kuŋ⁵⁵tsan⁵³taŋ⁵³ le³¹
　各民族　　　　　人　　　都　　　　共产党　　　（助词）
a³¹lǔp⁵⁵ɕɯ³¹.　　　　　　　　　各族人民都热爱共产党。
热爱　　　　　　　　　　　　　　（孙宏开1982：146）

（2）用于间接宾语上

aŋ⁵³ ŋa⁵³ le³¹ sa⁵³ɹa⁵⁵ ti⁵⁵luŋ⁵⁵ a³¹gɹaŋ⁵³ɹǎt⁵³.
他　我（助词）桌子　一张　　抬　　（后加）
他给我抬来一张桌子。　　　　　　　（孙宏开1982：147）

iŋ⁵⁵ ɕɔ³¹taŋ³¹ le³¹ cɯ̌m⁵³ wai⁵³.
我们 学校　（助词）房子　盖
我们给学校盖房子。　　　　　　　　（孙宏开1982：147）

（3）用于使让宾语后

na³¹gɔʔ⁵⁵ le³¹ ʝɔʔ⁵⁵ sə³¹ guaŋ⁵⁵ ʥin³¹.　我给孩子穿上衣服了。
孩子　（宾助）衣服（使）穿　（体助）　（杨将领提供）

sə³¹ɹa⁵³ mə³¹gɯ⁵³ le³¹ sə³¹ kəl⁵⁵ ʥin³¹.　（我）把行李驮到马身上了。
行李　　马　（宾助）（使）驮　（体助）（杨将领提供）

基诺语的va⁴⁴：

（1）用于直接宾语后

xji³³ mi⁴⁴khɤ⁴⁴ khɤ³¹ zɔ⁴⁴khɤ⁴⁴ va⁴⁴ tɛ⁴⁴ phjɔ⁴⁴ nɛ³³.
这　姑娘　　那　伙子　（助）看　爱　（助）
这姑娘爱上了那个小伙子。　　　　　（蒋光友2010：173）

jo³¹mɛ³³ xo³¹tʃha⁵³ va⁴⁴ tʃhʌ³¹ khjɛ⁵⁴ kɔ⁵³ a³³.
猫　　　老鼠　　（助）跟　咬　（助）（助）
猫在追咬老鼠。　　　　　　　　　　（蒋光友2010：173）

（2）用于间接宾语后

ŋo³¹ khɤ³¹ va⁴⁴ phlu³¹ ŋɔ⁴⁴ je³¹ a⁴⁴tso³¹ tso³¹ mʌ⁴⁴ nɛ³³.
我　他　（助）钱　　五元　欠债　欠　（助）（助）
我借给了他五元钱。　　　　　　　　（蒋光友2010：174）

lɔ³¹sŋ⁴⁴ ɕy³¹sɯ⁴⁴ va⁴⁴ klʌ⁵⁴khjʌ⁴⁴klʌ⁵⁴ ɬɛ³¹ mʌ⁴⁴ kɔ⁵³ nɛ³³.
老师　学生　（助）歌　　　唱　学（助）（助）（助）
老师在教学生唱歌（一边唱一边教）。　（蒋光友2010：174）

khɤ³¹ ŋo³¹ va⁴⁴ jɔ⁴⁴kho⁴⁴ the³¹ mʌ⁴⁴ nɛ³³.
他　我（助）路　　告诉　（助）
他给我指路。　　　　　　　　　　　（蒋光友2010：174）

（3）用于使让宾语后
khɤ³¹ ŋo³¹ va⁴⁴ a⁴⁴ko⁴⁴ʴ³³ mʌ³¹ʴ⁴⁴ vi⁴⁴ nɛ³³.
他　我（对助）门　　不　　（使）（助词）
他不准我进门。　　　　　　　　　　（蒋光友2010：174）

ŋo³³pu³¹ŋo³³mɔ³³ a⁴⁴ŋji⁵⁴ va⁴⁴ thi⁴⁴tɔ⁵⁴ mʌ⁴⁴ʴ³³ tʃʌ³¹ʴ⁴⁴ vi⁴⁴ nɛ³³.
我 爸 我 妈　咱俩（对助）一起　　不　　在　（使）（助词）
我父母不准咱俩在一起。　　　　　　（蒋光友2010：174）

波拉语的ʒɛ³¹：
波拉语只有一个对象助词，可以用于直接对象上，也可以用于间接对象、使让对象上。如：

（1）用于直接对象后
jɔ̃³¹ ŋa⁵⁵ ʒɛ³¹ pɛʔ³¹ a⁵⁵.　　　　她打我。
她　我（助）打（助）　　　　　　　（戴庆厦等2007：157）
la³¹lɔ̃³¹ khui³⁵ ʒɛ³¹ pɛ̃³¹ sɛʔ⁵⁵ vɛ⁵⁵.　豹子咬死了狗。
豹子　狗（助）咬　杀（助）　　　　（戴庆厦等2007：157）
ŋa⁵⁵ʴ³¹ maʔ³¹ʴ⁵⁵ jam⁵⁵mau⁵¹ ʒɛ³¹ ŋø⁵⁵ʴ³¹ a⁵⁵.
我　　我们　　家乡　　（助）热爱（助）
我们热爱家乡。　　　　　　　　　　（戴庆厦等2007：158）

（2）用于间接对象后
ŋa⁵⁵ jɔ̃³¹ʴ⁵¹ ʒɛ³¹ nɔ³¹ tǎ³¹ tɔ³¹ʴ⁵¹ pi³¹ʴ³⁵ ɛ³¹.
我　他（助）牛　一　头　送（助）
我送他一头牛。　　　　　　　　　　（戴庆厦等2007：158）
jɔ̃³¹ ŋa⁵⁵ ʒɛ³¹ pu³¹ tǎ³¹ khjɛʔ⁵⁵ vɛ⁵⁵ pi³¹ ɛ³¹.
他　我（助）衣服　一　件　　买　给（助）
他买给我一件衣服。　　　　　　　　（戴庆厦等2007：158）

（3）用于使让对象后
jɔ̃³¹ ʒɛ³¹ a³¹ nak⁵⁵ja⁵¹nau⁵⁵ nɔ̃⁵⁵.　使他不生气。
他（宾助）没　生气　　　使　　（戴庆厦等2007：104）
jɔ̃³¹ ʒɛ³¹ thɔʔ⁵⁵ nɔ̃⁵⁵ ɛʔ⁵⁵.　让他出去。
他（宾助）出　使（语气）　　　　　（戴庆厦等2007：104）

（二）有两个或两个以上对象助词的语言

一种语言中存在两个或两个以上的对象助词，对象助词的使用往往是互补分布的。有的显示动作和对象的语义关系的差异，有的因附着对象的数量范畴而不同，有的因语体的差异而有别，有的因处于不同的语法层面而分工。当然，有些互补分布还表现为一定程度的交叉使用，这是由对象助词的来源差异及历史层次差异造成的。

1. 不同的对象助词区分动作和对象的不同语义关系

（1）白马语

白马语有四个对象助词：tsa⁵³、iɛ⁵³、kɛ⁵³、na¹³。tsa⁵³用来标注间接对象中借要类对象，iɛ⁵³用来标注间接对象中给送类对象，kɛ⁵³用来标注间接对象中朝向类、讲说类对象，na¹³是标注使让类对象的，其中，kɛ⁵³和tsa⁵³可以互换，但不能和iɛ⁵³、na¹³互换，白马语中的直接对象不需要对象助词的标注。如：

tsa⁵³：

kho¹³ȵe⁵³ ma⁵³ȵe⁵³ tsa⁵³ po⁵³di³⁴¹ tso³⁵ dɐ¹³.
他　　军人　（与助）子弹　讨要（进行）
他向军人要子弹。

ŋa³⁵ la¹³pe³⁵ tsa⁵³ ʑi³⁴¹ ʃ¹³ ʐa³⁴¹ kho⁵³ uɛ¹³.
我　老师　（与助）书　一　借　背（已行）
我向老师借了一本书。

iɛ⁵³：

a¹³kø³⁵ ŋa³⁵ iɛ⁵³ dʑo³⁴¹ yɛ⁵³ ŋa³⁴¹ ɕe⁵³ ʃi¹³.
哥哥　我（与助）钱　元　五　给（已行）
哥哥给了我五元钱。

ŋo³⁵ pe¹³ʐa³⁴¹ iɛ⁵³ ka¹³ʑi³⁴ ko⁵³ ia⁵³ ndʒu¹³ i⁵³.
我　弟弟　（与助）碗　一　　　送给（将行）
我要送给弟弟一个碗。

kɛ⁵³：

mĩ¹³pĩ⁵³ tɐ¹³na⁵³ kɛ⁵³ ȵi³tɕhɔ⁵³ ko⁵³mbɔ¹³tɕhɛ¹³.
民兵　老熊　（与助）枪　　放　（完成）
民兵向老熊放枪。

dʑe³⁵ ndɛ⁵³ tɕhø⁵³ ȵe⁵³liə⁵³kə⁵³ɦɛ³⁴¹ kɛ⁵³ dʑø¹³!
话　这　你　大家　　　　（与助）说

这话你对大家讲!

nɑ¹³：

tɕhø⁵³ khi³⁵ dɐ¹³，ŋɑ³⁵ nɑ¹³ kho⁵³ ʃɑ⁵³!
你　　病　（进行）我　（与助）背（祈使）

你有病，（你）让我来背吧!

tɕhø⁵³ ʑi³⁴¹ ndɛ⁵³ ŋø⁵³ pe¹³ʐɑ³⁴¹ nɑ¹³ tɑ³⁵ tʃu¹³!
你　　书　　这　　我　弟弟　（与助）看（祈使）

这本书你让我弟弟看吧!

（以上例句引自孙宏开等2007：114—115）

（2）羌语（曲谷话）

羌语曲谷话有两个对象助词：-tɕ、tta。区别在于-tɕ标注给送类对象、帮为类对象、合适类对象，tta标注朝向类（包括讲说、点头类）。如：

-tɕ：

mi ma-nam qupu-tɕ du ʔapau de-le-w.
人 坏人　　他（对象）毒 一包（趋向）给（宾语人称）

坏人给了他一包毒药。

qupu ʐmə-tɕ　dzə naka tə-bəl wa!
他　群众（对象）事　好的（已行）做（语气）

他为群众做了好事!

ʔapa zətʂu-tɕ　matha ʔaɸu zə-pə̣-jy.
爷爷 孙子（对象）糖　　一封（已行）买（情体）

爷爷给孙子买了一包糖。

guəs tsal qa-tɕ　　ma-ɣdzə-jy.　　这件衣服对我不合身。
衣服 这件 我（范围）不　够（情体）

tta：

ʐwə qupu tta　qhuˑ.　　　　　　敌人朝他开枪。
敌人　他（朝向）打枪

qupu zuːdʑi tta qapatʂ ɦa-quat.　　他向大家点了头。
他　大家（朝向）头　（趋向）点

（以上例句引自黄布凡、周发成2006：189—195）

（3）史兴语

上游史兴语有三个对象助词：sɿ⁵⁵/³³、ʁõ⁵³、nõ⁵⁵。其中sɿ⁵⁵/³³和nõ⁵⁵是用来区分动作和对象的不同语义关系的。sɿ⁵⁵/³³标注直接对象、间接对象中的给送类对象、借要类对象、帮为类对象等，nõ⁵⁵而是标注间接对象中的朝向类对象。如：

sŋ⁵⁵/³³：

ni⁵⁵ thɜ³³ sŋ⁵⁵　　　　tha³³-ʁa⁵⁵!　　　　你别打他！
你　他（受助）(禁止式前缀）打

thi⁵³ ŋa⁵⁵rẽ⁵⁵ sŋ³³ kɛ̃³³ sŋ⁵⁵.　　　　他给我们了。
他　我们（受助）给（语尾）

nõ⁵⁵：

thi⁵³ ŋa³³ nõ⁵⁵ pɜ⁵³-ji³³.　　　　他对我说了。
他　我（受助）说（进行体）

（以上例句引自戴庆厦等1991：195）

下游史兴语有两个对象助词：sŋ⁵⁵、nɔ̃⁵⁵。sŋ⁵⁵标注直接对象、间接对象中的给送类、借要类、帮为类对象、使让类对象等，nɔ̃⁵⁵标注间接对象中的朝向类对象。如：

ȵi⁵⁵ ŋe³³ sŋ⁵⁵ tha⁵⁵ tshŋ⁵⁵.　　　　（树对人说）你不要砍我。
你　我（受格）别　砍

ʔɑ³¹yi⁵⁵ ʔĩ³¹mɛ̃⁵⁵ ŋe³¹ sŋ⁵⁵（或wo³¹ lɑ⁵⁵）dʑi³¹ ji.
哥哥　昨天　　　我（受格）　　　　　打（后加）
哥哥昨天打我了。

m̥ĩ⁵⁵ khuẽ⁵⁵ ə³¹ gɔ̃³¹hĩ³¹ sŋ⁵⁵ ʁo³¹ to³¹ ji⁵⁵.
医生　　（话题）病人（受格）针　打（后加）
医生给病人打针。

ȵi⁵⁵tɕhe⁵⁵re³¹ ŋe⁵⁵ sŋ⁵⁵ sɔ̃⁵⁵ ɕi⁵⁵ ʁo³¹.
你　书　　　我（受格）看（使动）（婉转）
你的书让我看一下。

nɔ̃⁵⁵：

ʔe³³ dʑyɛ³⁵ thi⁵⁵ ɔ³³ ʔe³³be⁵⁵ nɔ̃⁵⁵ sẽ⁵⁵ kuɐ³³ hu⁵⁵ be⁵⁵ dʑã³³.
老婆婆　　她（话题）老伯（间接）柴　砍　　去　做（后加）
老婆婆对老伯说"砍柴去"。

（以上例句引自徐丹2009：31）

（4）拉坞戎语

拉坞戎语有三个对象助词：ji⁵³、khe⁵³、tha⁵³。ji⁵³标注直接对象、间接对象中的给送类、借要类、帮为类对象，khe⁵³和tha⁵³标注间接对象中的朝向类对象。如：

ji⁵³：

stɛn³³dʑən³³ ɣə⁵³ ŋa⁵³ ji³³ khrən⁵⁵ɕa³³ nə³³-vzu³³.
丹增　（施事）我（对象）批评　（完）做
丹增批评我了。

cçə⁵³ tshɛ³³gi³³ tə³³ ŋa⁵³ ji³³　rə³³-mɛ³³-wo³³tse⁵³.
这　衣服（定指）我（范围）（完）（否定）合适
这件衣服对我不合适。

va⁵⁵vu³³ ɣə³³ vlə³³　ji⁵³ ma⁵⁵thaŋ⁵⁵ ə⁵⁵mphər³³ma³³ kə³³-ɣdə³³ sə⁵³.
爷爷（施事）孙子（对象）糖　一包　（完）买　了
爷爷给孙子买了一包糖。

ŋa⁵³ a⁵³me³³ ji³³ tshɛ³³gi⁵⁵ nə³³-rʐu-ŋ⁵⁵.
我　妈妈（对象）衣服（完）洗（1、单）
我给妈妈洗了衣服。

khe⁵³：

cçə⁵³ ɣə³³　ŋgi⁵³ khe³³ vɟja³³xtsə⁵⁵ nə³³-fɕi³³ ɕi⁵³.
他（施事）我们（对助）很多　（完）说（语气）
他对我们说了很多。

a³³tə⁵³ ɣə³³ stan³³dʑən³³ khe⁵³ ʁu⁵³ ŋɛ³³ŋɛ³³ŋɛ⁵⁵ ə³³-vzu³³.
他（施事）丹增　（对助）头　点　（完）做
他向丹增点了点头。

tha⁵³₂标志前面的词语所表示的事物是动词所表示的动态动作行为的朝向。例如：

ȵe⁵³ ŋa⁵³ tha³³　nɛ³³-thɛ³³-tshə-n⁵³!　　你别打我。
你　我（朝向）（趋向）（禁止）打（2、单）

ʁgra⁵³ ɣə³³ cçə⁵³ tha³³ me³³mda⁵⁵ rə³³-li³³.
敌人（施事）他（朝向）枪　（完）开
敌人朝他开枪了。

（以上例句引自黄布凡2007：95—98）

（5）阿侬语

阿侬语有两个对象助词：kha³¹、ba³¹。kha³¹标注直接对象、间接对象中的给送类、借要类、帮为类对象，ba³¹标注间接对象中的朝向类对象，二者可以互换使用。如：

kha³¹：

a³¹io³¹ ʈha³¹ŋaŋ⁵⁵ kha³¹ sʅ⁵⁵va³¹ thi³¹ puɯ⁵⁵ dʑiŋ⁵⁵.
我　　弟弟　　（对助）书　一　本　给

我给弟弟一本书。（"弟弟"为间接宾语）

ŋa³¹ ŋ³¹ kha³¹ ga³¹mɯ³¹ dʑen⁵⁵ dɯ³¹gu⁵³ o³¹.
你　他（对助）衣服　　洗　　帮　　（命令后缀）

你帮他洗衣服。（"他"为间接宾语）

a³¹iaŋ³¹ iɛ⁵⁵mɯ⁵³ a³¹ ŋa³¹ kha³¹ dʑin⁵⁵ ɛ³¹.
草烟　　这　些（定助）你（对助）送　（陈述后缀）

这些草烟送给你。

ba³¹：

ŋa³¹ a³¹dɑŋ⁵⁵ ba³¹ gɛn³¹ o³¹.
你　大家　　（对助）说（命令后缀）

你对大家说。（"大家"为说话的承受者）

（以上例句引自孙宏开、刘光坤2005：111—112）

以上语言中，不同对象助词的互补分布存在一个明显的倾向，即语义关系上的朝向类对象和其他类对象形成两大分野，同时，表示朝向类对象的对象助词往往兼有处所助词的功能。由此可以推测，朝向类对象的对象助词是由处所助词发展而来的，而且由处所助词发展来的对象助词的使用范围可能逐渐扩展到其他语义关系的的对象助词上。如哈尼语的对象助词是jɔ⁵⁵和a³³，用jɔ⁵⁵的地方都可以用a³³替换。区别在于：jɔ⁵⁵更常用[①]，a³³的功能主要还是用来表示处所。如：

jɔ⁵⁵：

lɔ³³sʅ⁵⁵ so³¹ɣa³¹ dʐo⁵⁵ za³¹ jɔ⁵⁵ mc³¹ mi³¹.
老师　书　　读　人（助）教　给

老师教学生。

xa³¹ȵi³¹ za³¹ kɔ²⁴tsha³³ta³³ jɔ⁵⁵ ma³¹ ɣo³¹ ɣa³¹.
哈尼　人　共产党　　（助）不　离开　得

哈尼人离不开共产党。

no³¹ jɔ⁵⁵ ŋa⁵⁵ sɤ³¹ kha⁵⁵.　　　　　我领你去吧。
你（助）我　领　（助）

[①] 参见李泽然《哈尼语的宾语助词》，《语言研究》2005年第3期。

a³³：

①表示对象成分

a³¹da³³ ne³³ a³¹ȵi⁵⁵ a³³ sɔ³¹ɣa³¹ tɕhi³¹ khɔ³¹ bi³¹ mi³¹.
爸爸（助）弟弟（助）书　一　本　给 予
爸爸给弟弟一本书。

ŋa⁵⁵ a³¹jo³¹ a³³ tshe³¹ tɕhi³¹ khɔ⁵⁵ bi³¹ mi³¹ a⁵⁵.
我　他（助）锄头　一　把　给　　了
我给了他一把锄头。

②表示处所成分

a³¹ȵi⁵⁵ ɕɔ³¹ɕɔ²⁴ a³³ sɔ³¹ɣa³¹ dzo⁵⁵.　　　弟弟在学校里读书。
弟弟　学校（助）书　读

xɔ⁵⁵ gɔ³¹ ɕi⁵⁵ gɔ³¹ a³³ tɕhi⁵⁵za³¹ dzo⁵⁵ ŋa³³.
山　这 座（助）麂子　　在（助）
麂子在这座山。

（以上例句引自李永燧、王尔松1986：98）

2．不同的对象助词区分附着对象的数范畴

不同的对象助词能够区分对象成分的单数和复数范畴，在我们所考察的藏缅语中只有普米语一种。如：

普米语有两个对象助词：tɕi⁵⁵和biɛ⁵⁵。对象成分是单数时使用tɕi⁵⁵，对象成分是复数时使用biɛ⁵⁵。如：

ɕo¹³sɛ̃⁵⁵ ʐue⁵⁵iɛ¹³ lau¹³sə⁵⁵ tɕi⁵⁵ dʐə¹³dʐə¹³ ti¹³ pʐɑ¹³ də¹³ kuẽ¹³ si⁵⁵.
学生　（施事）　老师（受事）信　一　封（前加）给（后加）
学生们给老师一封信。　　　　　　　　（陆绍尊2001：177）

kɛ⁵⁵fɑ̃⁵⁵tɕyẽ pa⁵⁵siɑ⁵⁵zɑ⁵⁵ biɛ⁵⁵ sgiɑ⁵⁵ ʐɯ⁵⁵.
解放军　　老百姓　　（受事）爱　（后加）
解放军热爱人民。　　　　　　　　　　（陆绍尊2001：178）

3．不同的对象助词显示动词语义色彩的差别

（1）史兴语（上游话）

前面讲到上游史兴语有三个对象助词：sɿ⁵⁵/³³、ʁõ⁵³、nõ⁵⁵。其中sɿ⁵⁵/³³和nõ⁵⁵是用来区分动作和对象的不同语义关系的。而ʁõ⁵³是用于标注带有感情色彩的动词谓语的对象成分。如：

thi⁵³ la⁵⁵ ʁõ⁵³ ʑu³⁵.　　　　　　　他怕老虎。
他　老虎(受助) 怕　　　　　　　　（戴庆厦等1991：194）

ŋɜ⁵⁵ thɜ³³ ʁõ⁵³ dʑa³³w³³ sɿ³³.　　　　　我骂他了。
我　他(受助)骂　　(句尾)　　　　　(戴庆厦等1991：194)
nõ⁵⁵对象格；工具格；从格；至格。

（2）扎巴语

扎巴语有三个对象助词：wu³¹、la³¹、tha³¹。wu³¹是使用最为广泛的标记对象的词，能够标注直接对象、间接对象、使让对象等，而tha³¹却用于标注具有消极色彩的动词谓语的对象成分。如：

wu³¹:

tʊ³¹zə⁵⁵ ŋa⁵⁵ wu³¹　kə⁵⁵ntɕhi³¹,ŋa⁵⁵ tʊ³¹zə⁵⁵ wu³¹　kə⁵⁵ntɕhi³¹.
他　　我(助词)(前加)看　我　他　(助词)(前加)看
他看着我，我看着他。

tʊ³¹zə⁵⁵ ve⁵⁵ȵə³¹pha³¹ wu³¹ pi³¹ te⁵⁵ tɕyi⁵⁵ tə³⁵ khui³¹.
他　　兄弟　　　(助词)笔　一　支　(前加)给
他给了弟弟一支笔。

tʊ³¹zə⁵⁵ ŋa⁵⁵ wu³¹ ȵa⁵⁵ȵi³¹ ɿ⁵⁵ ŋa⁵⁵ŋa³¹ ʂtɿ³⁵.
他　我 (助词)脸　(前加)扮（脸）(助词)
他向我做鬼脸。

tʊ³¹zə⁵⁵ wu⁵⁵ ɕha⁵⁵ tʂhu³⁵.　　　　　叫他走吧。
他　(助词)走　使

tha³¹：

ȵi⁵⁵ma³¹ tɕa⁵⁵ɕi⁵⁵ tha³¹ kə⁵⁵la⁵⁵ tɿ³¹　te⁵⁵ ntɕhi⁵⁵ ɿ⁵⁵ ptə³¹.
尼玛　扎西　(助词) 好好(助词)一　批评(前加)做
尼玛把扎西狠狠地批评了一顿。

ŋi⁵⁵ tɿ⁵⁵te⁵⁵ wu³¹ ɬo³¹bdʑu⁵⁵ mui⁵⁵ ɕhu⁵⁵ tʂə³¹zɛ³⁵，tɿ⁵⁵te⁵⁵ tha³¹
我们 互相(助词)学习　　做　要　(助词)　互相 (助词)
ɿ⁵⁵　ȵtɕhi³¹ bdui⁵⁵bdui⁵⁵ mə⁵⁵ tʂhɿ⁵⁵ tʂə³¹zɛ³⁵.
(前加)骂 吵架　　　不　许　(助词)
我们要互相学习，不要互相打骂。

　　　　　　　　　　（以上例句引自龚群虎2007：116—120）

上面这个例句对比说明了wu³¹与tha³¹的区别，"学习"是积极义的动词，其对象成分后用wu³¹标注，"吵架"是消极义动词，其对象成分后用tha³¹标注。

4．不同的对象助词区分动作的方向

白语：

白语有两个对象助词：no^{33}、ŋɤ^{55}。直接对象用no^{33}标注，间接对象中，当有动作涉及的事物明显地趋向于对象时，用no^{33}标注，否则用ŋɤ^{55}标注。如：

no^{33}：

no^{31} mɯ^{55} no^{33} tɕi^{42} mi^{42} tɑ^{42} lɯ^{33}.	你能赶得上他的。
你　他　（助）赶　上　得　的	
mɑ^{55} xɛ^{44}tsuɛ^{44} ɑ^{31}sã^{55}tsi^{33} no^{33} lɑ^{42}.	他们训斥小三子了。
他们　训斥　小 三 子（助）了	
ŋɑ^{55} si^{31} nɯ^{55} no^{33} pe^{21}xo^{55} ku^{55}.	我们给你一枝梅花。
我们 给 你 （助）梅花　枝	
lɑo^{31}si^{55} kã^{55} ɑ^{55}ni^{33}kɑ^{55} no^{33} xã^{42}ŋɤ^{42}.	老师教阿妮咔汉语。
老师　　教　阿妮咔　（助）汉语	
mo^{31} pɛ^{21} ŋɯ^{55} no^{33} sɤ^{55} tshuɛ^{44}.	他还我一本书。
他　还　我　（助）书　本	
ŋo^{31} jẽ^{42} tɑ^{55}tɑ^{55} no^{33}.	我替伯伯背。
我　背　伯伯　（助）	

（我把什么东西背在伯伯身上）

ŋɤ^{55}：

| ŋo^{31} tɕĩ^{42} ŋɤ^{42} ɑ^{31}no^{35} ko^{33} ŋɤ^{55} tõ^{21} tshẽ^{55}. | |
| 我　捎　　阿诺　哥（助）话　句 | |

我捎句话给阿诺哥。

mo^{31} sɤ^{31} ɑ^{31}nɛ^{44} ŋɤ^{55} tɯ^{21}po^{21}.	他替奶奶梳头。
他　梳　阿奶　（助）头	
mo^{31} pɛ^{21} ŋɯ^{55} ŋɤ^{55} sɤ^{55} tshuɛ^{44}.	他向我还回一本书。
他　还　我　（助）书　本	
ŋo^{31} jẽ^{42} tɑ^{55}tɑ^{55} ŋɤ^{55}.	我替伯伯背。
我　背　伯伯　（助）	

（我把什么东西从伯伯身上拿下背在自己身上）

（以上例句引自徐琳、赵衍荪1984：51—55）

5．不同来源造成的助词叠置

在有些语言中，本语对象助词和借用对象助词同时存在，或是不同层面上的助词发生了功能扩大、功能的转移，从而使该语言有了不同的对象助词。如：

扎巴语：

扎巴语有三个对象助词：wu^{31}、la^{31}、tha^{31}。前面讲过，wu^{31}和tha^{31}的区别是动词感情色彩的不同，而助词la^{31}是从藏语借入的对象标记[①]，没有wu^{31}使用广泛，它所标记的对象可以是名词性的，也可以是谓词性的。例如：

tşa^{31}ɕi^{55} za^{31}ta^{55} je^{31}tə^{55}tə^{31} la^{31} ga^{55}.　　扎西喜欢小动物。
扎西　动物　小　　（助词）喜欢　（龚群虎2007：118）

ŋa^{55} tu^{55}wa^{31} thɿ^{35} la^{31} ga^{55} ndu^{31}.　　我喜欢吸烟。
我　烟　　吸（助词）喜欢（助动）（龚群虎2007：118）

事实上，la^{31}是一个更多地体现句法关系的助词，能够充当宾语的成分都可以用la^{31}来标注。

珞巴语：

珞巴语有两个对象助词：me、fiam。me用在指人的对象成分之后，而fiam既可以用来指在宾语位置上的人，也可以用来指在宾语位置上的物。例如：

me：

abo me　ake: do: dəbo gok toka.
父亲（结助）饭 吃 （尾助）叫（语助）
叫爸爸（回来）吃饭。

ta'tɕin tajiŋ me lako jit pa.　　达金打了达英一下。
达金　达英（结助）一下 打（尾助）

fiam：

hajaŋ fiam anɯk gə: oŋ　to!　　快把锅拿来！
锅　（结助）快　 拿 来（语助）

ta:pə fiam ko: nɯŋ　pupak gəɲe:.　　绳子被他拉断了。
绳子（结助）他（结助）拉断　（尾助）

（以上例句引自欧阳觉亚1985：53—54）

七　对象助词的功能差异

对象成分处于施事之后动词之前，和处所成分、工具成分、从由成分处于相同的位置上，这种句法关系上的天然联系和对象成分与其他格成分

[①] 参见龚群虎，民族出版社2007年版。

的语义上的互通性，使得同一个对象助词具有标记多种格成分的功能。同一种格助词在不同的语言中可能兼有不同的功能，反映了不同语言的使用群体的认知差异及语言发展的不平衡性。下面我们以对象助词功能的数量为序来考察藏缅语对象助词的功能差异。一种语言中两个或两个以上的对象助词分别考察。

我们共考察了43种语言（包括方言），玛曲藏语的口语和嘎卓语两种语言没有对象助词，景颇语的书面语和口语的不同形式看作是一个对象助词。

（一）功能单一的对象助词

我们考察了41种语言（或方言）的59个对象助词。功能单一也就是说只用来标注对象成分的有28个，所占的比例还是较大的。列表如下：

功能单一的对象助词表：

语支	语言（或方言）	对象助词
藏语支	白马语	tsɑ^{53}、iɛ^{53}、nɑ^{13}
羌语支	羌语（曲谷话）	tta
	普米语	tɕi^{55}、biɛ^{55}
	道孚语	gi
	扎巴语	wu^{31}、tha^{31}
	木雅语	tɕhi^{33}
	纳木义语	dæ^{55}
	史兴语（下游）	sɿ^{55}
彝语支	彝语（凉山）	tɕo^{31}
	彝语（墨江）	lʌ^{55}
	傈僳语	tɛ^{55}（有的地区读lɛ^{55}）
	嘎卓语	（无）
	纳西语	to^{55}
	哈尼语	jɔ^{55}
	桑孔语	la^{33}
	柔若语	kɔ^{33}

（续表）

语支	语言（或方言）	对象助词
彝语支	怒苏语	na^{35}
	西摩洛语	tʃʌ^{55}
景颇语支	阿侬语	bɑ^{31}
缅语支	阿昌语	tə^{33}
	勒期语	le^{55}
	仙岛语	te^{55}
语支未定	土家语	ta^{55}
	仙仁土家语	o^{54}
	克伦语	（无）
	义都语	go^{31}

从目前的语料情况来看，以上的对象助词在语言中的功能是单一的，用于标注对象成分，但它们的使用也是有条件的。

（二）有两种功能的对象助词

这类语言的对象助词除了表示对象范畴外，同时还具有另外一种语法功能。根据兼用功能的不同，又可以分为以下几种类别。

1. 对象助词能够兼作处所助词，这种现象在藏缅语中较为普遍。

白马语的 kɛ^{53}：

（1）作对象助词

mĩ^{13}pĩ^{53} tɛ^{13}nɑ^{53} kɛ^{53} ȵi^{3}tɕhɔ^{53} ko^{53}mbɔ^{13}tɕhɛ^{13}.
民兵 老熊 （与助）枪 放 （完成）
民兵向老熊放枪。 （孙宏开等2007：115）

（2）作处所助词

ŋgɹ^{53} ʃɑ^{53} kɛ^{53} ɦo^{13}ru^{53} nɔ^{35}. 房顶上有个洞。
房 顶（位助）洞 有 （孙宏开等2007：115）

史兴语（上游话）的 ʁõ^{53}

（1）作对象助词

thi^{53} lɑ^{55} ʁõ^{53} ʐu^{35}. 他怕老虎。
他 老虎（受助）怕 （戴庆厦等1991：194）

（2）作处所助词

sa³³ra⁵⁵ ʁõ³³ qhu⁵⁵ dʑõ³³-ji³³.　　　　　　桌子上有碗。
桌子（处助）碗　有（进行体）　　（戴庆厦等1991：194）

下游史兴语的 nɔ̃⁵⁵：

（1）作对象助词

ʔe³³ dʑyɛ³⁵ thi⁵⁵ ɔ³³　ʔe³³be⁵⁵ nɔ̃⁵⁵ sẽ⁵⁵ kuɐ³³ hu⁵⁵ be⁵⁵ dʑã³³.
老婆婆　她（话题）老伯（间接）柴　砍　去　做（后加）
老婆婆对老伯说"砍柴去"。　　　　　　（徐丹2009：31）

（2）作处所助词

thi⁵⁵ qho⁵⁵pa³¹ nɔ̃⁵⁵ nẽ⁵⁵gu³¹ za³¹ ji.　　她在盆里洗衣服。
她　盆　里　衣服　洗（后加）（徐丹2009：30）

拉坞戎语的 khe⁵³：

（1）作对象助词

a³³tə⁵³ ɣə³³ stan³³dʑən³³ khe⁵³ ʁu⁵³ ŋɛ³³ŋɛ³³ŋɛ⁵⁵ ə³³-vzu³³.
他（施事）丹增（对象）头　点　（完）做
他向丹增点了点头。　　　　　　　　　（黄布凡2007：97）

（2）作处所助词

ȵe⁵³ ji³³ tshɛ³³gi⁵⁵ ŋa⁵³ khe³³ sti³³.　　你的衣服在我这里。
你（领属）衣服　我（处助）放　（黄布凡2007：97）

独龙语的 le³¹：

（1）作对象助词

a³¹jǎʔ⁵⁵ ʑɔ⁵⁵mǎi⁵⁵ɹa³¹ ǎŋ⁵³ tɕal⁵³ le³¹ tɯ⁵³ɔ̃ŋ⁵³.
那　老头　他　儿子（助词）骂
那老头骂他儿子。　　　　　　　　　（孙宏开1982：146）

（2）作处所助词

e⁵⁵! nɯ⁵⁵nǐŋ⁵⁵ a³¹ɹa⁵⁵ le³¹　na⁵⁵guǐ⁵⁵?
喂！你们　哪儿（助词）（前加）去
喂！你们到哪里去？　　　　　　　　（孙宏开1982：147）

元江苦聪话的 lɔ³³：

（1）作对象助词

ŋa³¹ kha³¹ta³¹gɯ³³na⁵⁵ ɣɔ³¹ lɔ³³ mɔ³¹.　　我经常见他。
我　经　常　他（受事）见　（常俊之2011：148）

（2）作处所助词

ɕi⁵⁵ sɣ³³tɕɛ³¹ lɔ³³ sɣ³³ɕi³⁵ ʑɛ³³khiɛ³³ tɕɛ³³mʌ³³ nɔ³¹kɯ⁵⁵ta³⁵.
那　树　（处助）果子　那么　　多　　结　（体助）
那树上长着那么多果子。　　　　　（常俊之2011：149）

哈尼语的a³³：

（1）作对象助词

a³¹da³³ ne³³ a³¹ȵi³¹ a³³ so³¹ɣa³¹ tɕhi³¹ khɔ³¹ bi̠³¹ mi³¹.
爸爸（助）弟弟（助）书　　一　　本　　给予
爸爸给弟弟一本书。　　　　　　　（李永燧、王尔松1986：98）

（2）作处所助词

a³¹ȵi⁵⁵ ɕo³¹ɕɔ²⁴ a³³ so³¹ɣa³¹ dzo⁵⁵.　　弟弟在学校里读书。
弟弟　学校　（助）书　　读　　　（李永燧、王尔松1986：98）

拉祜语的tha²¹：

（1）作对象助词

ŋa³¹ la²¹xa³⁵ zɔ⁵³ tha²¹ tsa³³ e³³.　　　我马上去找他。
我　马上　他（对助）找（助词）　　　（李春风提供）

（2）作处所助词

qhɔ⁵⁴ tha²¹ ta⁵⁴e³³.　　　　　　　　　上楼（去）。
上面（处助）上去　　　　　　　　　　（李春风提供）

白语的ŋɣ⁵⁵：

（1）作对象助词：

ŋo³¹ tɕĩ⁴² ŋɣ⁴² ɑ³¹no³⁵ ko³³ ŋɣ⁵⁵ tõ²¹ tshɛ̃⁵⁵.
我　捎　　阿诺　哥（助）话　句
我捎句话给阿诺哥。　　　　　　　（徐琳、赵衍荪1984：54）

（2）作处所助词

ku²¹ tɕo⁴² ŋɣ⁵⁵ tsɯ³³ ji²¹kɛ̃⁵⁵ ji²¹.　　桥附近有个人。
桥　座（助）有　　人　个　　　（徐琳、赵衍荪1984：56）

土家语的po⁵⁵：

（1）作对象助词

ŋa³⁵ ko³⁵ po⁵⁵ li²¹.　　　　　　　　　我对他讲。
我　他（助）讲　　　　　　　　　　　（田德生、何天贞等1986：75）

（2）作处所助词

ŋa³⁵ xa⁵⁵tshe⁵⁵ po⁵⁵ se²¹ thu³⁵.　　　我给菜上粪。
我　菜地　（助）粪　倒　　　　　　（田德生、何天贞等1986：75）

2．对象助词兼作比较助词

错那门巴语的 le³¹：

（1）作对象助词

cer³⁵kʌn⁵⁵ te³¹ ŋe³⁵ le³¹ ji³⁵ci⁵³ the⁷⁵³ tɕi:³⁵wø⁵³ ne⁷³⁵.
老师　（助词）我（助词）书　一　　给（后加）（助动）
老师送给我一本书。　　　　　　　　　　（陆绍尊1986：85）

（2）作比较助词

ŋe³⁵ pe³⁵ le³¹ thɔ⁵⁵po⁵³ jin³⁵.　　　　　我比他高。
我　他（助词）高　是　　　　　　　　　（陆绍尊1986：85）

3．对象助词兼作工具助词

麻窝羌语的 ɕi：

（1）作对象助词

paɳi tsa: qɑ ɕi kuəgzə.　　　　　　　这东西给我。
东西　这一　我（受事）（前加）给　　　　（刘光坤1998：210）

（2）作工具助词

qɑ ʁutʂɑ ɕi tsə thia:.　　　　　　　我用碗喝水。
我　碗（受事）水　喝　　　　　　　　　（刘光坤1998：211）

4．对象助词兼表排除的

史兴语（上游话）的 sɿ³³：

（1）作对象助词

thi⁵³ ŋa⁵⁵rɛ̃⁵⁵ sɿ³³ kɛ̃³³ sɿ⁵⁵.　　　　　他给我们了。
他　我们（受助）给（语尾）　　　　　　（戴庆厦等1991：194）

（2）表示排除

ŋa³³ ʁõ⁵³　　　gõ⁵⁵ dʑĩ³³　sɿ⁵⁵ mɜ³³jĩ⁵⁵.
我（依止格助词）弟弟　一个（排除）没有
我只有一个弟弟。　　　　　　　　　　　（戴庆厦等1991：194）

5．对象助词兼表示时间的

珞巴语的 me：

（1）作对象助词

ta'tɕin tajiŋ me lako jit pa.　　　　　达金打了达英一下。
达金　达英（结助）一下　打（尾助）　　（欧阳觉亚1985：53）

（2）表示时间

a:rə me　　ŋo: lopdʑoŋ i dəbo.　　　明天我学习。
明天（结助）我　学习　　做（尾助）　　（欧阳觉亚1985：54）

6．对象助词兼表强调宾语的功能

在有些语言中，对象助词的功能主要是标注对象成分的。当短语形式充当句子的宾语或宾语需要强调时，即使宾语所表示的是无生性事物，宾语成分后也要加对象助词。

景颇语的 phe⁵⁵：

（1）作对象助词

ŋai³³ ʃi³³ phe⁵⁵ tsun̪³³ tan⁵⁵ n³¹ŋai³³.　　我告诉他了。
我　他（对助）告诉　（句尾）

an⁵⁵the³³ nan⁵⁵the³³ phe⁵⁵ kǎ³¹ʒum⁵⁵ ka⁷³¹ ai³³.
我们　　你们　　（对助）帮助　　（句尾）
我们帮助你们。

（2）强调宾语

an⁵⁵the³³ sǎ³¹ʒa³³ ni³³ tsun̪³³ ai³³ ka³¹ phe⁵⁵，a⁵⁵tsom⁵¹ ʃa³¹ mǎ³¹tat³¹
我们　　老师　们　说　的 话（受助）好好　地　听
ʒa⁷³¹ai³³.　　　　　　　　　　我们要好好地听老师说的话。
（句尾）

muŋ⁵⁵tan²⁹ mǎ³¹kop³¹ mǎ³¹ka³³ lam³³ phe⁵⁵ ko³¹ ʃǎ³¹ŋaŋ³¹ʃǎ³¹kaŋ³³
国家　　　保　　　卫　　事（受助）(结助) 巩固
ʒa⁷³¹ ka⁷³¹ai³³.　　　　　　　　我们要巩固国防。
要　（句尾）

（以上例句引自戴庆厦、徐悉艰1992：256—258）

扎巴语的 la³¹：

（1）作对象助词

tʂa³¹ɕi⁵⁵ za³¹ta⁵⁵ je³¹tə⁵⁵tə³¹ la³¹ ga⁵⁵.　　扎西喜欢小动物。
扎西　动物　小　　（助词）喜欢

（2）强调宾语

ŋa⁵⁵ tu⁵⁵wa³¹ thɿ³⁵ la³¹ ga⁵⁵ ndu³¹.　　　　我喜欢吸烟。
我　烟　　吸（助词）喜欢（助动）

tʊ³¹zə⁵⁵ ji³¹tə⁵⁵tə³¹ ʂkɿ³¹a³¹ n̪i⁵⁵ nthɿ³⁵ tʂɿ³¹ la³¹　ga⁵⁵ ndu⁵⁵.
他　小　时候（助词）肉　吃　（助词）喜欢（助动）
他从小就喜欢吃肉。

（以上例句引自龚群虎2007：118—119）

浪速语的ʑɛ³:

（1）作对象助词

ŋɔ³¹ a⁵⁵pai³⁵/⁵¹ ʑɛ³¹/⁵¹ ta³⁵ kjɔ³⁵ va⁵⁵.　　　　我告诉姐姐了。
我　姐姐　（助）　告　诉　（助）

nɔ̃³¹ khək⁵⁵ ʑɛ³¹ jɔ̃³¹ ʑa⁵⁵?　　　　　　　　　　你喊谁?
你　谁　（助）喊（助）

（2）强调宾语

ŋɔ³¹ xək⁵⁵ ʑɛ³¹/⁵⁵ lɔ⁵⁵ va⁵⁵.　　　　　　　　　　我上前去了。
我　前（助）去 了

　　　　　　　　　（以上例句引自戴庆厦2005：76—77）

（三）有三种或三种以上功能的对象助词

1. 仓洛门巴语的ka¹³:

（1）作对象助词

tɕaŋ¹³ so⁵⁵ŋo¹³ t'or⁵⁵ ka⁽¹³⁾ noŋ¹³ tɕa⁵⁵.
我　人　　一　（结助）等（助动）
我在等一个人。

（2）作处所助词

pø¹³rik¹³ ɕo tsik⁵⁵pa⁵⁵ p'ai⁵⁵ ka⁽¹³⁾ tɕ'on⁵⁵ tɕa⁵⁵, mon¹³pa⁵⁵ ɕo
藏族（语气）石墙　房（处助）住（助动）门巴（语气）
p'aŋ⁵⁵lem¹³p'ai⁵⁵ ka⁽¹³⁾ tɕ'on⁵⁵ tɕa⁵⁵.
木板　　　房（处助）住（助动）
藏族住石头房子，门巴族住木头房子。

（3）表示时间

t'i⁵⁵noŋ¹³ pi¹³naŋ¹³ ka⁽¹³⁾ tik⁵⁵ta⁵⁵re sop⁵⁵ la.
今天　　夜　　　　稍微　　热（助动）
今天晚上有点热。

（4）表修饰限制

o⁵⁵ha ko¹³ma¹³ ɕo lo⁵⁵pa⁵⁵ so⁵⁵ŋo¹³ ka⁽¹³⁾ sa⁵⁵tɕ'a⁵⁵ ki¹³la¹³,
这里　以前（语气）珞巴　人　的　　地方　是
o⁵⁵ma¹³ ɕo mon¹³pa⁵⁵ so⁵⁵ŋo¹³ ka⁽¹³⁾ sa⁵⁵tɕ'a⁵⁵ ri¹³wa.
现在（语气）门巴　人　的　　地方　变
这里原来是珞巴人的地方，现在成了门巴人的地方了。

　　　　　　　　　（以上例句引自张济川1986：112—114）

2．嘉戎语的-i：

（1）作对象助词

no mə wə-wa-i tə-rjo te to-pə-u.
你 他(前缀)(助词)话 一(前缀)做(后缀)
你对他说一下。（你对他说一句话。）

（2）作处所助词

tʃo mkhu-i ta-juŋ te ndo. 屋后有一石雕。
屋 后(助词)石 雕 一 有

（3）表示时间

wa-ndʑi ndʒəs ʃən mok-i naŋ-ndo.
(前缀)朋友俩 刚 才(助词)(前缀)有
(他)的俩朋友刚才还在。

（4）表示领有

ʃtə ŋa-i ŋos. 这是我的。
这 我(助词)是

（以上例句引自林向荣1993：258、326—328）

3．阿侬语的 kha^{31}：

（1）作对象助词

$a^{31}io^{31}$ $tha^{31}ŋaŋ^{55}$ kha^{31} $ʂŋ^{55}va^{31}$ thi^{31} $pɯŋ^{55}$ $dʑiŋ^{55}$.
我 弟弟 (受助)书 一 本 给
我给弟弟一本书。（"弟弟"为间接宾语）

（2）作处所助词

$khu^{55}min^{31}$ kha^{31} $ba^{31}ʂŋ^{31}$ $thi^{31}ɹɯm^{33}$ $ɛ^{31}$.
昆明 (处助)很 远 (后加)
昆明很远。（"昆明"为地点名词）

（3）表容器性工具

$a^{31}tʂŋ^{31}$ $tʂhŋ^{55}$ kha^{31} $ɕa^{31}ɹa^{31}ua^{55}tʂhŋ^{31}$ $dɯ^{31}gom^{55}$ $ɛ^{31}$.
奶奶 口袋 (受助) 面粉 装 (陈述后缀)
奶奶用口袋装面粉。（"口袋"为容器名词）

（以上例句引自孙宏开、刘光坤2005：111—112）

4．基诺语的 va^{44}：

（1）作对象助词

$nʌ^{31}$ $ŋo^{31}$ va^{44} $tʃɤ^{44}$ $vai^{31/35}$ the^{31} $mʌ^{44}$ la^{54}!
你 我 (助)更 快 告诉(助)来

你赶快告诉我吧！

（2）作处所助词

mi³¹tsha⁵⁴ va⁴⁴ pha⁵⁴khju⁴⁴ klɔ³³ khlɔ³³ pɯ⁴⁴ nɛ³³.
地　　（助）干叶子　　掉落 摆放　盖 （助）
地上覆盖了一层树叶。

（3）表示时间

tʃho⁴⁴khjɛ⁵⁴ va⁴⁴ ɯ³¹ a³³khlo⁴⁴ va⁴⁴ tshʌ⁴⁴ va⁵⁴ nɛ³³.
冷季　　　（助）蛇　洞　　（助）逃　藏　（助）
冬天蛇躲在洞里。　　　　　（以上例句引自蒋光友2010：173—176）

5．载瓦语的ɻ⁵⁵：

（1）作对象助词

jaŋ³¹ naŋ⁵¹ ɻ⁵⁵ xai⁵¹ pji³¹/⁵¹ ʒa⁵⁵.　　　他给你什么呢？
他　你（宾助）什么　给　　（实然）

（2）强调宾语

jaŋ⁵⁵mɔ⁷³¹ ŋɔ⁵¹ mau³¹sau³¹ xji⁵¹/⁵⁵ puk³¹ wu⁵⁵wu⁵⁵　ʒi⁵⁵
他们　　　我 书　　　　　　这　　本　看（曾行）（宾助）
sə⁵⁵/⁵¹ lɛ⁵¹.　　　　　　　　　　　他们知道我看过这本书。
知道（非实然）

（3）表示时间

ŋa⁵⁵mɔ⁷³¹ lă⁵⁵pan³¹/⁵¹ khju⁷⁵⁵ŋji⁵⁵ ɻ⁵⁵ wui⁵¹li³¹li³¹ lɛ⁵¹.
我们　　　星期六　　　　　　（宾助）游泳　　（非实然）
我们星期六游泳。　　　　　　　　　　（例句由朱艳华提供）

6．波拉语的ʒɛ³¹：

（1）作对象助词

jɔ̃³¹ ŋa⁵⁵ ʒɛ³¹ pɛ⁷³¹ a⁵⁵.　　　　　她打我。
她　我　（助）打（助）

（2）表示时间

a³¹mɔ̃³¹/⁵¹ mjɔn³⁵ ʒɛ³¹/⁵⁵ sɔ³⁵/³¹ vɛ⁵⁵.　　哥哥晚上走了。
哥哥　　　　晚上　（助）　走　（助）

（3）强调宾语

ŋa⁵⁵ xəi³⁵/³¹ ʒɛ³¹ la³⁵ vu³¹nɛ̃⁵⁵.　　　我上前去了。
我　前　　（助）去　（助）

（4）可以表领属，但这种用法少见

a⁵⁵va³¹ ʒɛ³¹ᐟ⁵⁵ mau³¹sau³¹.　　　　　爸爸的书。
爸爸　 的　 书

nɔ³¹ ʒɛ³¹ ʃǎ³⁵ᐟ³¹mi³¹ᐟ⁵¹.　　　　　　牛的尾巴。
牛　 的 尾巴

　　　　　　（以上例句引自戴庆厦等2007：157—159）

7．白语的no³³：

（1）作对象助词

no³¹ mɯ⁵⁵ no³³ tɕi⁴² mi⁴² tɑ⁴² lɯ³³.　　你能赶得上他的。
你　他　（助）赶　 上　得　的

（2）作处所助词

ku²¹ tɕo⁴² no³³ tsɯ³³ jĩ²¹kɛ̃⁵⁵ jĩ²¹.　　桥上有个人。
桥　座　（助）有　　人　个

（3）表修饰限制

tɯ²¹kɯ⁵⁵ no³³ khu³¹tɕɛ²¹ kɑ³⁵ jĩ⁴⁴ kɑ³⁵ jo³¹ suɑ⁴⁴ lɑ⁴² tuɑ⁴².
从前　　 的　苦情　　几　天 几　夜　说　了 不得
从前的苦情几天几夜说不完。

（4）表性状状语

ŋɑ⁵⁵ jõ⁴⁴ ɕo³¹ no³³ ɣɯ⁴².　　　　　我们要好好地学。
我们 要 好　地　学

（5）表示补语

xɯ³³tsi³³ lɯ³¹ suã⁵⁵ tshɿ⁴⁴ no³³ xã⁵⁵ tɕɛ⁴².
李子　　这　 园　 红　 得　 看好
这园李子红得好看。

　　　　　　（以上例句引自徐琳、赵衍荪1984：51—56）

8．珞巴语的ɕiam：

（1）作对象助词

ɕutum ɕiam kər len mo: ge　op ne:dʐu.
狗熊　（对助）赶 出 做（结助）射 （语助）
把狗熊赶出来之后，我们就射它。

（2）强调宾语

hajaŋ ɕiam anɯk gə: oŋ to!　　　　快把锅拿来！
锅　（结助）快　　拿　来（语助）

（3）表示时间

loːjɯŋ fiam lako apeː dana.　　　　　十天休息一次。
十天（结助）一次 休息（尾助）

（4）表示比较

kuŋtṣantaŋ anə abo fiam po joŋ da.
共产党　　母亲 父亲（结助）好 比较（尾助）
共产党比父母还亲。

（以上例句引自欧阳觉亚1985：54—68）

为了便于比较，我们将以上对象助词（不包括只有一种功能的对象助词）的功能分布列表如下：

	对象	处所	时间	强调宾语	其他
白马语的kɛ⁵³	+	+			
史兴语（上游话）的ʁõ⁵³	+	+			
下游史兴语的nɔ̃⁵⁵	+	+			
拉坞戎语的khe⁵³	+	+			
独龙语的le³¹	+	+			
元江苦聪话的lɔ³³	+	+			
哈尼语的a³³	+	+			
拉祜语的tha²¹	+	+			
白语的ŋɤ⁴²ː	+	+			
土家语的po⁵⁵	+	+			
错那门巴语的te³¹ː	+				表比较
麻窝羌语的ɕi	+				表工具
史兴语（上游话）的sɿ³³	+				表排除
珞巴语的me	+		+		
景颇语的phe⁷⁵⁵	+			+	
扎巴语的la³¹	+			+	
浪速语的ʒɛ³	+			+	
仓洛门巴语的ka¹³	+	+	+		修饰

（续表）

	对象	处所	时间	强调宾语	其他
嘉戎语的-i	+	+	+		领属
阿侬语的kha³¹	+	+			容器性工具
基诺语的va⁴⁴	+	+	+		
载瓦语的ʑɿ⁵⁵	+		+	+	
波拉语的ʑɛ³¹	+		+	+	领属
白语的no³³	+	+			修饰、状语、补语
珞巴语的ɦiam	+		+	+	表比较

我们将上表进行统计，具有兼类功能的25个对象助词，兼有处所功能的就有15个，兼有时间功能的有7个，兼有强调宾语功能的有6个，兼有其他功能的分别是：表比较的2个，表修饰领属的4个，表工具的2个，表排除的1个，而白语的no³³能兼作性状状语、补语的标志。

对象助词兼有处所功能的一类是最多的。这说明，对象成分和处所成分在句法上是最接近的一类，在语义上也具有相通的一面。从认知上能够做出这样的解释：处所是人或事物存在的场所，动作在作用于对象的时候，必须朝向或趋向对象所在的场所，由于场所和对象之间的这种密切联系，因此，某种程度上处所和对象有着一定的共通性，也即有时能把场所当对象看，有时能把对象当场所看，这可能是藏缅语使用群体的一种较为普遍的认知心理。在汉语中，表朝向的"向"在中古时曾有过单纯表处所的时候。

兼有强调宾语的有6个。这6个助词，既能标注指人或动物的有生性宾语，也能标注指事物、事件的无生性宾语，也就是说，只有这6个助词才是真正的宾语助词，然而，它们也仅仅是具备标注宾语的潜能，只有在语用上需要强调的时候，如宾语需要强调的时候、宾语置于句首的时候，才使用它们，它们不仅所占比例极小，而且使用频率也很低，因此，在藏缅语中，事实上是不存在专门的宾语助词的，表示宾语的功能是对象助词功能的拓展。

第三节 对象助词的词源关系

为了考察藏缅语对象助词的来源，我们列表比较我们所考察到的藏缅语各语言的对象助词：

语支	语言	对象助词
藏语支	玛曲藏语（口语）	（无）
	错那门巴语	le^{31}
	仓洛门巴语	kɑ^{13}
	白马语	tsɑ^{53}、iɛ^{53}、kɛ^{53}、nɑ^{13}
羌语支	羌语（曲谷话）	-tɕ、tta
	羌语（麻窝话）	ɕi
	普米语	tɕi^{55}、biɛ^{55}
	嘉戎语	-i
	道孚语	gi
	却域语	ʁa、kɯ
	扎巴语	wu^{31}、la^{31}和tha^{31}
	木雅语	tɕhi^{33}、le^{33}
	纳木义语	dæ^{55}
	史兴语（上游）	sŋ^{55}、ʁõ^{53}、nõ^{55}
	史兴语（下游）	sŋ^{55}、nɔ̃^{55}
	拉坞戎语	ji^{53}、khe^{53}、tha^{53}
景颇语支	景颇语	phe^{ʔ55}（书）、e^{ʔ55}（口）
	阿侬语	khɑ^{31}、ba^{31}
	独龙语	le^{31}

（续表）

语支	语言	对象助词
彝语支	彝语（凉山）	tɕo³¹
	彝语（墨江）	lʌ⁵⁵
	傈僳语	tɛ⁵⁵（有的地区读lɛ⁵⁵）
	嘎卓语	（无）
	基诺语	va⁴⁴
	元江苦聪话	lɔ³³
	纳西语	to⁵⁵
	哈尼语	jɔ⁵⁵、a³³、（长宾le⁵⁵）
	拉祜语	tha²¹
	桑孔语	la³³、（长宾nde³³）
	柔若语	kɔ³³
	怒苏语	na³⁵
	西摩洛语	tʃʌ⁵⁵
缅语支	阿昌语	tə³³
	仙岛语	te⁵⁵
	载瓦语	ʒɿ⁵⁵
	波拉语	ʒɛ³¹
	浪速语	ʒɛ³¹
	勒期语	le⁵⁵
语支未定	白语	no³³、ŋɤ⁵⁵
	土家语（简志）	po⁵⁵、ta⁵⁵、（宾语na²¹）
	仙仁土家语	o⁵⁴
	珞巴语	me和fiam
	义都语	go³¹

从比较中可以看出，藏缅语各语支之间对象助词同源的较少，各语支内部的同源关系也不尽相同，有的语支内部同源关系的多一些，有的语支内部仅是部分语言之间具有同源关系。如藏语支：仓洛门巴语的kɑ¹³和白

马语的kɛ⁵³具有同源关系，其他的语言之间不具有同源关系。羌语支：羌语曲谷话的-tɕ、羌语麻窝话的ɕi、普米语的tɕi⁵⁵、嘉戎语的-i、道孚语的gi、却域语的kɯ、木雅语的tɕhi³³具有同源关系；羌语曲谷话的tta、扎巴语的tha³¹、纳木义语的dæ⁵⁵、拉坞戎语的tha⁵³具有同源关系；扎巴语的la³¹、木雅语的le³³是同源的，史兴语上游话的sɿ⁵⁵、nõ⁵⁵和史兴语下游话的sɿ⁵⁵、nɔ̃⁵⁵是同源的。彝语支：墨江彝语的la⁵⁵、傈僳语的tɛ⁵⁵（有的地区读lɛ⁵⁵）、元江苦聪话的lɔ³³、桑孔语的la³³、怒苏语的na³⁵、纳西语的to⁵⁵、拉祜语的tha²¹同源。缅语支：阿昌语的tə³³、仙岛语的te⁵⁵、勒期语的le⁵⁵同源；载瓦语的ʒɿ⁵⁵、波拉语的ʒɛ³¹、浪速语的ʒɛ³¹同源。语支未定语言：土家语的po⁵⁵、仙仁土家语的o⁵⁴同源。其他几种看不出同源关系。

通过词源比较可以看出，藏缅语的对象助词只在语支内部分语言之间具有同源关系。从整体来看，对象助词同源的可能性不大，它们应该是在原始藏缅语分化为不同的语支或语言后在各自的语言系统内部形成的。

对象助词有几种情况，具有单一功能的对象助词和具有多种功能的对象助词不同。兼表对象和处所功能的助词，有的处所性较强，而且用于朝向性的对象的可能性比较大。有的还受处所性质的影响，如拉坞戎语中区分静态的处所和动态的处所。对象助词能够用来强调事物性宾语，应该是由表有生性对象发展而来的。还有的语言的对象助词是从别的语言中借用过来的，像义都语的go³¹就是从藏语中借过来的一个语法标记[①]，能够标注有生性的和无生性的宾语。在进一步探究对象助词的来源的时候，应当区别对待。

本章小结：藏缅语中存在一种对象助词。对象助词的作用是用来标注宾语（包括直接宾语和间接宾语）位置上表人的名词或代词以及通人性的动物、以人为主体的单位、组织和国家等成分。对象指称的应该是和施事属于同类的一个客体。施事和对象仅是某个施受关系中主动和被动的差别，在不同的施受关系中，它们可以互换角色。从整体来看，藏缅语的对象助词不存在同源关系，它们是在原始藏缅语分化成不同的语支或语言后各自产生的，现在还不能看清楚它们究竟是如何产生的。

---

① 参见江荻《义都语研究》，民族出版社2005年版。

第四章 藏缅语族语言的处所助词

处所是事物存在或动作进行的空间。任何事物的存在都要占据一定的空间，事物的存在空间是认识存在物的一个重要方面。从这个意义上说，无论哪种语言，都存在处所范畴的表达。

事物和空间是相互依存的。客观存在的事物要占据一定的空间，而空间又要以某一具体事物为基准或参照（参照点）来确定。所以从认知上讲，处所范畴的表达往往要涉及两个子范畴，即参照物和方位。如汉语中"桌子上有书"，桌子上是书的存在空间，书是空间中的存在物或者是说认知中的目的物。这个存在空间是由参照物桌子和表示方位的"上"构成的，"上"附着在"桌子"后使一个表示实体的名词变成一个表示空间的成分，储泽祥（1998）称其为"空间范畴化"。同样，表示方位的"上"必须附着于某个实体成分后或是说以某个实体成分为参照，才能确定出空间，即使在"上有天，下有地"这样对举的说法中，也是以说话人为参照的。这正如廖秋忠（1983）指出的，"没有参照点的方位词或方位短语是无法用来定位的"。方经民（1987）也说"一切事物的方位不是由该事物本身决定的，而是由它与其他事物的位置关系决定的，定位时所选择的其他事物的位置就成了判断该事物方位的参照点"。所以，处所范畴的实质是目的物和参照物之间的位置关系或空间关系。

藏缅语各语言中也普遍存在处所助词。考察藏缅语的处所助词发现，它们的主要功能是附着在表示事物的名词、代词或名词性短语上表示事物的存在空间的。但是通观藏缅语族各语言，处所助词的语音形式、处所助词的性质、处所助词的数量、处所助词的功能并不完全一致，表现出处所助词发展的不平衡性。

第一节 处所助词的语音特征

一 处所助词语音形式上的差异

从语音形式上来看，有的处所助词不能自成音节，我们称之为非音节性处所助词；有的处所助词是一个独立的音节或音节组合，我们称之为音节性处所助词。藏缅语有非音节性的处所助词和音节性的处所助词。少数语言的处所助词是非音节性的，多数语言的处所助词是音节性的。

（一）非音节性的处所助词

嘉戎语的处所助词-i，加在名词、代词、方位短语等之后表示事物存在或动作进行的处所。

tə-mȵa-i　　tə-mb rak　ka-pa.　　　　　　在地里除草。
田　地（助词）除　草　　做

ʃtə-i　　　mbro kə-sam ndo.　　　　　　这里有三匹马。
这里（助词）马　　三　　　有

tʃə kha-i　tʃə wjo ndo.　　　　　　　　　河里有鱼。
河里（助词）鱼　有

prak ko-i　　ʃtʂo ndo.　　　　　　　　　岩上有鸽子。
岩　上（助词）鸽子 有

ʃə　kha-i　　　rə ndak ndo.　　　　　森林里有野兽。
森林　里（助词）野　兽　有

tʃo mkhu-i　　ta-juŋ te ndo.　　　　　屋后有一石碉。
屋　后（助词）石　碉　一　有

tʃo mdo-i　　ʃək phu te mi.　　　　　门前没有一株树。
门　外（助词）树　子　一 没有

（以上例句引自林向荣1993：258、325）

羌语中的-aː，用于名词后表示事物存在或动作进行的处所。例如：
qa χɫup-a:　　tɕiʁua wezə（＜wezə＋a）
我 河西村（处助）房子　有（人称1单）
我在河西村有房子。

xsətɕi:-a　　xsəm ʐi.　　　　　　　庙子里有菩萨。
庙子（处助）菩萨 有

ɕu togu　　　piæn-a:　ləɹk　tshama ʔoqu we.
湖（定指）一口 边（处助）倒钩子 刺草　一丛 有
那湖边长着一丛倒钩子刺儿草。

tɕiʁəli tsəkṷ-a:　　ta　tsə zə-w ʂta……
基厄里 水井（处助）（处助）水　 取　时
基厄里去水井取水时……

羌语中的-a:和嘉戎语中的-i不同，在羌语中，-a:可以和处所助词ʁa互相替换，而在嘉戎语中，处所助词只有一种形式。

羌语中的-aq也是表示处所的标记之一，可以单用，有"上、之上"的意思，但常常是与表示处所的ta结合起来使用。例如：

qupu ʐwə japa-aq　ɦa-ɕi.　　　　　　 他死在敌人手里。
他　 敌人　手（上）（已行）死

ʔũ-tɕ　ləɣʐ taχʂa　tʂots-aq　ta　　ʔə-ʂə-n!
你（领属）书（定指）一些 桌子（上）（处助）（命令）放（人称2单）
把你的书放在桌子上！

qa hetɕi tiæn bete-aq　ta　　 ɦa-nŋ　ɲi ʔeɕtɕuaq
我 十一　点　床（上）（处助）（趋向）睡（连）一下
ɦe-mdze-jy-æ.
（已行）睡着（情体）（人称1单）
我十一点上床后一下就睡着了。
　　　　　　　　　　　　（以上例句引自黄布凡、周发成2006：193—194）

（二）音节性的处所助词

大多数藏缅语的处所助词是单音节形式的，除极个别的处所助词是双音节形式的外，没有发现多音节的处所助词。

1．双音节的处所助词

阿侬语中有一个双音节处所助词 $duŋ^{55}khɑ^{31}$，加在名词后面，表示"在……里面"。例如：

$ʥɑ^{31}kho^{55}$　$duŋ^{55}khɑ^{31}$　$bɯ^{55}ʥɑ^{31}$　$tʂʰɿ^{55}$　$ɑ^{31}nɛ^{55}$.
锅　　　（处助）　　 饭　　　 还　　有
锅里还有饭。　　　　　　　（孙宏开、刘光坤2005：114）

2．单音节的处所助词

大多数单音节的处所助词是由辅音和元音构成的，少数单音节的处所助词是由单元音构成的。在有声调的语言里，处所助词也要带上声调。

（1）由辅音和元音构成的单音节标记
玛曲藏语的处所助词 nɑ：

hnɑm kɑ nɑ rtɕak wɕa ŋphər.　　　　　天上飞机飞。
天　　（上）飞机　　飞　　　　　　　（周毛草2003：220）

tɕok tsi rtaŋ na tɕa lak maŋ ngə.　　　　桌子的上面东西多。
桌子　　上面　　东西　　多　　　　　（周毛草2003：221）

错那门巴语的处所助词 kʌ³¹ 和 re³¹：

tshi⁵⁵tʌ⁵³ kʌ³¹ n̠ʌ³⁵ ne⁷³⁵.　　　　　　河里有鱼。
河　　（助词）鱼　　有　　　　　　　（陆绍尊1986：87）

ri³⁵tse⁵³ re³¹ ɕeŋ³⁵mʌ⁵³ ne⁷³⁵.　　　　山顶有树。
山顶　（助词）树　　　有　　　　　　（陆绍尊1986：87）

羌语（桃坪话）的处所助词 ʁa 和 ta：

ʁuatʂa ʁa qha¹ le.　　　　　　　　　　碗里有饭。
碗　（处助）米饭 有　　　　　　　　（黄布凡、周发成2006：190）

qa zəq（ta）　　　ha-qa.　　　　　　我到山上去了。
我　山（处助）（趋向）去(已行)　　（黄布凡、周发成2006：193）

道孚语的处所助词 ʁa：

jjoŋ ʁa　　rimə xi rə.　　　　　　　　墙上有画。
墙（处助）画　　有　　　　　　　　（戴庆厦等1991：40）

独龙语的处所助词 dɔ³¹：

nuŋ⁵⁵ŋwa⁵³ gɔŋ⁵⁵ dɔ³¹ ɕin⁵⁵ kai⁵⁵.　　牛在山坡上吃草。
牛　　　　山坡　（助词）草 吃　　　（孙宏开1982：149）

cǔmpel⁵⁵ dɔ³¹ mɔ³¹tsu⁵³ɕi³¹ paɹ³¹ ti⁵⁵mǎi⁵⁵ pla⁷⁵⁵.
墙　　（助词）毛主席　　像片 一张　　贴
墙上贴着一张买主席像。　　　　　　（孙宏开1982：149）

（2）由单元音构成的单音节标记
景颇语的处所助词 e³¹：

ʃi³³ tʃoŋ³¹ e³¹　　ŋa³¹ ai³³.　　　　　　他在学校。
他 学校（结助）（助动）（句尾）　　（戴庆厦、徐悉艰1992：264）

n⁵⁵ta̠⁵¹ e³¹ gǎ³¹tai³³ n⁵⁵ ŋa³¹ ǎ⁷³¹ni⁵⁵?　谁在家里？
家　（结助）谁　　不　在　（句尾）（戴庆厦、徐悉艰1992：264）

哈尼语的处所助词 a³³：

a³¹n̠i⁵⁵ ɕo³¹ɕɔ²⁴ a³³ so³¹ɣa³¹ dʑo⁵⁵.　　弟弟在学校里读书。
弟弟　　学校　（助）书　　读　　　　（李永燧、王尔松1986：98）

xɔ⁵⁵ gɔ³¹ ɕi⁵⁵ gɔ³¹ a³³ tɕhi⁵⁵za³¹ dʑo⁵⁵ ŋa³³.
山　　这　座(助)　麂子　　在　(助)
这座山里有麂子。　　　　　　　　　（李永燧、王尔松1986：98）

西摩洛语的处所助词A³¹：

ŋA⁵⁵ thɣ³³lua⁵⁵ A³¹ tʃo⁵⁵ kɯ³³.　　　　我在墨江。
我　墨江　（方助）在　的

ɯ⁵⁵ pɛ³¹tʃi³³ A³¹ tʃo⁵⁵ kji⁵⁵.　　　　　他在北京。
他　北京（方助）在（语助）

ɯ⁵⁵ kai³³tsɿ³¹ A³¹ ji⁵⁵ phɔ⁵⁵.　　　　　她去街子了。
她　街子　（方助）去　了

（以上例句引自戴庆厦等2009：150—151）

二　非音节性处所助词的性质

在现有的材料中，我们发现，藏缅语中的处所助词大多是音节性的而且是单音节性的处所助词，这种现象与汉藏语言单音节性的特点密切相关。只有嘉戎语的处所助词是非音节性的，羌语（曲谷话）中的处所助词是非音节性的和音节性的并存。然而非音节性的处所助词和音节性的处所助词有什么异同？它究竟是一种什么性质的成分？

根据林向荣（1993）的描写，嘉戎语中的处所助词i，是不成音节的音素，读得轻而短，加在开音节后成为韵尾，加在闭音节后不与辅音尾拼读，但读得仍像是韵尾的一部分。可见，i不只具有很强的粘附性，而且从读音上看，和前一个音节的关系非常密切，成为前一个音节的韵尾。这是因为i附着于前一个音节，再加上自身所占时长很短，因而在语流中失去了一个独立音节的地位。音节性的处所助词，虽然也是附着于前边的音节，要受所附着音节的影响，如玛曲藏语的处所助词nɑ的声母会随着所附着音节的韵尾发生语音上的连读变化，但它还是一个独立的音节。所以，是否在语流中丧失了音节地位是这二者的不同之处。

但是，嘉戎语中的i并没有因为其非音节性而成为词的一部分，它能够分别附着在名词、代词、方位短语等之后标记处所，还是一个非常活跃的语法成分。因此，林向荣先生对i的性质的认定也颇费思量，最后根据i的广泛分布和语法意义将其归为助词。羌语（曲谷话）中的-aq也是同样的情况，虽然在语流中不能自成音节，但能够附着在不同的名词性成分之后标记处所，具有较强的语法标记功能。因此，我们认为非音节性的处所助词和音节性的处所助词的性质应该是相同的，还是一个较为独立的助词性语法成分。

瞿霭堂（1988）认为"汉藏语言成音节的形态成分大多有轻读的特征，轻读的结果常常引起语音的变化，如语言的弱化、中性化、模糊化和音节的缩减等"。羌语（曲谷话）中非音节性的处所助词-a:能够和音节性的标记处所ʁa换用，在作者看来，-a:"似由ʁa语音衍变而来"[①]。音理上是讲得通的。所以，从ʁa到-a:应该就是音节缩减的结果。

不仅仅是处所助词有非音节性的，其他标记也有非音节性的。羌语（曲谷话）是一种格标记非常丰富的语言，共有14种不同的格标记形式，其中5种是非音节性的。包括标记处所的-a:和-aq，表示领属、限制、受事、对象、范围等的-tɕ，表示比较的-s，表示同体施事的-ş。嘉戎语的趋向助词-s附着在不同的成分后有9种不同的用法。

第二节　处所助词的语法特征

一　藏缅语处所助词存在不同的两类

在藏缅语研究中，通常用"处所助词"来指称附着在名词、代词或名词性短语后表示处所的后置成分，也有用"位格"（黄成龙，2006）、"地点格"（徐丹，2009）来指称的。使用"格"概念的学者避开了句法结构问题，直接从论元或语义关系的角度去分析。使用"处所助词"的学者都认为处所助词是结构助词的一种，但又分为两种不同的情况：一种是注意区分语法的不同层面，认为结构助词首先是句法层面的，按照句法功用将其分为主语助词、宾语助词、定语助词、状语助词、补语助词，处所助词属于状语助词下的一个小类，如戴庆厦（1989）、胡素华（2002）等；另一种是忽视句法关系和语义关系的区分，认为结构助词包括限制助词（领属助词）、施动助词、受动助词、工具助词、处所助词、从由助词、比较助词、时间助词、状态助词等，如纪嘉发（1992），张军（1992），林向荣（1993），刘光坤（1998），黄布凡、周发成（2006），孙宏开、齐卡佳、刘光坤（2007）等。

这种差异，与学者们采用的理论体系有关，也与客观现象本身的复杂性有关，同时也说明我们还未完全触及处所助词的真面目。科姆里

[①] 黄布凡、周发成：《羌语研究》，四川人民出版社2006年版，第193页。

（1988）认为，在大量的情形里某一个格的功能都能跟各种语义参项发生联系，但并非格标记的唯一功能就是这种意义上的区别功能。鉴于此，我们仍采用较为通用的"处所助词"这个概念。

在藏缅语的研究中，处所助词的指称对象也存在较大差异。如：
独龙语：
tăk⁵⁵tsăn⁵⁵ păŋ⁵⁵ dɔ³¹ nɯ⁵³ ti⁵⁵luŋ⁵⁵ sɯ³¹ɹɔŋ⁵⁵.
床铺　　　下（处助）酒　一罐　（前加）搁
床铺底下放着一罐子酒。　　　　　（孙宏开1982：149）

嘉戎语：
kro　ko-i　　tɕhəm　mdʑə ndo.　　　山梁上有村寨。
山梁上（处助）村　　寨　　有　　　（林向荣1993：326）

玛曲藏语：
tɕok tsi rtaŋ　na　tɕa lak maŋ ngə.　　桌子的上面东西多。
桌子　上面（助）东西　多　　　　（周毛草2003：221）

以上语言的处所助词分别是 dɔ³¹、-i、na，而不是其前面表示方位的 păŋ⁵⁵"下"、ko"上"、rtaŋ"上面"。而在另一些语言中，如：

阿侬语：
tɕɛ⁵⁵tsɿ³¹ ʈhaŋ⁵⁵　a³¹ ʂɿ⁵⁵va³¹ thi³¹ tham⁵⁵ a³¹nɛ⁵⁵.
桌子　（处助）（定助）书　一　　本　有
桌子上有一本书。　　　　　　　（孙宏开、刘光坤2005：114）

拉坞戎语：
jəm⁵³ gə³³ vʑju⁵⁵ ʝje³³.　　　　　　家里有人。
家　（处助）人　有　　　　　　（黄布凡2007：98）

柔若语：
sɛ⁵³ tse³³ tse³³ thiɛ³¹ mia³³ tɯ³¹ ko⁵³ pha³⁵ te⁵⁵ tʐ⁵³.
树　棵　（助词）马　一　匹　拴　　（助词）
树下拴着一匹马。　　　　　　　（孙宏开等2002：124）

处所助词分别是 ʈhaŋ⁵⁵"在……上"、gə³³"在……里"、thiɛ³¹"在……下"。

我们认为，以上是两类不同性质的处所助词。它们在句子中附着的对象、表达空间关系的方式及虚化程度都有很大的不同。类似于独龙语处所助词一类的是典型处所助词，而类似于阿侬语处所助词一类的是准处所助词。如果无视它们的差异，不加区分，会影响我们对藏缅语处所助词的本质及其来源的深入认识。

二 典型处所助词的用法及特点

（一）典型处所助词的用法

1．独龙语的处所助词是 dɔ³¹

（1）加在事物名词后，表示"在……上"或"在……边"。例如：
cǔmpel⁵⁵ dɔ³¹ mɔ³¹tsu⁵³ɕi³¹ pɑɹ⁵⁵ ti⁵⁵mǎi⁵⁵ plɑʔ⁵⁵.
墙　　（助词）毛主席　　相片　一张　　贴
墙上贴着一张毛主席像。

a³¹xɹǎi⁵⁵ dɔ³¹ pɯ³¹ faŋ⁵³, na³¹me⁵⁵ ti⁵⁵gɯi⁵⁵ ǎl⁵³.
脚　　（助词）（前加）看　　猫　　一　只　有
注意脚下有一只猫。

（2）加在场所名词后，表示"在……里"或"在……上"。例如：
ǎŋ⁵³ cǔm⁵³ dɔ³¹ a³¹pɹɔʔ⁵⁵ dɯ³¹gɯi⁵⁵ ti⁵⁵gɯi⁵⁵ ǎl⁵³.
他　家　（助词）花　　　狗　　　一　只　有
他家里有一只花狗。

kai⁵³faŋ³¹ˋtɕyn⁵⁵ dǎm⁵⁵bɔŋ⁵³ dɔ³¹ tjan⁵⁵iŋ⁵³ wa⁵³.
解放军　　　　　操场　　（助词）电影　做
解放军在操场上放电影。

（3）加在地点名词后，表示"在……地方"，突显其空间性特征。例如：
ŋa⁵³ tǎŋ⁵⁵dǎm⁵⁵ dɔ³¹ ti⁵⁵sɯ³¹la⁵⁵ ɹɔŋ⁵⁵ bǎi⁵³, se⁵⁵yan³¹ tiwǎi⁵⁵
我　丹打　　（助词）一个月　　住（连词）社员　一半
sɯ³¹nǎʔ⁵⁵ saŋ⁵⁵.
都　　认识
我若在丹打住一个月，就能认识一半社员。

ɕǎɹ⁵⁵lǎp⁵⁵ dɔ³¹ a³¹nuŋ⁵³ ɹɯ³¹mǎi⁵³ e⁵³, nǔp⁵⁵lǎp⁵⁵dɔ³¹ tɯ³¹ɹuŋ⁵³
东面　　（助词）怒　江　　　是　西面　　（助词）独龙
ɹɯ³¹mǎi⁵³ e⁵³.
江　　　是
东面是怒江，西面是独龙江。

（4）加在人称代词或指示代词后，表示"在……处"或构成表示地点的"这里""那里"。例如：

nɑ⁵³ sui⁵⁵pi³¹ ŋɑ⁵³ dɔ³¹ ăl⁵³.　　你的钢笔在我这儿。
你　水笔　我（助词）在
ɹɑ⁵⁵ dɔ³¹ tăŋ⁵⁵dăm⁵⁵ e⁵³，kɔ⁵⁵ dɔ³¹ măŋ⁵⁵dʑɯ⁵⁵ e⁵³.①
这（助词）丹打　　是　那（助词）芒自　　是
这边是丹打（地名），那边是芒自（地名）。

（5）加在方位短语后，表示"在……地方"，其维向特征决定于方位词。例如：

tăk⁵⁵tsăŋ⁵⁵ păŋ⁵⁵ dɔ³¹ nɯ⁵³ ti⁵⁵luŋ⁵⁵ sɯ³¹ɹɔŋ⁵⁵.
床铺　　下（助词）酒　一罐　（前加）搁
床铺底下放着一罐子酒。

（以上例句引自孙宏开1982：148—150）

2．玛曲藏语的处所助词nɑ：
（1）加在事物名词后，表示"在……上"。例如：
hnɑm kɑ nɑ rtɕak wɕa n̥phər.　　天上飞机飞。
天　（上）飞机　飞
thaŋ na ni tak tak re.　　地上满是青稞。
地　（上）青稞 全都；到处 是

（2）加在场所名词后，表示"在……里"或"在……上"。例如：
ŋa rdʑa ʂaŋ na soŋ ŋe tshe n̥o.　　我去上街买菜。
我　街　（上）去　菜 买
加在场所名词后的例子不多见。

（3）加在地点名词后，表示"在……地方"。例如：
ɬa sa na jɔ khə.　　在拉萨。
拉萨（助）在

bi tɕən na mn̥ə maŋ tɕhe wo wɕa wa li mə tshat ɬop rdzoŋ
北京(处助)人　多 大（名化）事情　做 不仅（而且）学习
ŋa hər ri jet kot khə.
（对）努力 做（正在）
在北京，大多数人不但在工作还在努力学习。

nəp ɕok na mn̥ə maŋ ngə.　　西方人多。
西方　　人　多

---

① 孙宏开：《独龙语简志》，民族出版社，第148页，句中的dɔ³¹可以自由替换成le³¹。

（4）加在人名后表示"在……处"，加在指示代词、疑问代词后，构成表示地点的"这里""那里""哪里"。例如：

tɕhu ŋpher ra hwe tɕha jɔ khə.①   曲培有书。
曲培　　　书　有

ndə na mnə ngo wdʐa kha zək　jɔ kə. 这里有上百号人。
这（里）人 头 百 　（表整体）有

kan na tɕhə zək jɔ khə.   那里有条河。
那（里）水 一 　有

kaŋ na jɔ khə?   哪儿有？
哪（里）有

（5）加在方位短语后面，表示"在……地方"，其维向特征决定于方位词。例如：

tɕok tsi rtaŋ na tɕa lak maŋ ngə.   桌子的上面东西多。
桌子　上面　　东西 多

ŋo rti naŋ ŋa rə mo xar.   镜子中有画。
镜子 里面　画 出现

ŋkhoŋ ŋi hlat na khaŋ ngə pkwap hdot khə.
房　 的 上面 雪　　　 覆盖　 着
房顶上面被雪覆盖着。

mtsho naŋ ŋa tʂə soŋ.   船在海里行走。
海 　里　 船 走

rta hsəm　kan na wdʐək ɣot khə.
马 三（主语）那（助）跑　（正在）
那边跑着三匹马。/那边有三匹马在跑着。

rta rga hji wɕok na jɔ khə.   马鞍在右边。
马鞍　 右 方 （助）有

tshe raŋ ngə ɬop ŋkhaŋ naŋ na hwe tɕha rta ɣot khə.
才让 （助）教室　 里（助）书　 看（正在）
才让在教室里看书。

（以上例句引自周毛草2003：123—302）

3．嘉戎语的处所助词-i：

（1）加在事物名词后，表示"在……上"或"在……旁"。例如：

---

① ra是na的变体。

ta-ko-i ta-ɽti ka-wat.　　　　　在头上戴帽子。
头（助词）帽子 穿

tɕo mu-i   mȵan gun ndo.　　　河坝有大河。
河 坝（助词）大   河 有

（2）加在场所名词后，表示"在……里"或"在……上"。例如：

tə-mȵa-i   tə-mb rak ka-pa.　　在地里除草。
田 地（助词）除 草   做

（3）加在地点名词后，表示"在……地方"或"在……处"。例如：

a-ta-i   nɐm mkhɐ ŋos.　　　上面是天。
上面（助词）天   是

a-na-i   sɐ tʃhɐ ŋos.　　　下面是地。
下面（助词）地   是

kə tə kə-ndo-i na-mtʃir.　　　到处都转了。
到 处（助词）（前缀）转了。

（4）加在指示代词后，构成表示地点的"这里""那里"。例如：

ŋa ʃtə-i   ȵi-ŋ.　　　　　我在这里住。
我 这（助词）住（后缀）

no wə tə-i   ko-ȵi-n.　　你在那里住。
你 那（助词）（命令前缀）住（人称后缀）

（5）加在方位短语后面，表示"在……地方"，其维向特征决定于方位词。例如：

tə-tʃəm   wə-po-i   kə-ʃpət sɐ-prek ŋos.
屋 （从属前缀—）外（助词）牲畜 （前缀）拴 是
屋外是用来拴牲畜的。

kro ko-i   tɕhəm mdʑə ndo.　　山梁上有村寨。
山梁上（助词）村   寨   有

lɐk tʃhɐ tʃok tsə wə-pre-i   to-tə-u.
东 西 桌子（前缀）上面（助词）（前缀）放（后缀）
东西放到桌子上面。

ʃə kha-i   kə-rȵe ndo.　　　深林里有野兽。
深林里（助词）野兽 有

kam khu-i   khə na na-to.　　门后有狗。
门 后（助词）狗 （前缀）有

（以上例句引自林向荣1993：325—326）

4．基诺语的处所助词va⁴⁴：

（1）加在事物名词后面，表示"在……上"。如：

xo³¹mɔ³³ thi⁴⁴ᐟ³³mʌ⁴⁴ a³³tshɔ⁴⁴ va⁴⁴ a⁴⁴sɯ⁴⁴ tsɔ⁴⁴ kɔ³³ a³³.
猴子　　一　　只　树　　（助）果子　吃（助）（助）
一只猴子正在树上吃果子。

（2）加在场所名词后，表示"在……上""在……里"。如：

te³³ va⁴⁴ ji³¹tʃho⁵⁴ mʌ⁴⁴ tʃa³¹ a³³,ji³¹tʃho⁵⁴ m³¹ kjø³³ le⁴⁴ ɛ³³ ŋo³¹.
田（助）水　　　不　有（助）　水　　弄　进　去（助）我
水田没有水了，我去放水。

（3）va⁴⁴加在方位词后，表示"在……地方"，其维向特征决定于方位词。例如：

a³³tsɯ⁴⁴ to⁴⁴pɤ⁵⁴ va⁴⁴ mi⁴⁴tshɔ⁴⁴ mʌ⁴⁴kha³¹,a⁴⁴ji³¹ tʃa³¹, a⁴⁴ŋu⁵⁴
树　　下面　　（助）阳光　　不　晒　树荫　有　　咱们

a⁴⁴ji³¹ va⁴⁴ o³¹ᐟ³⁵ ɛ³³.
树荫（助）进（助）

树子下面晒不着太阳，有树荫，咱们去躲树荫吧。

（以上例句引自蒋光友2010：175）

典型处所助词还包括：哈尼语的处所助词a³³、西摩洛语的处所助词ʌ³¹、阿昌语的处所助词tə³³、载瓦语的处所助词ma55、浪速语的处所助词是mɛ³¹、波拉语的处所助词mɛ̃³¹、勒期语的处所助词mo³³。

（二）典型处所助词的特点

从上面的语料中我们可以看到，典型处所助词的共同特点是：

1．它们标记的对象可以是事物名词、场所名词、地点名词、人称代词、方位短语等。大多数能加在指示代词后，构成表示处所的"这里""那里"。

2．典型处所助词的使用是句法上的要求，一般不省略。即使是方位明确的方位短语，表达处所范畴时也可以加上处所助词来标注。

3．典型处所助词本省的维向特征性不强。维向特征要靠标记的处所成分的语义或目的物和参照物可能具有的空间关系来辨认。

三　准处所助词的用法及特点

准处所助词数量丰富，在表意功能上，相当于方位名词，但从形式上看，和方位名词又有所区别，往往是方位名词脱落词头或词缀后的产物，一般被认为是由方位名词虚化而来的。①准处所助词通常加在名词、名称+量词或指示代词的短语之后，表示事物存在或动作进行的处所，不存在加在方位短语之后的情况。使用准处所助词的语言至少有两个或两个以上的处所助词。

（一）有两个准处所助词的语言

1．错那门巴语：

错那门巴语有两个处所助词 kʌ³¹ 和 re³¹。

（1）kʌ³¹ 相当于"在……里"。如：

ŋu³⁵ru⁷⁵³ tui⁵⁵ kʌ³¹（neŋ³⁵kʌ³¹） tho⁵⁵lʌ⁵⁵tɕiŋ⁵⁵ nʌi³⁵ nem³⁵.
我们　队　（助词）（里面）　　拖拉机　　二　有
我们队里有两台拖拉机。

tshi⁵⁵tʌ⁵³ kʌ³¹ ȵʌ³⁵ ne⁷³⁵.　　　　　　河里有鱼。
河　（助词）鱼　有

（2）re³¹ 相当于"在……上"。如：

ri³⁵tse⁵³ re³¹ ɕeŋ³⁵mʌ⁵³ ne⁷³⁵.　　　　　山顶有树。
山顶（助词）树　　　有

（以上例句引自陆绍尊1986：86—87）

这两个处所助词中 kʌ³¹ 出现的频率更高一些。

2．怒苏语：

怒族语言有两个处所助词 do³⁵ 和 ba³¹，但它们所指范围大小不同。

（1）do³⁵ 所指的范围比较狭小，比较固定，包括平面上的位置、空间的位置，也包括在某种容器之内的位置。如：

zɑ⁵⁵ŋe³⁵ ɕi³¹⁷iu̯⁵³ phɹɑ̠⁵⁵ŋɑ³⁵ do³⁵ ɹuɑ⁵³tshi⁵³ thi⁵³ lɔ⁵³ khui³¹ ɑ³¹.
小孩　　这个　　脸　　　（助词）痣　　　一　个　有（助词）
这小孩脸上有一颗痣。

ŋɑ³⁵dɯ³¹ iɑ³¹i³¹thɑ³⁵ do³⁵ tshu³⁵ɑ⁵⁵ khɑ̠⁵³ ɑ³¹.
我们　　玻璃瓶　　（助词）油　　装　（助词）
我们在玻璃瓶里装油。

（2）ba³¹ 只用于说明平面位置，它所指的范围比较宽。如：

ʔȵo⁵⁵ liɑ³⁵ ba³¹ lɑ⁵⁵ gɑ³¹.　　　　　　他到旱地那边去了。
他　旱地（助词）去（助词）

---

① 孙宏开、黄成龙、周毛草：《柔弱语研究》，中央民族大学出版社。

nɔ⁵⁵ lã³⁵ ba³¹ mɹɑ⁵³ gɹɤ⁵³ khe⁵⁵ a³¹.　　　牛在山坡上吃草。
牛　山坡（助词）草　啃　吃（助词）

（以上例句引自孙宏开、刘璐1986：79—80）

3．白马语：

白马语的处所助词有两个：kɛ⁵³、nɔ⁵³。

（1）kɛ⁵³表示"在……上"。如：

a¹³ma⁵³ ŋgɤ⁵³ kɛ⁵³ ro¹³na⁵³ nɔ³⁵.　　　妈妈头上有只苍蝇。
妈妈　头　（位助）苍蝇　有

tʃo¹³tsɻ⁵³ kɛ⁵³ ʃ¹³ʃuɛ⁵³ rɛ⁵³ ʑi³⁴¹ nɔ³⁵.　　　桌子上有书和纸。
桌子（位助）纸　　和　书　有

ŋgɻ⁵³ ʃa⁵³ kɛ⁵³ ɦo¹³ru⁵³ nɔ³⁵.　　　房顶上有个洞。
房　顶（位助）洞　　有

（2）nɔ⁵³表示"在……里"。如：

tʃho¹³ndʐa³⁵ nɔ⁵³ ȵɛ⁵³ nɔ³⁵.　　　水里有鱼。
水　　（位助）鱼　有

dɛ¹³ua⁵³ nɔ⁵³ pha⁵³ nɔ³⁵,no³⁵ nɔ³⁵,rɛ¹³y³⁵ nɔ³⁵,ɕa⁵³ nɔ³⁵,ɦɛ³⁴¹ nɔ³⁵.
寨子（位助）猪　有　牛　有　羊　　有　鸡　有　都　　有
寨子里有猪、牛、羊、鸡等，什么都有。

kho¹³ȵe⁵³ tɕhø¹³ nɔ⁵³ tʃhɻ⁵³liə⁵³kə⁵³ ɦɛ³⁴¹ nɔ³⁵.
他　　　家（位助）什么　　　都　有
他家里什么都有。

（以上例句引自孙宏开等2007：115—117）

4．白语：

白语中有两个处所助词no³³和ŋɤ⁵⁵。no³³和ŋɤ⁵⁵都能用在一般名词后表示方位，但是加no³³的时候表示在物体本身上，加ŋɤ⁵⁵的时候，表示在物体近旁。如：

ku̠²¹ tɕo̠⁴² no³³ tsɯ³³ ji̠²¹kɛ̃⁵⁵ ji̠²¹.　　　桥上有个人。
桥　座（助）有　人　　个

ku̠²¹ tɕo̠⁴² ŋɤ⁵⁵ tsɯ³³ ji̠²¹kɛ̃⁵⁵ ji̠²¹.　　　桥附近有个人。
桥　座（助）有　人　　个

tsɯ³¹ tsɯ³¹ no³³ mɛ⁴⁴ tu̠⁴⁴ khy³³ tu̠²¹.　　　树上爬着一条蛇。
树　棵（助）爬　着　蛇　只

tsɯ³¹ tsɯ³¹ ŋɤ⁵⁵ mɛ⁴⁴ tɯ⁴⁴ khɤ³³ tɯ²¹.　　树附近爬着一条蛇。
树　棵（助）爬　着　蛇　只
　　　　　　　　　　（以上例句引自徐琳、赵衍荪1984：56）

（二）有多个处所助词的语言

1．拉坞戎语：

拉坞戎语的处所助词有tha⁵³，gə³³，la³³，ʁa³³。各标记的用法如下：

（1）tha⁵³。表示前面的词语所表示的事物是其他静态存在物的处所。例如：

n̠e⁵³ ji³³ dʑə³³də⁵⁵ tʂo³³tsə³³ tha⁵³ sti³³.
你（领属）书　　　桌子　（处助）放
你的书放在桌子上。

sɛ³³pho⁵³ tha³³ pɑ³³ɕi⁵³ dʑəɤ³³.　　　树上有梨子。
树　　（处助）梨子　有

dʑɑ³³la³³ tha⁵³ ɕal³³khuŋ⁵⁵ rɑɤ³³ sŋɑ³³ sə⁵³.
墙　　（处助）镜子　　　一　挂　了
墙上挂了一面镜子。

smɑɤ⁵³ ʁje⁵³ tha³³ nə³³-to³³.　　　羊毛出在羊身上。
毛　绵羊（处助）（趋向）来

（2）gə³³。来源于方位词"里面"，做格助词时表示处所，但仍含有"里"的意义。例如：

mə⁵³ gə³³ zdam⁵³ fsa⁵⁵ də³³ sə³³.　　天上有很多云。
天（处助）云　　多　有　了

ŋɑ⁵³ jin³³χɑŋ³³ gə³³ phjɑu⁵⁵tsə³³ sje⁵³ ɕɑ-ŋ³³.
我　银行　（处助）钱　　　取　去（1、单）
我要去银行取钱。

jəm⁵³ gə³³ vʐju⁵⁵ ʑje³³.　　　家里有人。
家（处助）人　有

ŋɑ⁵³ phən³³tsə³³ gə³³ ŋʐu-ŋ³³.　　我用盆子洗（脸）。
我　盆子　（处助）洗（1、单）

（3）la³³。表示处所，也有"里面"的意思。但仅限于表示某事物可以相容或混合于其中的处所。例如：

dʑɛ³³sru⁵³ la³³ tshi⁵⁵ χcçhu⁵⁵.　　　菜里有盐。
菜　（处助）盐　有

ɣdə⁵³ la³³ ʁdə³³ju⁵³ jje⁵³.　　　　　　水里有鱼。
水 （处助）鱼　　有

χpho³³lo³³ tə⁵³ ɣdə⁵³ la³³　nə³³-dʑə⁵³ sə⁵³.
红泥土　（定指）水（处助）（完）溶化　了
红泥土在水里化掉了。

（4）ʁa³³。表示处所（指范围较小的场所），也可表示时间。例如：
pji⁵⁵zi⁵⁵ rɑɣ⁵³ ra³³ pi⁵³ rɑɣ⁵³……sɛ³³pho⁵³ rɑɣ⁵³ tə³³ ʁa³³
麻雀　　一　和　老鼠 一　　　树　　一（定指）（处助）
nɛ³³-rje³³ sə³³.
（碗）住　了
一个麻雀和一只老鼠栖身于一棵树上。

ŋa⁵³ nvse⁵³ɣe³³ tɕhɑ³³tsho⁵³ vja⁵⁵ tə³³　ʁa³³ jəm⁵³ gə³³
我　早晨　　时　　　八（定指）（时间）家　（处助）
rə³³-ŋqhlɑ-ŋ⁵³.
（趋向）出来（1、单）
我早上八点钟从家里出来。

（以上例句引自黄布凡2007：97—99）

2．柔若语：

柔若语的处所助词有kɯ⁵⁵、tɯ³³和ta⁵⁵、thiɛ³¹、khɔ³³

（1）kɯ⁵⁵（有时变读为ɣɯ⁵⁵）。主要加在名词或名词性短语后面，表示"在……里"。如：

tso³³ ɣɯ³³ lɛ³³ kɯ⁵⁵ kha⁵³ tɔ⁵³, ɣɛ³³ ka¹³ lɛ³³ kɯ⁵⁵ kha⁵³ tɔ⁵³,
饭　锅　个（助词）装（助词） 水　缸　个（助词）装（助词）
ȵo³³sã³¹ȵo³³ khu⁵⁵ tso³³!
你　自己　　舀　吃
饭在锅里，水在缸里，你自己舀着吃吧！

kho³³ kɯ⁵⁵ ɣɛ³³ mo³¹ ɕya⁵³ la³³la³³ iɯ⁵⁵ ɣɯ⁵⁵.
河　（助词）水　（助词）哗啦啦　　流　（助词）
河里的水在哗啦啦地流着。

ka³³ lɛ³³ kɯ⁵⁵ tso³³　 mo³¹ luɛ⁵³ kuɛ³³ zɔ³¹.
仓库　（助词）粮食（助词）背　（助词）
仓库里的粮食背完了。

（2）tɯ³³和ta⁵⁵。加在名词或名词性短语后面，表示"在……上"。如：

tɕa⁵⁵ tsɿ³¹ tɕo⁵⁵ tɯ³³ iɛ̃³¹ khʌ³ tʂ⁵³, ȵo³³ io³³ tɕhɛ⁵³ pɔ³⁵!
桌子　　张（助词）烟　放（助词）你　拿　抽（语气）
桌子上放着烟，你拿着抽吧！

la³³ pi³³ tɕo⁵⁵ tɯ³³ ko³¹ tɯ³¹ tso³³ tɕhi¹³ zɔ³¹.
江　　条（助词）船　一　　条　有（助词）
江上有一条船。

sɛ⁵³tse³³ tse³³ ta⁵⁵ ŋɔ⁵⁵ ŋo³³ kõ⁵⁵ ŋu³¹ tʂ⁵³.
树　　棵（助词）麻雀　五　只　歇（助词）
树上歇着五只麻雀。

tɯ³³和ta⁵⁵实际的语法意义非常接近，凡用tɯ³³的地方一般都可用ta⁵⁵。从上面几个实例可以看到，此处表示的处所，是一个表示较抽象的大体方位，并不是非常明确的"在……上面"。

（3）thiɛ³¹。加在名词或名词性词组后面，表示"在……下"的语法意义。如：

sɛ⁵³tse³³ tse³³ thiɛ³¹ mia³³ tɯ³¹ ko⁵³ pha³⁵te⁵⁵ tʂ⁵³.
树　　棵（助词）马　一　匹　拴　　（助词）
树下拴着一匹马。

tɕa⁵⁵ tsɿ³¹ tɕo⁵⁵ thiɛ³¹ khyi³³ tɯ³¹ kõ⁵⁵ lɛ⁵³ tʂ⁵³.
桌子　　张（助词）狗　一　只　躺（助词）
桌子下躺着一条狗。

ko⁵³tiɯ³³ thiɛ³¹ zɔ⁵⁵zo³³ tɯ³¹ iɛ³³ ȵi³³ tʂ⁵³.
山　　（助词）柔若　一　户　住（助词）
山下住着一户柔若人。

（4）khɔ³³。加在名词或名词性词组后面，表示"在……边上"。如：
la³³ pi³³ tɕo⁵³ khɔ³³ tsu³³ nɛ⁵³ ia⁵³ ŋo³³ tsa³³ ɣɯ⁵⁵.
江　　条（助词）人　两　个　鱼　钓　（助词）
江边上有两个人在钓鱼。

ʔa⁵kɯ³³ ia⁵³pi⁵³ tɕo⁵⁵ khɔ³³ ȵi³³ tʂ⁵³, ʔa⁵⁵kɯ³³mɯ³³ pa⁵³tɯ³³ tɕo⁵⁵
舅舅　　床　　张（助词）坐（助词）舅妈　　　板凳　张
ta⁵⁵ ȵi³³ tʂ⁵³, tu⁵⁵pe⁵⁵ nɛ⁵³ia⁵³ ȵo³³ iɛ³³ ŋu⁵⁵ kɔ³³ ʔa³¹ tɕɯ³³ tʂ⁵³,
（助词）坐（助词）他们　俩　　你　也　我（助词）不　说（助词）
ŋu⁵⁵ iɛ³³ ȵo³³ kɔ³³ ʔa³¹ tɕɯ³³ tʂ⁵³.
我　也　你（助词）不　说（助词）

舅舅坐在床边上，舅妈坐在板凳上，他们俩你也不同我讲话，我也不同你讲话。

（以上例句引自孙宏开等2002：123—125）

3．阿侬语：

阿侬语的处所助词有duŋ⁵⁵kha³¹、tʰaŋ⁵⁵、pʰaŋ³³、sa³¹、kha³

（1）duŋ⁵⁵kha³¹加在名词后面，表示在里面。例如：

ʥa³¹kʰo⁵⁵ duŋ⁵⁵kʰa³¹ bɯ⁵⁵ʥa³¹ tʂʰɿ⁵⁵ a³¹nɛ⁵⁵.
锅　　　　（处助）　饭　还　有
锅里还有饭。（按："锅"是表容器的名词）

（2）tʰaŋ⁵⁵加在名词后面，表示在上面。例如：

tɕɛ⁵⁵tsɿ³¹ tʰaŋ⁵⁵　a³¹　ʂɿ⁵⁵va³¹ tʰi³¹ tʰam⁵⁵ a³¹nɛ⁵⁵.
桌子　（处助）（定助）书　一　本　有
桌子上有一本书。

（3）pʰaŋ³³加在名词后面，表示在下面。例如：

mɯ³¹ guŋ⁵⁵ pʰaŋ³³ a⁵⁵　tɕʰim³¹ tʰi⁵⁵ tɕʰim³¹ io⁵⁵ ɛ³¹.
山坡　　　（处助）（定助）人家　一　户　有（陈述后缀）
山下有一户人家。

（4）sa³¹加在名词后面，表示在边上。例如：

tɕʰɯ³¹mɯ³¹ sa³¹　ŋua⁵⁵ a³¹tɕʰuŋ³³ su⁵⁵ tʰi³¹ ioʔ⁵⁵ ŋo⁵⁵ ɛ³¹.
江　　　（处助）鱼　钓　　者 一 个　有（陈述后缀）
江边有一个钓鱼的人。

ŋ³¹ a⁵⁵ kʰa⁵⁵tʰa³³ ma³³tʰa³³ tɕʰɯ³¹mɯ³¹ sa³¹ kʰa³¹ ŋua⁵⁵la⁵³ ɛ³¹.
他（定助）经常（状语）　怒江　（处助）（状语）鱼　找（陈述缀）
他经常在怒江边打鱼。

（5）kha³加在指示代词或事物名词后表示处所、地点。例如：

kʰa³¹ioʔ⁵⁵ ga³¹mɯ³¹ ɲɯ³¹ iɛ⁵⁵kʰa³¹ gɛn³¹ a³¹ʥɛ⁵³?
谁　　　衣服　　这儿（定助）　放　（体后缀）
谁的衣服放这儿了？

di³¹ba³¹ kʰa³¹ mɛ³¹gu⁵⁵ tʰa³⁵ pʰa³¹　ʥa⁵⁵ ʂɿ³¹　la³⁵!
桥　　（处助）过　（时助）（命令前缀）当心（自动后缀）（语气）
过桥的时候要当心啊！

（以上例句引自孙宏开、刘光坤2005：114—127）

四 两类处所助词的并存

在有些语言中，两类处所助词是同时存在的。如：

1．羌语（曲谷话）：

羌语（曲谷话）的处所助词有ʁa、-a、-aq、ta，其中ʁa、-a、-aq 都有一定的维向意义，由于语义表达的需要不可省略，是准处所助词；ta的维向意义不明确，而且还可以加在-aq后面，是典型性处所助词，它们的使用情况不同，分述如下：

（1）ʁa，加在事物名词、场所、地点名词后表示："在……里"。例如：

qa jinχan ʁa dʑiku ʂtʂeʂtʂə̞-ka:.
我 银行（处助）钱 取（离心）（将行）
我要到银行去取钱。

qa zgutshua ʁa tə-ʁa.
我 九寨沟（处助）（趋向）去（将行，人称1单）
我要去九寨沟。

ʔũ jeʂqapi tæ: ʁa ʔaʂ sə-dzə-kə-n!
你 夹壁（定指）一个（处助）一下（命令）看（离心）（人称2单）
你往那夹壁看一下！

tʂuˈχa pa:ti tæ: ʁa soəˈmu tɕel ʔe: tə-ẓa.
鞋 底（定指）一个（处助）铁 钉 一个（已行）扎入
鞋底上扎进了一根钉子。

ʁuatʂa ʁa qhaˈ le. 碗里有饭。
碗（处助）米饭 有

（2）-a通常加在事物名词后表示"在……里"，例如：

qa χɫup-a: tɕiʁua weẓa （＜weẓe＋a）
我 河西村（处助）房子 有（人称1单）
我在河西村有房子。

xsətɕi:-a xsəm zi̩. 庙子里有菩萨。
庙子（处助）菩萨 有

（3）-aq表示处所，本身有"上、之上"的意义，与表示处所的ta结合起来使用，相当于"在……上"，但这种结合并非是必需的。例如：

ʔũ-tɕ ləɣʐ taχsa tʂots-aq ta ʔə-ʂə-n!
你（领属）书（定指）一些 桌子（上）（处助）（命令）放（人称2单）
把你的书放在桌子上！

qa hetɕi tiæn bete-aq ta　　　ɦa-nə̣　n̠i ʔeɕtɕuaq.
我 十一　点　床（上）（处助）（趋向）睡（连）一下
ɦie-mdze-jy-æ.
（已行）睡着（情体）（人称1单）

我十一点上床后一下就睡着了。

qupu ʐwə japa-aq　ɦa-ɕi.　　　　他死在敌人手里。
他　敌人　手（上）（已行）死

（4）ta可以加在人称代词、方位词、方位结构后标记处所，是一个典型处所助词。例如：

ʔũ-tɕ　tawa n̠a guəs te:　　　qa ta　ʂə.
你（领属）帽子 和 衣服（定指）一个 我（处助）在

你的帽子和衣服在我这里。

"ma! ɦa tsaχui qa məṣ ta　　　ha-ʁə̣-ʂa！"
妈　 就 这次 我 后面（处助）（趋向）去（邀约）

"妈！就这次（你）跟我上去！"

qa zə-a:　　ta　kə-tɕ　bəza（＜bəzə+a）.
我 地 （处助）（处助）去（名化）准备

我准备到地里去。

tɕiʁəli tsəkų-a:　　ta　tsə zə-w ʂta……
基厄里　水井（处助）（处助）水　取 时

基厄里去水井背水时……

tʂhetsə məq　ta　　ɦa-zu　n̠i kə-m ɕosen kə-jy.
车子　 上（处助）（已行）坐（连）去　学生 去（情体）

坐车去的学生走了。

但是ta的标记范围大大缩小，一般不出现在维向明确的准处所助词ʁa之后。同时，ta的句法强制性也有所减弱，在常见的表示处所的名词后以及准处所助词之后，可用可不用。例如：

qa zəq（ta）　ha-qa.　　　　我到山上去了。
我 山（处助）（趋向）去（已行）

qupu ʐmetɕaχu̥（ta）　da-qa.　　他到京城（指北京）去了。
他　 京城 　　（处助）（趋向）去（已行）

mutu（ta）zdam gen ʂə.　　　　天上有很多云。
天 （处助）云　很多有

tʂuŋkue（ta）mi hesi ʁuan ʁuan ʑi.　　中国有十三万万人。
中国　（处助）人 十三 万　 万　有

（例句引自黄布凡、周发成2006：169—193）

五　典型处所助词和准处所助词空间关系表达的比较

客观存在的事物要占据一定的空间，而空间或方位又要以某一具体事物为基准或参照（参照点）来确定，所以，处所范畴的研究通常要涉及参照物、存在空间、存在物三个方面，而处所范畴的实质就是表达目的物和参照物之间的位置关系或空间关系，即存在物在参照物的什么方位，包括存在物附着于参照物表面的附着关系、存在物存在于参照物内部的包容关系、存在物在参照物的不同方向上的其他关系等。准处所助词和典型性处所助词在空间关系的表达上是不同的。

（一）准处所助词空间关系的表达

准处所助词本身具有维向特征，不同的准处所助词表示不同的维向，存在物和参照物的不同空间关系，要靠不同的处所助词来表达。如阿侬语：

duŋ⁵⁵kha³¹加在名词后面，表示在里面。例如：

dʑa³¹kho⁵⁵ duŋ⁵⁵kha³¹ bɯ⁵⁵dʑa³¹ tʂʰɿ⁵⁵ a³¹nɛ⁵⁵.
锅　　　　（处助）　饭　　　 还　　有
锅里还有饭。

tʰaŋ⁵⁵加在名词后面，表示在上面。例如：

tɕɛ⁵⁵tsɿ³¹ tʰaŋ⁵⁵ a³¹ ʂɿ⁵⁵va³¹ tʰi³¹ tʰam⁵⁵ a³¹nɛ⁵⁵.
桌子　 （处助）(定助) 书　　一　　本　　有
桌子上有一本书。

pʰaŋ³³加在名词后面，表示在下面。例如：

mɯ³¹ guŋ⁵⁵ pʰaŋ³³ a⁵⁵　tɕʰim³¹ tʰi⁵⁵ tɕʰim³¹ io⁵⁵ ɛ³¹.
山坡　　 （处助）(定助) 人家　一　　户　　有（陈述后缀）
山下有一户人家。

sa³¹加在名词后面，表示在边上。例如：

tɕʰɯ³¹mɯ³¹ sa³¹ ŋua⁵⁵ a³¹tɕʰuŋ³³ su⁵⁵ tʰi³¹ io⁵⁵ ŋo⁵⁵ ɛ³¹.
江　　　（处助） 鱼　　钓　　　　者　一　个　 有（陈述后缀）
江边有一个钓鱼的人。

（二）典型性处所助词空间关系的表达

典型性处所助词没有明显的维向特征，能够表示多种空间关系，相当于"在……上""在……里""在……旁""在……处"，究竟表示哪种空间关系要看处所助词附着对象的类型。主要的附着类型有以下几种：

1. 事物名词+典型性处所助词

独龙语：

cǔmpel⁵⁵ dɔ³¹ mɔ³¹tsu⁵³ɕi³¹ paɹ⁵⁵ ti⁵⁵mǎi⁵⁵ plɑ⁷⁵⁵.
墙　　（助词）毛主席　　相片　一张　　贴
墙上贴着一张毛主席像。　　　　　　　（孙宏开1982：149）

勒期语：

tsǒ³³po⁵⁵ mo³³ khu⁷⁵⁵ ək⁵⁵ khjap⁵⁵.　　饭桌上有两个碗。
饭桌　（处助）碗　　两　个　　　　（戴庆厦、李洁2007：175）

嘉戎语：

tɕo mu-i　　mȵan gun ndo.　　　河坝有大河。
河　坝（助词）大　　河　有　　　（林向荣1993：326）

2. 地点场所名词+典型性处所助词

嘉戎语：

tə-mȵa-i　　tə-mb rak ka-pa.　　在地里除草。
田　地（助词）除　草　做　　　　（林向荣1993：325）

哈尼语：

a³¹ȵi⁵⁵ ɕo³¹ɕɔ²⁴ a³³ so³¹ɣa³¹ dʑo⁵⁵.　　弟弟在学校里读书。
弟弟　学校　（助）书　　读　　　（李永燧、王尔松1986：98）

3. 人称代词或人名+典型性处所助词

独龙语：

nɑ⁵³ sui⁵⁵pi³¹ ŋɑ⁵³ dɔ³¹ ǎl⁵³.　　你的钢笔在我这儿。
你　水笔　　我　（助词）在　　（孙宏开1982：150）

玛曲藏语：

tɕhu ȵpher ra hwe tɕha jɔ khə. ①　　曲培有书。
曲培　　　书　　　有　　　　（周毛草2003：222）

4. 指示代词或疑问代词+典型性处所助词

浪速语：

---

① ra是na的变体。

tʃhɤ̌³¹/⁵⁵ mɛ³¹/⁵⁵ mək³¹tʃɔk⁵⁵ tă kɛ̃³¹ tʃɔʔ³¹ ʒa⁵⁵.
这　　（助）　橘树　　　一棵　　有　（助）
这里有一棵橘树。　　　　　　　　　（戴庆厦2005：79）

nĩ⁵⁵ jam³¹/⁵¹ khɤ̌⁵⁵ mɛ³¹/⁵¹ ŋat³¹ ʒa⁵⁵?　　你家住哪儿？
你的　家　　　哪　（助）　　是　（助）　　　（戴庆厦2005：80）

5. 抽象名词或时间词+典型性处所助词

阿昌语：
ʂɑŋ³⁵ uŋ³³ tə³³ khiu⁷³¹ liɛ̃³³ m³¹ pa³³⁻³⁵.
她的　心（处助）谁　连　　没　有
她心里谁也没有。　　　　　　　　　（时建2009：343）

勒期语：
ŋo⁵³ ʃɛt⁵⁵ khjeŋ³³ mo³³ nap³¹tshe⁵⁵ tsɔː³³.
我　八　　点钟　（时助）早饭　　　吃
我八点钟吃早饭。　　　　　　　　（戴庆厦、李洁2007：176）

6. 方位词或方位短语+典型性处所助词

浪速语：
ɑ³¹ɔ³¹ mɛ³¹ ɣək³¹lɔ̃³¹ tʃɔʔ³¹ ʒa⁵⁵.　　下面有河流
下面（助）　河流　　　有　（助）　　（戴庆厦2005：79）

勒期语：
ŋjaŋ³³ jɔm³³ pan⁵³ mo³³ laːŋ⁵⁵ tɔ³³.　　他在屋外等着。
他　　屋　外　（处助）等　　这　　　（戴庆厦、李洁2007：175）

附着类型（1）表示的是一种附着关系，即存在物附着于参照物的表面（包括上表面和侧面）或在参照物的近旁，相当于"在……上""在……旁"，参照物所占的空间要大于存在物的空间。如果存在物是在参照物的下面，就需要先在名词后加上相应的方位成分，再加上典型性处所助词。如：

独龙语：
tăk⁵⁵tsăŋ⁵⁵ păŋ⁵⁵ dɔ³¹ nɯ⁵³ ti⁵⁵luŋ⁵⁵ sɯ³¹ɹɔŋ⁵⁵.
床铺　　　下（助词）酒　一罐　（前加）搁
床铺底下放着一罐了酒。　　　　　　（孙宏开1982：149）

基诺语：
a³³tsɯ⁴⁴ to⁴⁴pɤ⁵⁴ va⁴⁴ mi⁴⁴tshɔ⁴⁴ mʌ⁴⁴kha³¹,a⁴⁴ji³¹ tʃa³¹,a⁴⁴ŋu⁵⁴
树　　下面　（助）阳光　　不　晒　树荫　有　咱们

a^{44}ji^{31} va^{44} o$^{31/35}$ ɛ^{33}.
树荫（助）进（助）
树子下面晒不着太阳，有树荫，咱们去躲树荫吧。

（蒋光友2010：175）

附着类型（2）表示的是一种包容关系，参照物是一个二维或三维空间的地点场所，存在物存在于地点场所之内，相当于"在……里"。附着类型（3）是空间关系隐喻下的一种拥有关系，存在物存在于某人所在之处，实际上就是某人拥有或临时拥有某物。附着类型（4）所表示的空间是泛向性的，随着说话人的指向而变化。附着类型（5）表示的不是实际的空间，而是一种认知上的虚拟空间，处所助词的意义更加虚化。附着类型（6）所表达的空间关系决定于方位成分的维向，在这里，处所助词是一个纯粹的句法标记。

六　两类不同性质处所助词的特征及演变

1. 典型性处所助词的虚化程度高，不受语义表达的约束，标记范围广，能够加在方位词、方位短语后，是标记系统发达语言的产物。准处所助词，受语义功能的制约，虚化程度低，标记范围窄，一般不加在方位词、方位短语后，是分析性特征发展的结果。

2. 典型性的处所助词存在非音节性的处所助词，而准处所助词都是音节性的。

3. 典型处所助词有被准处所助词替代的趋势。这是语义表达的丰富性、细密性的要求和句法系统演变的结果。

第三节　处所助词的语法功能

一　处所助词的功能差异

处所助词在语法功能上也存在不平衡性，有的处所助词只用来标记处所，有的处所助词还用来兼表时间、间接宾语或充当状语的标记等。根据处所助词表示的语法功能的差别，我们将藏缅语分为以下几种类型：

（一）标记功能单一的处所助词

这类语言的处所助词只表示处所范畴。这种情况在本章中考察的38种语言中只有玛曲藏语、错那门巴语、义都语、柔若语以及怒苏语的bɑ^{31}（只表示较大范围的处所）5种语言。例如义都语，除处所助词外，施事、对象、与格、工具、涉事、从由、比较等都有相应的格标记，而且除对象和与格采用相同的形式外，其余的语义格都有自己的标记形式。

义都语的处所助词 ma^{55}：

a^{55} ndoŋ^{35} e^{33}dia^{55} eja^{55} ma^{55} tia^{55} roŋ^{55} ha^{55}.
孩子 们　　正在　山（处助）玩　（现行体）
小孩子正在山坡上玩耍。

n̪a^{55}n̪i^{55} oŋ^{35}goŋ^{31} ma^{55} dʑi^{55} ha^{55}.　　妈妈在家里。
妈妈　　家　（处助）在（现行体）

施事助词是 n̪i^{55}，如：

a^{33}hi^{55}ja^{33} n̪i^{55} tʂa^{55}ɕi^{55} go^{31} ndia^{33}.　　他喜欢扎西。
他　　（施格）扎西（对象格）喜欢

对象助词是 go^{31}，如：

n̪u^{35} n̪i^{55} jou^{33}hi^{53}mi^{33} a^{33}hi^{55}ja^{33} go^{31} a^{55}mbroŋ^{55}.
你 （施格）必须　　　他　　（对象格）帮助
你必须帮助他。

ŋa^{35} a^{33}hi^{55}ja^{33} go^{31} mi^{33}ku^{55} kheŋ^{55}ge^{33} ha^{35} ja^{31}.
我　他　　（与格）狗　　一　　给（已行体）
我送给他一只狗。

工具助词是 tɕi^{53}，如：

som^{55}hoŋ^{55} n̪i^{55} si^{55}roŋ^{55}pra^{53} tɕi^{53} ɕa^{33}ku^{55}li^{55} ge^{33} haŋ^{55} hi^{53}ba^{31}.
松洪　（施格）铁丝　　（工具格）羊　　一　套　（已行体）
松洪用铁丝套了一只野羊。

ŋa^{35} tɕi^{55} e^{33}mbra^{35} i^{33}mu^{55} n̪i^{55} e^{55}ra^{55} tɕi^{55} ŋe^{33} dia^{33}
我　的　绳子　　人（施格）刀（工具格）割　断
ja^{33}ha^{33}ɕi^{55}ba^{31}.
（实现体）
我的绳子被人用刀割断了。

涉事助词是 da^{31}，如：

ŋa^{35} a^{33}hi^{55}ja^{33} da^{31} aŋ^{55}tsu^{55}hoŋ^{55} a^{33}nu^{55} ja^{31}.
我　他　　（涉事格）衣服　　　洗　（已行体）
我替他洗了衣服。

从由助词是 ne^{31} 或者 ma^{55}ne^{31}，如：

ka^{55}da^{35} ne^{31} ɕa^{33} ndio^{31} hi^{55} wa^{53}?
哪儿　（从格）牛　买　（将行体）（语气词）

哪儿能买到巴麦牛？

e³³ne⁵⁵ a³³lioŋ⁵⁵ ka⁵⁵tɕi⁵⁵ ma⁵⁵ne³¹ ɕiu⁵⁵ ka⁵⁵ tɕa⁵³?

你们　　路　　哪　　　（从格）上（山）

你们是从哪条路上山的？

比较助词是mi³³，放在被比较的名词之后，如：

ma⁵⁵roŋ⁵⁵ mi³³ ɕa³³ preŋ⁵⁵ ka³³ tɕi³³jaŋ⁵³.

马　　（比较格）牛　力气　大（比较助词）

牛比马力气大。

e³³men⁵⁵ a⁵⁵pɯi⁵⁵ja⁵⁵ e³³men⁵⁵ a³³lɯi⁵⁵ja⁵⁵ mi³³ i³³nu⁵⁵ khɯŋ⁵⁵ge³³

哥哥　　　　　　　弟弟　　　　　（比较格）岁　一

ka³³ tɕi³³jaŋ⁵³ndioŋ⁵³.

大（比较助词）

哥哥比弟弟大一岁。　　　（以上例句引自江荻2005：110—118）

（二）兼有两种功能的处所助词

这类语言的处所助词除了表示处所范畴外，同时还具有另外一种语法功能。根据兼用功能的不同，又可以分为以下几种类别。

1．处所助词能够同时标记时间。这种现象在藏缅语中较为普遍，例如：

拉坞戎语的ʁa³³：

（1）作处所助词

pji⁵⁵zi⁵⁵ raɣ⁵³ ra³³ pi⁵³ raɣ⁵³……sɛ³³pho⁵³ raɣ⁵³ tə³³ ʁa³³

麻雀　一　　和　老鼠一　　　树　　一（定指）（处助）

nɛ³³-rje³³ sə³³.

（完）住　了

一个麻雀和一只老鼠栖身于一棵树上。　（黄布凡2007：99）

（2）表示时间

ŋa⁵³ nvse⁵³ɣe³³ tɕhə³³tsho⁵³ vja⁵⁵ tə³³ ʁa³³ jəm⁵³ gə³³

我　早晨　　时　　　八（定指）（时间）家（处助）

rə³³-ŋqhla-ŋ⁵³.

（趋向）出来（1、单）

我早上八点钟从家里出来。　　　　　（黄布凡2007：99）

浪速语的 mɛ³¹：

（1）作处所助词

ŋɔ³¹ jin³¹ nan³¹ mɛ³¹ na³¹ ʒa⁵⁵.　　　　我在云南。
我　云　南　（助）在（助）

tsɔ³¹ tsɛ³¹ mɛ³¹ muk³¹suk⁵⁵ tǎ³¹ pun³¹ tʃɔʔ³¹ tɔ³⁵/⁵⁵　ʒa⁵⁵.
桌　子　（助）书　　　一　本　有　（助）（助）
桌子上有一本书。

ɑ³¹ɔ³¹ mɛ³¹ ɣək³¹lɔ̃³¹ tʃɔʔ³¹ ʒa⁵⁵.　　　　下面有河流。

（2）表示时间

ŋɔ³¹ nɛʔ³¹ sum³¹ mɛ³¹ muk³¹suk⁵⁵ ŋɛʔ⁵⁵ ʒa⁵⁵.
我　早　上　（助）书　　　　念　（助）
我早上念书。

ʃɛʔ⁵⁵ khjiŋ³¹ mɛ³¹ ŋɔ³¹ tat⁵⁵ʃin³¹ lɔ⁵⁵ vu⁵⁵ nɛ⁵⁵.
八　点钟　（助）我　电影　　去　看（助）
八点钟我去看电影。

（以上例句引自戴庆厦2005：79—80）

勒期语的 mo³³：

（1）作处所助词

pəm⁵³khjei³³ mo³³ kjei⁵³ tʃɔ:³¹.　　　　山下有水。
山　脚　　（处助）水　有

ŋo⁵³jɔm³³ mo³³ kjɔʔ³¹ ta⁵³tu³³ ŋjeːi⁵³.　　我家有一只鸡。
我　家　（处助）鸡　一　只　　在

（2）表示时间

naŋ⁵³ ək⁵⁵ khjəŋ³³ ku³³ mo³³ li⁵⁵ aʔ³¹!
你　两　点　左右（时助）来（语助）
你两点左右来吧！

ŋo⁵³ ʃɛt⁵⁵ khjeŋ³³ mo³³ nap³¹tshe⁵⁵ tsɔ:³³.
我　八　点钟　（时助）早饭　　吃
我八点钟吃早饭。

（以上例句引自戴庆厦、李洁2007：175—176）

怒苏语的 do³⁵：

（1）作处所助词（小范围）

za⁵⁵ŋe³⁵ ɕi³¹ʔiu⁵³ phɹɑ⁵⁵ŋɑ³⁵ do³⁵ ɹua⁵³tshi⁵³ thi⁵³ lɔ⁵³ khui³¹ ɑ³¹.
小孩　这个　脸　　（助词）痣　　　一　个　有（助词）

这小孩脸上有一颗痣。

ŋɑ³⁵dɯ³¹ iɑ³¹i³¹thɑ³⁵ do³⁵ tshu³⁵ɑ⁵⁵ khaɹ⁵³ ɑ³¹.
我们　　玻璃瓶　　（助词）油　　装　（助词）
我们在玻璃瓶里装油。

（2）表示时间

ʔɑ⁵⁵iɯ³¹ thi⁵³tshe³⁵m̥⁵⁵ ɬɑ³¹ thi⁵³ n̩i³¹ do³⁵le³¹ sɔ³⁵ n̩i³¹ do³⁵ phɹe³¹
咱们　十二　　　月　一日（助词）三　日（助词）到
khɛ⁵⁵xue³⁵.
开会

咱们从十二月一日到三日开会。

（以上例句引自孙宏开、刘璐1986：79—80）

载瓦语的mɑ⁵⁵（在语流中往往弱化为mă⁵⁵）：

（1）作处所助词

ʃɹ³¹ kə³¹ jum⁵¹sən⁵¹ xɔ³¹/⁵¹ ə⁵⁵ ʃɹ³¹kam⁵¹ mă⁵⁵ phjɔʔ³⁵ ə⁵⁵.
果子（话助）自己　　种　的　果树　（方助）摘　的
果子是在自己种的树上摘的。

mau³¹sau³¹ să³¹pɔi⁵¹ mă⁵⁵ tʂ³¹ aʔ⁵⁵.　　　　把书放在桌子上吧。
书　　　桌子　（方助）放（谓助）

ŋɔ⁵¹ naŋ³¹ ʒi⁵⁵ mɔ⁵⁵tɔ⁵⁵ mă⁵⁵ tʃɛ⁵⁵ tɛ⁵⁵ ʒa⁵¹.
我　你（宾助）车　（方助）到　送（将行）
我把你送到车上。

（2）表示时间

naŋ⁵¹ xau⁵¹/⁵⁵ tsan⁵¹ mă⁵⁵ pə³¹kjin⁵⁵ lɔ⁵⁵ wu⁵⁵ pə⁵¹ lu⁵⁵?
你　那　　年　（方助）北京　　去（曾行）（变化）吗
那年你去过北京吗？

（例句由朱艳华提供）

傈僳语的kua⁴⁴：

（1）作处所助词

si⁵⁵kɯ⁵⁵ kua⁴⁴ kɯ⁴⁴ ha³⁵.　　　　　放在碗里。
碗　　里　放　上

nu⁴⁴ kha³¹bɛ⁴² kua⁴⁴ a⁵⁵ʃɯ³¹ my³³ ha³⁵?
你　嘴　　里　什么　　含　上
你嘴里含着什么？

（2）表示时间

e^{55} a^{31}ni^{35} kua^{44} tha^{44}u^{55}, tshi^{44}u^{55} kua^{44} tʃhi^{44} sɛ^{42} a^{31}khɯ^{55} dʑua^{35}.
他　去年（助）从　　　今年　（助）到　力　很　　有
他从去年到今年很有精神。

ka^{55}nɛ^{55} si^{44} kua^{44} tha^{31} dʑa^{31}go^{31}.　　　　不要回忆过去了。
后面　　　（助）不要 回忆

（以上例句引自少语研究所1959：75—76）

2．处所助词兼作对象助词的语言

哈尼语的a^{33}：

（1）作处所助词

a^{31}ȵi^{55} ɕɔ^{31}ɕɔ^{24} a^{33} so^{31}ɣa^{31} dʐo^{55}.　　　　弟弟在学校里读书。
弟弟　 学校　（助）书　　读

xɔ^{55} gɔ^{31} ɕi^{55} gɔ^{31} a^{33} tɕhi^{55}za^{31} dʐo^{55} ŋa^{33}.
山　　这　座（助）麂子　　 在　（助）
这座山里有麂子。

（2）作对象助词

a^{31}da^{33} ne^{33} a^{31}ȵi^{55} a^{33} so^{31}ɣa^{31} tɕhi^{31} khɔ^{31} bi^{31} mi^{31}.
爸爸（助）弟弟　（助）书　　一　　本　　给　予
爸爸给弟弟一本书。

ŋa^{55} a^{31}jo^{31} a^{33} tshe^{31} tɕhi^{31} khɔ^{31} bi^{31} mi^{31} a^{55}.
我　 他　（助）锄头 一　 把　 给　予　了
我给了他一把锄头。

（以上例句引自李永燧、王尔松1986：98）

3．处所助词兼作从由助词的语言

曲谷羌语中的ta：

（1）作处所助词

qa zəq（ta）　　ha-qa.　　　　　　我到山上去了。
我 山（处助）（趋向）去（已行）

qupu ʐmetɕaɣʯ（ta）　　da-qa.　　他到京城（指北京）去了。
他　 京城　　（处助）（趋向）去（已行）

（2）作从由助词

qupu tɕɛːpi-aq　ta　tʂhəɭ ɦio-χsu.　他从房顶往楼下跳。
他　 房顶（上）（从由）楼下（趋向）跳

thəmli tɕiku̱ ta ha-ḷa.　　　　　　他们从屋里出来。
他们　屋里（从由）（趋向）出来

（以上例句引自黄布凡、周发成2006：193—194）

4. 处所助词兼动作行为朝向的语言

拉坞戎语的tha⁵³：

（1）作处所助词

ȵe⁵³ ji³³　dʑə³³də⁵⁵ tʂo³³tsə³³ tha⁵³ sti³³.　　你的书放在桌子上。
你（领属）书　　桌子　（处助）放

sɛ³³pho⁵³ tha⁵³ pɑ³³ɕi⁵³ dʑəɤ³³.　　　　树上有梨子。
树　　（处助）梨子　有

（2）表示动作行为的朝向

ȵe⁵³ ŋa⁵³ tha⁵³ thi⁵³ vi-n³³?　　　　你要对我做什么？
你　我（朝向）什么 做（2、单）

ʁgrɑ⁵³ ɣə³³ cçə⁵³ tha⁵³ me³³mda⁵⁵ rə³³-li³³.
敌人（施事）他（朝向）枪　　（完）开
敌人朝他开枪了。

（以上例句引自黄布凡2007：97—98）

5. 处所助词兼表状语标记的语言

珞巴语中的bo：

（1）作处所助词

ŋo: haɕə bo in te:moŋ.　　　　我不去拉萨了。
我　拉萨（结助）去（尾助）　　（欧阳觉亚1985：53）

（2）作状语标记

po bo lop to.　　　　　　　好好学习。
好（结助）学（语助）　　　（欧阳觉亚1985：53）

（三）有三种功能的语言

在景颇语中，e³¹ 可标记处所、时间，也可标记施事，例如：

（1）作处所助词

n³³tai³³ kha⁷³¹ e³¹ ŋa⁵⁵ ʒoŋ³³ ma⁷³¹ ai³³.　这河有鱼。
这　河（结助）鱼　有　（句尾）

ʃi³³ tʃoŋ³¹ e³¹ ŋa³¹ ai.　　　　　他在学校。
他 学校（结助）在（句尾）

（2）表示时间

tʃă³¹phot³¹ e³¹ sa³³ wa³¹ ʒit³¹ jo⁵¹!　　　请你早上来吧!
早上　（结助）来（助动）（句尾）（语助）

mă³³niŋ³³ e³¹ tsun³³ ton³¹ ai³³ ʒe⁵¹.　　　是去年说定的。
去年　（结助）说　定　的　是

（3）作施事助词

ʃă³¹wa³¹ mă³¹ʃa³¹ ni³³ e³¹ kot³¹ kau⁵⁵.　　　被群众赶走。
群　　众　　们（结助）赶　掉

ʃi³³ e³¹ ʃa⁵⁵ kau⁵⁵.　　　被他吃掉。
他（结助）吃　掉

（以上例句引自戴庆厦、徐悉艰1992：263）

（四）有四种或四种以上功能的语言

1. 梁河阿昌语的tə³³：表对象，表处所，表时间，又可表比较。如：

（1）作对象助词

ʂi³¹tuŋ³³ tʂhɻ⁵⁵ tə³³ ui³¹ tʂu³³ kəu³³.　　　他们围住了麂子。
他们　麂子（宾格）围　住　了

（2）作处所助词

mu³¹sau³¹ phɛn³¹ tə³³ n̥ai⁵⁵ na³³.　　　把书放在桌子上。
书　　桌子（处助）放　着

（3）表示时间

ŋo³¹tuŋ³³ nai³¹ tə³³ la⁷³¹ ɛi⁷⁵⁵.　　　我们白天去。
我们　白天（处助）去（PAR）

（4）作比较助词

mjau³¹ xa⁵⁵ ta³¹ pa³³ xəu⁵⁵ ta³¹ pa³³ tə³³ tha⁷³¹ ɛi⁷⁵⁵.
刀　这　一　把　那　一　把（比助）快　（PAR）
这把刀比那把刀快。

（以上例句引自时建2009：142—144）

2. 阿侬语中的khɑ³¹，可以标记处所、间接宾语、受事和容器性工具，例如：

（1）作处所助词

khu⁵⁵min³¹ khɑ³¹ bɑ⁴¹ʂ³¹ thi³¹ɹɯm³³ ɛ³¹.
昆明　　（处助）很　远　　（后加）
昆明很远。（"昆明"为地点名词）

（2）作对象助词标记间接宾语

a³¹io³¹ tha³¹ŋaŋ⁵⁵ kha³¹ ʂŋ⁵⁵va³¹ thi³¹ puɯ⁵⁵ dʑiŋ⁵⁵.
我　　弟弟　（受助）书　　一　　本　　给
我给弟弟一本书。（"弟弟"为间接宾语）

ŋa³¹ ŋ³¹ kha³¹ ga³¹muɯ³¹ dʑen⁵⁵ duɯ³¹gu⁵³ o³¹.
你　他（受助）衣服　　　洗　帮　（命令后缀）
你帮他洗衣服。（"他"为间接宾语）

（3）作对象助词标记受事

a³¹iaŋ³¹ iɛ⁵⁵muɯ⁵³ a³¹ ŋa³¹ kha³¹ dʑiŋ⁵⁵ ɛ³¹.
草烟　　这　些（定助）你（受助）送　（陈述后缀）
这些草烟送给你。

（4）作工具助词

加在容器名词的后面，表示行为动作在该容器里进行或使用该容器作为工具进行：

a³¹tʂŋ³¹ tʂhŋ⁵⁵ kha³¹ ɕa³¹ɹa³¹ua⁵⁵tʂhŋ³¹ duɯ³¹gom⁵⁵ ɛ³¹.
奶奶　　口袋（受助）　面粉　　　　　装　（陈述后缀）
奶奶用口袋装面粉。（"口袋"为容器名词）

（以上例句引自孙宏开、刘光坤2005：111—112）

3. 嘉戎语中的 -i，表处所、表时间、表领有、表受事，例如：

（1）作处所助词

tʃə kha-i　tʃə wjo ndo.　　　　河里有鱼。
河 里（助词）鱼　有

prak ko-i　　ʃtʂo ndo.　　　　岩上有鸽子。
岩　上（助词）鸽子 有

（2）表示时间

wa-ndʑi　　ndʑəs ʃən mok-i　　naŋ-ndo.
（前缀）朋友俩　　刚　才（助词）（前缀）有
（他）的朋友俩刚才还在。

ŋa zla wa ksəm-pe kə tho kə-mŋo　wə-sni-i　　　　to-mdə-ŋ.
我　月　三　　上半月 五（前缀）天（助词）（前缀）到达（后缀）
我三月五日到达。

（3）表示对象

no mə　wə-wa-i　　tə-rjo te　　to-pə-u.
你 他（前缀）（助词）话　一（前缀）做（后缀）

你对他说一下。(你对他说一句话。)
no mə wə-wa-i　　thə rʒə te　to-ʒu.
你 他（前缀）(助词) 情　 一（前缀）请求
你在他跟前求个情。

（4）表示领有

ʃtə　wə-pak tə　tɛi wak-ɲe-i　ŋos.
这（前缀）猪（复指）邻居们　（助词）是
这猪是邻居们的。

tə-tsa ta-pu tə　ɲo-ɲə-i　ŋos.　　　男孩是你们的。
男 孩（复指）你们（助词）是

（以上例句引自林向荣1993：258—329）

4．羌语（曲谷话）的ʁa，表示处所、时间、工具、出处，例如：

（1）作处所助词

qa zgutʂhua ʁa　tə-ʁa.
我 九寨沟（处助）(趋向) 去（将行，人称1单）
我要去九寨沟。

（2）表示时间

fiɨ̵　ʁa　ʔũ tsa ʑi-n,　fiũ-a:　ma-fiũ?
二月（时间）你这里 在（人称2单）是（疑问）不 是
二月份你在这里，是不是？

（3）作工具助词

qupu stej tæ:　　ʁa　sə khə˧.　他用斧头砍柴。
他　斧头（定指）一个（工具）柴 砍

ʔũ ʁuatʂæ ʁa　tsə　su-qu-n!
你 碗（工具）水（命令）喝（人称2单）
你用碗喝水！

（4）表示出处

ɲoəˈʂpu ɲoəˈwu ʁa　we.　　　　羊毛出在羊身上。
绵羊毛 绵羊（出处）有

（以上例句引自黄布凡、周发成2006：190—192）

为了更清楚地显示藏缅语族各语言处所助词的功能差异，我们列表进行比较，只有单一功能的语言，不列入表中。

	处所	时间	从由	工具	对象	施事	比较	状标
义都语的mɑ⁵⁵	+							
拉坞戎语的ʁɑ³³	+	+						
勒期语的mo³³	+	+						
怒苏语的do³⁵	+	+						
载瓦语的mɑ⁵⁵	+	+						
傈僳语的kua⁴⁴	+	+						
哈尼语的a³³	+				+			
曲谷羌语的ʁa	+	+		+				
拉坞戎语的tha⁵³	+				+			
珞巴语中的bo	+							+
景颇语中的e³¹	+	+				+		
梁河阿昌语的tə³³	+	+			+		+	
阿侬语中的khɑ³¹	+			+	+			
嘉戎语中的-i	+	+			+			
白马语的kɛ⁵³	+				+			
白马语的nɔ⁵³	+			+				
扎坝语的tha³³	+	+					+	
扎坝语的wu³³	+	+						
下游史兴语的nɔ̃⁵⁵	+	+			+			
史兴语的ʁõ⁵³					+			
独龙语的dɔ³¹	+	+						
基诺语的va⁴⁴	+				+			
元江苦聪话的lɔ³³	+				+			
桑孔语的me³³	+				+			
浪速语的mɛ³¹	+	+						
波拉语的mɛ̃³¹	+	+	+	+				
仙岛语的te⁵⁵	+				+			
白语的no³³	+				+			+
白语的ŋɤ⁵⁵	+				+			
纳西语的mɯ³³	+	+				+		

上表中列了30种不同的语言或方言。我们对其处所助词的兼用功能进

行统计，结果如下：兼表时间的有17种，兼表对象的有14种，兼作从由的有1种，兼作工具助词的有4种，兼表施事的有2种，兼表比较的有2种，兼表状语标记的有2种。

可见，处所助词兼表时间是较为普遍的现象，兼表对象的次之。而兼表其他功能最多的就是工具，为4次。从哲学上来讲，运动是事物的根本属性，运动总是要在一定的时间和空间中进行。而时间的特征是表现为事物的运动，因此事物存在的空间或空间的变化能够很容易地用来隐喻事物运动的时间。这种认识投射到语言中，以至于处所助词兼表时间成为一种较为普遍的现象。受事是动作的对象，是动作的目标，所以，从另一个角度来说，受事所在的位置也是动作本身或动作致使物位移的终点，这可能是把处所助词和受事标记联系起来的一个原因。至于处所助词和其他标记功能的联系，可能是一种比较偶然的原因，目前的研究还无法对其进行证明。

二　处所结构的句法功能

在藏缅语中，处所助词一般都是附着于名词、代词或名词性短语之后、处于动词之前。处所助词和其所附着的对象组成处所结构充当句子的成分。处所结构常见的功能有：

（一）作主语

处所结构的常见功能之一就是充当存在句的主语，表示什么地方存在什么事物，事物和处所之间是静态的存在关系。例如：

prak ko-i　　　ʃtʂo ndo.　　　　　　岩上有鸽子。
岩　上（助词）鸽子 有　　　　　　　（林向荣1993：258）

ʁuatʂa ʁa　　qhaˈ le.　　　　　　　 碗里有饭。
碗　（处助）米饭 有　　　　　　　　（黄布凡、周发成2006：190）

tɕhɯ³¹mɯ³¹ sa³¹ ŋua⁵⁵ a³¹tɕhuŋ³³ su⁵⁵ thi³¹ ioʔ⁵⁵ ŋo⁵⁵ ɛ³¹.
江　　（处助）鱼　　钓　　者　一　个　有（陈述后缀）
江边有一个钓鱼的人。　　　　　　　（孙宏开、刘光坤2005：114）

（二）作状语

处所结构作状语，表示动作行为进行的处所，动作和处所之间也是静态的存在关系，也就是说不存在事物相对于处所的移入、移出关系。例如：

nuŋ⁵⁵ŋwa⁵³ gɔŋ⁵⁵ dɔ³¹ ɕin⁵⁵ kai⁵⁵.　　牛在山坡上吃草。
牛　　山坡（助词）草　吃　　　　　 （孙宏开1982：149）

ŋ³¹ a⁵⁵ kha⁵⁵tha³³ma³³tha³³ tɕhɯ³¹mɯ³¹ sa³¹ kha³¹ ŋua⁵⁵
他（定助）经常（状语）　　怒江　　（处助）（状语）鱼
la⁵³ ɛ³¹.
找（陈述后缀）

他经常在怒江边打鱼。　　　　　　　　（孙宏开、刘光坤2005：126）

（三）作宾语

作宾语往往表示动作的目的地、经由地或是动作的起点，事物。动作和处所之间是动态的存在关系，存在事物相对于处所的移入、移出、经由的关系。

qa zgutshua ʁa tə-ʁa.
我　九寨沟（处助）（趋向）去（将行，人称1单）
我要去九寨沟。　　　　　　　　　　　（黄布凡、周发成2006：190）

ŋa rdʑa ʂaŋ ŋa soŋ ŋe tshe n̻o.
我　街　（上）去　　菜　买　　　　　（周毛草2003：223）

加在场所名词后的例子不多见。

di³¹ba³¹ kha³¹ mɛ³¹gu⁵⁵ tha³⁵ pha³¹ dʑa⁵⁵ s̩³¹ la³⁵!
桥　　（处助）过　（时助）（命令前缀）当心（自动后缀）（语气）
过桥的时候要当心啊！　　　　　　　　（孙宏开、刘光坤2005：119）

第四节　处所助词的词源关系

我们知道藏缅语中的处所助词可以分为不同的两类，它们处于不同的发展层次上，对于它们的来源应该分别讨论。

一　准处所助词和方位名词的比较

	处所助词	方位名词
阿侬语	thaŋ⁵⁵ "在……上"	ga³¹thaŋ⁵⁵ "上面"
	phaŋ³³ "在……下"	ga³¹phaŋ³³ "下面"
柔若语	tɯ³³ "在……上"	tɯ⁵⁵tɯ³³ "上面"
	kɯ⁵⁵ "在……里"	tɯ⁵⁵kɯ⁵⁵ "里面"
	thiɛ³¹ "在……下"	tɯ⁵⁵thiɛ³¹ "下面"
	khɔ³³ "在……边上"	tɯ⁵⁵khɔ³¹nu³¹ "边上"

（续表）

	处所助词	方位名词
拉坞戎语	gə^{53} "在……里"	ə^{33}gə^{53} "里面"
白马语	kɛ^{53} "在……上"	kɛ^{53} "上面"
	nɔ^{53} "在……里"	nɔ^{53} "里面"

在上表所列出的这些语言中，处所助词和方位名词形式相近或相同，存在着明显的对应关系，所以在这些语言的论著中，学者们认为处所助词是方位名词去掉词头虚化而来的。戴庆厦先生（1998）详细地讨论了景颇语方位词"里、处"的虚实两重性，即景颇语表示"里、处"的词既有方位词属性，又有结构助词属性，是虚实两重性的词，并提出了景颇语语法分析中的"跨性"原则，不能用"单一"的眼光去看待每一种语言现象。这正揭示了准处所助词来源于方位名词的事实，方位词的虚实两重性是方位词虚化为准处所助词的必经阶段。

二 典型处所助词的词源比较

语支	语言	处所助词
藏语支	玛曲藏语（口语）	nɑ
	错那门巴语	kʌ^{31}和re^{31}
	仓洛门巴语	ka^{13}（ŋa、ɕa、ha）
	白马语	kɛ^{53}、nɔ^{53}
羌语支	羌语（曲谷话）	ta、ʁa
	羌语（麻窝话）	ka、ɕi
	嘉戎语	-i
	道孚语	ʁa
	却域语	ʁa
	木雅语	le^{33}
	史兴语（上游话）	ʁõ^{53}、nõ^{55}
	史兴语（下游话）	nɔ̃^{55}

(续表)

语支	语言	处所助词
景颇语支	景颇语	e³¹
	独龙语	dɔ³¹
彝语支	彝语（凉山话）	ta³³、ko³³
	傈僳语	kua⁴⁴
	基诺语	va⁴⁴
	元江苦聪话	ȵɛ³³、lɔ³³
	纳西语	nɯ³³
	哈尼语	a³³
	拉祜语	tha²¹
	桑孔语	me³³
	怒苏语	do³⁵
	西摩洛语	ʌ³¹
缅语支	阿昌语	tə³³
	载瓦语	ma55
	浪速语	mɛ³¹
	波拉语	mɛ̃³¹
	勒期语	mo³³
语支未定	白语	no³³、ŋɤ⁵⁵
	珞巴语	bo
	义都语	mɑ⁵⁵

从表中可以看到：各语支之间的处所助词不同源，语支内部有些语言的处所助词是同源的，有些是不同源的。藏语支：错那门巴语的kʌ³¹、仓洛门巴语的ka¹³、白马语的kɛ⁵³同源。羌语支：羌语的ʁa、道孚语的ʁa、却域语的ʁa、史兴语（上游话）的ʁõ⁵³同源；木雅语的le³³、史兴语（上游话）的nõ⁵⁵、史兴语（下游话）的nɔ̃⁵⁵同源，其他语言的处所助词不同源。景颇语支：景颇语的e³¹、独龙语的dɔ³¹不同源。彝语支：彝语的ta³³、元江苦聪话的tha³⁵、怒苏语的do³⁵同源；哈尼语的a³³、西摩洛语的

A^{31}同源；其他语言的处所助词不同源。缅语支：载瓦语的ma^{55}、浪速语的mɛ^{31}、波拉语的mɛ̃^{31}、勒期语的mo^{33}等同源。未定语支中白语的no^{33}、珞巴语的bo、义都语的ma^{55}都不同源。这种情况说明，藏缅语的处所助词是在原始藏缅语分化成不同的语支、各语支又分化为不同的语组之后各自形成的。也就是说，藏缅语中处所助词的产生是藏缅语发展较晚期的事情。

本章小结：藏缅语中普遍存在处所助词。处所助词分为不同的两类，一类是典型处所助词，一类是准处所助词。这两类处所助词的句法特征、表示空间关系的方式、来源及发展趋势都不同，是藏缅语发展的不同历史层次上的产物。其中，准处所助词多数来源于方位名词，典型处所助词的来源目前还无法弄清楚，但从词源比较来看，它们多数没有共同来源，是原始藏缅语分化为不同的语支或语言后各自产生的。藏缅语处所助词的另一常见功能是表示时间，用表示处所的语法手段来充当表示时间的语法手段，这是世界语言的共性的特征。

第五章　藏缅语族语言的从由助词

　　行为动作是人类认知中的最基本现象之一。行为动作所关涉的事物及其运动在空间和时间上的起点也成为必要的认知对象，投射到语言中就会形成一种普遍存在的表示事物运动起点的范畴。不同的语言采用不同的方式来表达这种起点范畴。

　　汉语是用介词"自""从""自从"等表示起点范畴的，有处所起点、时间起点、状态起点、范围起点、发展变化起点、事物来源、经由路线、事理依据等。汉语中的"自"和"从"早在甲骨文中就已存在，历史悠久，学界对它们已有较为深入的研究。近年来对"自""从"的研究，主要着眼于"自""从"的历时发展和演变以及与之密切相关的"从（自）……到（至）……"句式的形成和演变，也有从共时方面研究"从（自）……到（至）……"的构式特征、语义语用特征。马贝加、徐晓萍（2002）探讨了"从"的来源及发展；王鸿滨（2007）考察了汉语中"自"和"从"的历时演变，发现了"自"和"从"在发展中的不平衡性。在甲骨文中，"自"更多地用于表示时间的起点，语义比"从"更空灵，使用范围更广。"从"还以动词性为主，后来逐渐发展为表示变化范围的起点，成为一个比"自"更活跃的表示各种起点的介词。陈迁（2009）探讨了"从A到B"这一句式的发展演变；曾传禄（2008）认为"从"所表达的不同语义功能是其语义范畴从空间域隐喻映射到时间、数量、状态、来源、依据等认知域的结果；朱军（2010）运用构式理论确定了"从X到Y"的构式标准，分析了"从X到Y"的主要表义类型，探讨了"从X到Y"构式的表意特征，并与英语的"from X to Y"进行了比较。这些研究对我们研究汉藏语中的从由助词是有启发意义的。

　　藏缅语的绝大多数语言有专门的助词表示行为动作在空间、时间、状态变化上的起点，由于和汉语中表示行为动作起点的"自""从""由"的语法功能相同，以往的研究大多将其称为从由助词。但也有学者认为其是介词,如《彝语简志》中将它们归入介词,丁椿寿也持同样的看法,刘丹青赞同丁椿寿将其归入介词类。汉语的介词从语法功能上来说,都是具有介引作用的,从来源上来说,都来源于动词,"在""把"等还是虚实两重性的词,"从""被"等还有明显的动词痕迹。藏缅语中表示从由的词多数仅仅起到一种语法标记作用,有些虽然和动词有一定的渊源关系,但语音形式已经发生了变化,因此,可以把它们看作助词。胡素华(2002)对此进行过论证。有的学者把从由助词归入处所助词,的确,从由助词和处所助词关系较密切,但在大多数藏缅语中,从由助词和处所助词有不同的形式,它们所附着的对象仅是部分相同,它们的语法功能、来源并不相同。所以我们认为从由助词和处所助词应该分立。

第一节 从由助词的语音特征

一 从由助词的语音形式

根据从由助词的语音形式是否自成音节,可以把藏缅语族中的从由助词分为非音节性的从由助词和音节性的从由助词。表示从由却不能成为独立音节的语音形式是非音节性从由助词,表示从由而且能够成为音节的语音形式是音节性从由助词。音节性从由助词又可以根据音节的数量分为单音节性从由助词和双音节性从由助词。在有声调的语言中,从由助词也要带上声调。藏缅语中绝大多数语言的从由助词是单音节性的,少数几种语言的从由助词是双音节的,而嘉戎语(四土话)的从由助词是非音节性的。

(一)非音节性的从由助词

在我们所收集到的语料中,只有嘉戎语(四土话)的从由助词是非音节性的,用-s来表示从由的意义。如:

ŋa mba r̥kham-s　　　nɐ-pə-ŋ.　　　　我从马尔康下来。
我　马尔　康（助词）(前缀）下来（后缀）

ŋa wə phji-s　　　jə-nə ja-ŋ.　　　　我从外面回来了。
我　外　面（助词）(前缀）回来（后缀）

wəjo tɐ-spor-s　　na na-ndzap　nə-ŋos.
他　陡　坡（助词）下（前缀）滚（前缀）是
他是从陡坡上滚下来的。

tə-bre kə-rgu wə-ʃna-s　　　　rəu r̥koka-pə-u.
绳子　牛（前缀)鼻子（助词）一下穿（前缀）过（后缀）
（他）把绳子一下从牛鼻穿过。

（以上例句引自林向荣1993：330）

（二）单音节性的从由助词

藏缅语族各语支语言大多为单音节性的从由助词。如：

错那门巴语：

结构助词ki³¹表示从由或来源。例如：

tɕiŋ⁵⁵tʂø⁵⁵ thɔ⁷⁵³ tshʌr⁵⁵ ki³¹ ŋu³⁵ru⁷⁵³ ko³¹ tsho⁵⁵wʌ⁵³ li³⁵khu³¹
解放　　得到　完（助词）我们（助词）生活　　好
rʌ³⁵wo⁵³ jin̠³⁵.
来（后加）(助动)

自从解放后我们的生活就好起来了。　　(陆绍尊1986：87)

ŋʌ³⁵rʌ⁷⁵³ pe⁵⁵tɕiŋ⁵⁵ ki³¹ rʌ³⁵wo⁵³ jin³⁵.
我们　　北京　　（助词）来（后加）(助动)
我们从北京来。　　　　　　　　　　　(陆绍尊1986：87)

白马语：

从由助词是iɔ⁵³，往往加在表示处所、地点的名词后，表示行为动作是由该处发生的。例如：

tɕhe¹³ȵi³⁴¹ kɑ¹³lɑ⁵³ iɔ⁵³　uo¹³ uɛ¹³?　　　你们俩是从哪里来的？
你们俩　　哪里（从助）来（已行）　　（孙宏开等2007：118）

kho¹³ȵe⁵³ do¹³dʑɛ³⁴¹ iɔ⁵³ ue¹³ mɑ⁵³　re¹³.
他　　　刀切加（从助）来（名物化）是
他是从刀切加（地名）来的。　　　　　（孙宏开等2007：118）

羌语（曲谷话）：

tɕi表示空间或时间的起始和从由，相当于汉语的介词"从、自"等。
例如：

qa tsexɕe tɕi　kə-s fiũ-a:?　　　thexɕe tɕi　kə-s fiũ-a:?
我 这边（从助)去（应然）(疑问)那边（从助)去（应然）(疑问)
我该从这边走？还是该从那边走？　　（黄布凡、周发成2006: 195）

tsa　tɕi　tha　da-ʁua-tɕ,　　fiĩpel jyχua sel tɕhi.
这里(从助)那里(趋向)过去(假若)两里　远　走　要
从这里到那里要走两里路远。　　　　（黄布凡、周发成2006: 195）

第五章　藏缅语族语言的从由助词

道孚语：

从由助词ŋɛ：

ɣbə　ɕɛr　ŋɛ　gə-xa.　　　　　太阳从东方升起了。
太阳 东方（从格）升起了　　　　（戴庆厦1991：40）

却域语：

从由助词n̠i：

pu⁵⁵ xa⁵⁵pɕyə⁵⁵ n̠i　kɯ⁵⁵ty¹³　　太阳从东方升起
太阳 东方　（从助）(前加) 来　　（戴庆厦等1991：62）

扎巴语：

扎巴语表示"从……"的标记形式是n̠i³¹，也可表示抽象的从由概念。例如：

tʊ³¹ʐɿ⁵⁵ kɿ⁵⁵te⁵⁵ n̠i³¹ və³⁵ tʂə³¹ʐa³¹?　　他们从哪儿来？
他们　 哪里 （从助）到来（语助）　（龚群虎2007：121）

nɿ⁵⁵ kɿ⁵⁵ʐə⁵⁵ dzɛ³¹le³¹ wu³¹　n̠i³¹ ʐɿ³⁵ wu⁵⁵ ɻ⁵⁵ʐu³¹ a³¹?
你们 哪　 路　　上 （从助）山 上（前加）上去（语助）
你们是从哪条路上山的？　　　　（龚群虎2007：121）

纳木兹语：

从由助词n̠i³¹：

nuo³¹ qhuo⁵³ n̠i³¹ dzu³⁵?　　　　你从哪里来？
你　 哪里 （从格）来　　　　　（戴庆厦等1991：171）

ŋa⁵⁵ luo⁵⁵buo⁵⁵ n̠i³¹ dzu³⁵.　　　我从倮波来。
我　 倮波　　（从格）来　　　　（戴庆厦等1991：171）

独龙语：

从由助词paŋ⁵⁵加在名词后，表示行为动作发出的地点或处所。例如：

kăn⁵⁵mɹa⁵⁵ paŋ⁵⁵ kă⁷⁵⁵ a³¹ni⁵⁵ gɯ⁵⁵ ɹa⁵⁵ le³¹ ăt⁵⁵.
菜园　　 （助词）鸡　 二　 只 这（助词）跑
从菜园里跑来两只鸡。　　　　（孙宏开1982：152）

彝语：

从由助词ta³³：

ŋa⁵⁵ vɿ⁵⁵vu³³ o³³dzo³³ ta³³ la³³.　　我哥哥从西昌来。
我　 哥哥　 西昌 （从助）来

nɯ³³ kha⁵⁵ ta³³ la³³?　　　　　你从哪儿来？
你　 哪儿（从助）来

ŋa³³ i⁴⁴ko³³ ta³³ la³³?　　　　　　我从家里来。
我　家里（从助）来
　　　　　　　　　　（以上例句引自胡素华2002：178）

傈僳语：

从由助词ku⁵⁵：

nu⁴⁴ a⁴⁴li³³ kua⁴⁴ ku⁵⁵ la³³ ŋa³³?　　你是从哪儿来？
你　哪儿　　从　来（助）　（少语研究所1959：75）

ŋua⁴⁴ mu³¹khɯ³¹mu³¹lɛ⁴² kua⁴⁴ ku⁵⁵ la³³ ŋa³³.
我　边疆　　　　　　（助）从 来（助）
我是从边疆来的。　　　　　（少语研究所1959：75）

基诺语：

从由助词jA³³：

ŋjɯ³¹ɔ³³ m³³tɛ⁴⁴ khjo⁴⁴ jA³³ tshø⁴⁴ to³¹ nɛ³³.
太阳　　云　里　助　露　出　助
太阳从云彩里露出来。　　　　（蒋光友2010：177）

桑孔语：

从由助词ha³³：

pe³¹tɕiŋ³³ ŋe³³ ha³³ ʑi³³　　　　从北京来。
北京　　（助）（从助）来　　（李永燧2002：161）

laŋ⁵⁵ɕa⁵⁵ me³³ ha³³ tem⁵⁵ la⁵⁵　　从水田回来。
水田　　（助）（从助）回　来　（李永燧2002：161）

柔若语：

从由助词ɕi³³：

tu⁵⁵ a⁵⁵n̩i⁵⁵ khuẽ⁵⁵mĩ³³ ɕi³³ lɛ³¹.　他昨天从昆明来。
他　昨天　　昆明　　（从助）来　（孙宏开等2002：126）

哈尼语：

从由助词ne³³：

ŋa⁵⁵ pe³¹tsi³³ ne³³ i³⁵.　　　　　我从北京来。
我　北京　从　来　　　　　（李永燧、王尔松1986：97）

西摩洛语：

从由助词ʃv³³：

tv̩³³lua⁵⁵ ʃv³³ lA⁵⁵ kɯ³³ tʃhi⁵⁵tʃhɛ³³　从墨江来的汽车。
墨江　从　来　的　汽车　　　（戴庆厦等2009：151）

pɛ³¹tɕi³³ ʃv³³ lɯ³³ kɯ³³ tʃho⁵⁵　　　　从北京来的人。
北京　　从　来　的　人　　　　　（戴庆厦等2009：151）

纳西语：

从由助词nɯ³³：

thɯ³³ ʑi³³tʂhɯ³³ nɯ³³ tshɯ³¹.　　　他从昆明来。
他　　昆明　　（助）来　　　　（和即人、姜竹仪1985：81）

勒期语：

从由助词是mɔ⁵³：

khun⁵⁵min³¹ mɔ⁵³ pə³¹kjin⁵⁵ tʃy:³³　　从昆明到北京。
昆明　　（从由助）北京　　到

jɔm³³ mɔ⁵³ thu:ʔ⁵⁵lɔ⁵⁵.　　　　　从家里出去。
家（从由助）出　去

ŋo⁵³ pə³¹kjin⁵⁵ mɔ⁵³ lɔ:⁵³.　　　　我从北京来。
我　北京　（从由助）来

（以上例句引自戴庆厦、李洁2007：176）

浪速语：

从由助词mɛ⁵⁵：

tʃɔŋ³¹ mɛ⁵⁵ li⁵⁵ ɛ³¹.　　　　　　从学校来的。
学校（助）来（助）　　　　　（戴庆厦2005：81）

tʃhɛ³¹ mɛ⁵⁵ jam³¹ lɔ⁵⁵ aʔ³¹!　　　从这边回家吧！
这　（助）家　回　（助）　　（戴庆厦2005：81）

（三）双音节性的从由助词

藏语（玛曲话）：

从由助词ɣə ni：

rma tɕhə ɣə ni　htsu ja thakmə mə raŋ ngə.
玛曲　（从助）合作　距离　　不　远
从玛曲到合作距离不远。　　　　（周毛草2003：230）

ndi mȵə ndə tɕhoŋ hdu ɣə ni ɬop tʂa ma soŋ zək.
人　　这小　　时（从助）学校　没　去（过）
这人从小到大没上过学。　　　　（周毛草2003：230）

木雅语：

从由助词tsə³³kə³³：

nə²⁴ ɕɐ⁵⁵tɕho⁵³ tsə³³kə³³ khə³³tsy⁵⁵pi³³.
太阳 东方　　（结构助词）升

太阳从东方升起。　　　　　　　　　（戴庆厦等1991：129）
ɐ⁵⁵tsi⁵³（tsə³³+ji）nɐ³³nɐ⁵⁵ tsə³³kə³³ me³³je⁵⁵pæ³³ lɐ³³kɐ⁵³
他（结构助词）　　　早　　（从助）晚　（至）工作
thu³³βə³³ rɑ³³.　　　　　　　　他从早干到晚。
做　（语助）　　　　　　　　（戴庆厦等1991：129）

拉坞戎语：
从由助词 tə⁵³ɣə³³：
ccə⁵³ xsnəz³³ tə⁵³ɣə³³ fsnə⁵³ bɛr³³ ntɕu³³.
他　昨天　（从助）今天　之间　工作
他从昨天干到今天。　　　　　　　　（黄布凡2007：101）
ŋa⁵³ xa³³pi⁵³ tə³³ɣə³³ ccə⁵³gə³³ tɕu⁵⁵ vi³³ nɛ³³-khru-ŋ³³.
我　去年　（从助）　这里　工作　做（完）开始（1、单）
我从去年起就开始在这里工作。　　　（黄布凡2007：101）

景颇语：
从由助词 n³¹na⁵⁵：
ʃan⁵⁵the³³ joŋ³¹ luŋ³¹pu̥³³ ka³¹ta³¹ ko⁽ʔ⁾⁵⁵ n³¹na⁵⁵ ʃiŋ³¹kan³¹ te⁽ʔ⁾³¹
他们　　学校　岩洞　　内　里　（从助）外面　　处
pʒu³³ wa³¹ ma³³sai³³.
出　来　（句尾）
他们从学校的岩洞里跑出来。　　　（戴庆厦、徐悉艰1992：247）
lam³³ ma³¹kau³³ ko⁽ʔ⁾⁵⁵ n³¹na⁵⁵ sun⁵⁵ ka³¹ta³¹ te⁽ʔ⁾³¹ ʃaŋ³¹ wa³³
路　旁边　　里　（从助）园子　内　　处　进（助动）
ma³³sai³³.　　　　　　　　　　他们从路边进入园子了。
（句尾）　　　　　　　　　　　　（戴庆厦、徐悉艰1992：247）

阿侬语：
从由助词 khɯŋ³¹ne⁵³：
tshɯ³¹tɛ⁵⁵ khɯŋ³¹ne⁵³ a³¹tshaŋ³¹ a³¹pho³³ a³¹ni³³ io⁽ʔ⁾⁵⁵ ŋɯ³¹a³¹
剪刀　（从助）　人　　变　（发展后缀）个（定助）
iɛ³¹ua³³ ɕa⁵⁵ʔbɹɯ³⁵ ɛ³¹ia³³ua³³
这样　跨过　　（形容跨的样子）
由剪子变来的人一跨就跨过去了。　　（孙宏开、刘光坤2005：270）

怒苏语：

从由助词 do³⁵le³¹ 和 ba³⁵le³¹：

ŋa³⁵dɯ³¹ pɛ³¹tɕĩ⁵⁵ do³⁵le³¹ la³⁵ ʔne⁵³.　　我们是从北京来的。
我们　　　北京　　（助词）来　是

u³¹vɹe³⁵ do³⁵le³¹ ʂa³⁵pha³⁵ do³⁵ phɹe³¹ ba³⁵ m̥⁵⁵ n̥i³¹ shua⁵⁵ a³¹.
知之罗（助词）　上帕　（助词）到　　二　天　走　（助词）
从知之罗到上帕走两天。

ʔn̥o⁵⁵ khɹu⁵³ khɹu³⁵ɹu³¹ ba³⁵le³¹ uɔˈ⁵⁵shu³⁵a⁵⁵ ɣɯ³¹ tshɔ³⁵.
他　六　岁　　　（助词）　书　　　读　开始
他从六岁开始读书。

（以上例句引自孙宏开、刘璐1986：81）

义都语：

从由助词 ma⁵⁵ ne³¹：

e³³ne⁵⁵ a³³lioŋ⁵⁵ ka⁵⁵ tɕi⁵⁵ ma⁵⁵ ne³¹ ɕiu⁵⁵ ka⁵⁵ tɕa⁵³?
你们　　路　　哪　　　（从格助）上　（山）
你们是从哪条路上山的？　　　（江荻2005：117）

a³³hi⁵⁵ʑa³³ a³³tshoŋ³⁵ e⁵⁵ʑa⁵⁵ ma⁵⁵ ne³¹ gi³³ dʑa³³.
他　　　柴　　　山　（从格助）背（下趋趋向）
他把柴从山上扛下来。　　　　（江荻2005：117）

二　从由助词语音形式差异的原因

藏缅语的从由助词的语音形式差异，反映了藏缅语类型上的一些差异。向柏霖（2008）在讲到嘉戎语茶堡话的趋向助词时认为，"四土话无疑保留原始嘉戎语的形式"。嘉戎语（四土话）的后缀形式"-s"，其本身方向性不太明确，需要结合后边动词的方向来确定。跟动词"来"搭配，具有从由的意思，跟动词"去"搭配，表示"向往或到……"的意思，但它又是语法结构上必须添加的成分，成为一种方向性的语法范畴。同时，"-s"还能表示"缘故"、和其他助词构成助词结构，体现了一定程度的综合性特征。

藏缅语中大多数语言的从由助词为单音节形式，它们本身具有明显的语法作用，加不加从由助词，表示的语法关系是不相同的，动词前的处所成分加上从由助词，表示行为动作的起点，不加则表示行为动作的终点。如：

景颇语：

woi³³ni³³ phun⁵⁵ n³¹tsa³³ n³¹na⁵⁵ ka⁵⁵ te⁷³¹ kum³¹thon³¹ khʒat³¹
猴子们　树　上面　（从助）地　处　跳　　（助动）
ma³³sai³³.　　　　　　　猴子（多数）从树上跳下来了。
（句尾）　　　　　　　　（戴庆厦、徐悉艰1992：247）

ʃan⁵⁵the³³ joŋ³¹ luŋ³¹pu̯³¹ ka³¹ta̯³¹ ko⁷⁵⁵ n³¹na⁵⁵ ʃiŋ³¹kan³¹ te⁷³¹
他们　　学校 岩洞　内　　里　（从助）外面　　处
pʒu³³ wa³¹ ma³³sai³³.　　　他们从学校的岩洞里跑出来。
出　　来　（句尾）　　　　（戴庆厦、徐悉艰1992：247）

上面两个例子是"从A跳到（出到）B"的意思，表示起点的名词后除带上处所助词外还要带从由助词，而表示终点的名词后只带处所助词。

白马语：

tɕhe¹³n̪i³⁴¹ ka¹³la⁵³ iɔ⁵³ uo¹³ uɛ¹³?　　你们俩是从哪里来的？
你们俩　　 哪里（从助）来　（已行）　（孙宏开等2007：118）
tɕhø⁵³ ʃo³⁵ lɛ⁵³ ka¹³la⁵³ tɕhɛ¹³ ʃɿ¹³?　　你妹妹哪里去了？
你　妹妹(定助)哪里　　去　（已行）　（孙宏开等2007：118）

上面两例中前一例句是问从哪里来的，后一例句是问去哪里，前一例句充当位移起点的"哪里"后面要带从由助词，然后跟上动词，后一例句充当位移终点的"哪里"后面直接跟动词。和嘉戎语（四土话）相比，单音节从由助词更多地体现为分析性语言的特点。

一些双音节的从由助词如：玛曲藏语中的ɣəni、怒苏语中的do³⁵le³¹和ba³⁵le³¹、义都语中的ma⁵⁵ne³¹，其中的ɣə、do³⁵、ba³⁵、ma⁵⁵都是处所助词，也就是说这些语言中的双音节从由助词都是在单音节的从由助词前加上一个单音节处所助词构成的。表示起点的从由结构层次本应是：处所助词附着于名词、代词或短语上构成一个处所结构，然后从由助词再附着于处所结构上构成一个从由结构，但由于韵律特征的制约，常常是处所助词和从由助词组合成一个音步，久而久之，它们凝固为一种双音节的从由助词。而景颇语中的从由助词n³¹na⁵⁵，本身是双音节的，但前一音节时长很短，也容易和前边共现的处所助词ko⁷⁵⁵结合、凝固为从由助词的一种常见形式ko⁷⁵⁵n³¹na⁵⁵。所以，这种双音节从由助词的形成不仅改变了从由助词的语音形式，而且改变了从由结构中的语法结构层次，处所助词和从由助词固化成一个复合性的从由助词，这个复合性从由助词和前边的表示处所或时间的名称、短语等构成一个从由结构。这种助词的合并现象并非孤立的，在古突厥语中，-da是方位格的词尾，像oyuzda这样一类的词既表示"在奥古兹人那里"，又表示"从奥古兹人那里"，因此为了明确地标出方位格和出发格之间的区别，就在方位格后面连接一个无重音词jan"方面"。从古代的石刻碑文中可以见到这类形式。这个-da-jan的组合又发展成为简缩的-dan，所以我们在所有的突厥诸语言及方言中见到的出发格就是以-dan为词尾。[①]

第二节 从由助词的语法特征

藏缅语从由助词大都附着于名词、名词性短语或动词性短语后，表示动作行为在空间、时间上的起点，或是变化事物的初始状态。

一 从由助词的句法分布

（一）助词的附着对象

1．从由助词附着于名词之后。如：

景颇语：

tSoŋ^{31} n^{31}na^{55} ja^{755} ʃa^{31} tu^{31} wa^{31} n^{31}ŋai^{33}.
学校（从助） 刚刚 到（助动）（句尾）
我刚刚从学校回来。　　　　　　　（戴庆厦、徐悉艰1992：246）

史兴语（上游话）：

ŋɜ^{55} dʑa^{33}na^{33} nõ^{55} miæ^{33}-rõ^{33} sɿ^{55}. 我从内地来。
我 内地 （从助）下来 （语尾） （戴庆厦等1991：195）

麻窝羌语：

tha: ji qutu ji qeli tsi ji. 他从上面往下面看。
他（施助）上面（从助）下面 看（后加） （刘光坤1998：214）

2．从由助词附着于代词后。如：

羌语（曲谷话）：

qa tsexçe tɕi kə-s ɦu-a:? thexçe tɕi kə-s ɦu-a:?
我 这边（从助）去（应然）（疑问）那边（从助）去（应然）（疑问）
我该从这边走？还是该从那边走？ （黄布凡、周发成2006：195）

玛曲藏语（口语）：

ndə ni kan khan se thok kwa n̥then. 从这到那拉条绳子。

[①] 兰司铁：《阿尔泰语言学导论》，陈伟、沈成明译，中国社会科学出版社1981年版，第27页。

这（从助）那　到　　绳子　　　拉　　　　（周毛草2003：231）

3．从由助词附着于名词性短语、动词性短语、数量短语后。如：

景颇语：

lam³³ mă³¹kau³³ ko̱⁷⁵⁵ n³¹na⁵⁵ sun⁵⁵ kă³¹ta̱³¹ te⁷³¹ ʃaŋ³¹ wa³³ mă³³sai³³.
路　　旁边　　里（从助）园子　内　　　处　进（助动）（句尾）
他们从路边进入园子了。　　　　　　　　　（戴庆厦、徐悉艰1992：247）

拉坞戎语：

ə³³dʑə⁵⁵ sliu³³ tə³³　　ne³³ ccə⁵³ bɛr³³ mə³³ jəm³³.
以前　 月（定指）（从助）这　之间　天　　干
从上个月到现在天就大旱。　　　　　　　　　（黄布凡2007：101）

玛曲藏语（口语）：

khər hga ju wa thon se　　ɣə ni　ta khan se rka tɕha htɕək
他　　家　　到 — ……就（从助）现在　到　　话　　一
ra ma wɕat tha.
也 没 说　 了
他从进家门到现在没说一句话。　　　　　　（周毛草2003：231）

错那门巴语：

tɕiŋ⁵⁵tʂø⁵⁵ thɔ⁷⁵³ tshʌr⁵⁵ ki³¹ ŋu³⁵ru⁷⁵³ ko³¹ tsho⁵⁵wʌ⁵³ li³⁵khu³¹
解放　得到　完　（助词）我们　（助词）生活　　　好
rʌ³⁵ wo⁵³ jiṇ³⁵.
来（后加）（助动）
自从解放后我们的生活就好起来了。　　　　　（陆绍尊1986：87）

基诺语：

khɔ⁴⁴phɔ³³zɔ⁴⁴ku⁴⁴/⁵³ tshɤ³¹sø⁴⁴ mjɔ⁴⁴ jʌ³³ tha⁵⁴la⁵⁴ zɔ⁴⁴khɔ⁴⁴
男孩子　　　　十三　　　岁　助　上　　　男青年
o³¹ le³³ nɛ³³.
进 去 助
男孩子十三岁加入男青年组织。　　　　　　　（蒋光友2010：177）

4．从由助词常常与处所助词连用。如：

傈僳语：

no⁵⁵mu³¹ kua⁴⁴ be³³ pɛ⁴²tʃi⁴⁴ kua⁴⁴ tʃhi⁴⁴ a⁴⁴niɛ⁴⁴ ni³³ tʃhi⁴⁴
怒江区　（助）从　北京　　（助）到　多少　天　到
ua⁴⁴ da³³?
了　得

第五章 藏缅语族语言的从由助词

几天才能从怒江到北京？　　　　　　（少语研究所1959：75）

a⁴⁴mɯ³³ kua⁴⁴ ku⁵⁵ ŋua⁴⁴ mo³¹ kua⁴⁴ tʃhi⁴⁴ mo³¹tsu⁴⁴ʃi³¹ ko³⁵
现在　（助）从　我　老　（助）　到　毛主席　　共

tsha⁴⁴ta⁴⁴ ka⁵⁵nɛ⁵⁵ tʃho⁴⁴ ge³³ ŋo³³.
产　党　后边　跟　走（助）

我从现在到老都跟着毛主席共产党走。　（少语研究所1959：76）

景颇语：

n̩⁵⁵ta̠⁵¹ te⁷³¹　n³¹na⁵⁵ ŋa³³ la⁵⁵khoŋ⁵¹ pai⁵⁵ tun⁵⁵ sa³³ mǎ³¹ʒa⁷³¹ai³³.
家（方位）（从助）牛　二　　又　牵　来（句尾）

他们从家里又牵出两头牛。　　　（戴庆厦、徐悉艰1992：248）

（二）从由助词常常与表示"到"的词连用，构成"从……到……"结构

如：从由助词附着于名词、代词、短语（名词性、动词性、数量）后，构成从由结构。从由结构又与表示"到"的词构成"从……到……"结构，表示行为动作在空间、时间、数量上的变化范围，这里的"到……"，我们称之为"到至"结构。从由结构通常在"到至"结构之前。如：

景颇语：

maŋ³¹ʃi³³ ko̠⁷⁵⁵ n³¹na⁵⁵ tʃa³¹phaŋ³³ tu³¹ khʒa³¹ teŋ³³ kaˋ³¹te⁷³¹
芒市　里　（从助）遮放　到（助动）公里　多少

no̠⁷⁵⁵ tsa̠n³³ a⁷³¹ni⁵¹?
还　远　（句尾）

从芒市到遮放还有多少公里？　　（戴庆厦、徐悉艰1992：247）

mǎ³³niŋ³³ ko̠⁷⁵⁵ n³¹na⁵⁵ ja⁷⁵⁵ tu³¹ khʒa³¹ n⁵⁵ta̠⁵¹ ʒai³¹ n⁵⁵ wa³¹
去年　里（从助）现在　到（助动）家　尚　未　回

n³¹ŋai³³.
（句尾）

我从去年到现在尚未回家。　　　（戴庆厦、徐悉艰1992：246）

傈僳语：

no⁵⁵mu³¹ kua⁴⁴ be³³ pɛ⁴²tʃi⁴⁴ kua⁴⁴ tʃhi⁴⁴ a⁴⁴niɛ⁴⁴ ni³³ tʃhi⁴⁴
怒江区（助）从　北京　（助）到　　多少　天　到

ua⁴⁴ da³³?
了　得

几天才能从怒江到北京？　　　　　　（少语研究所1959：75）

柔若语：

khɔ³³tsɔ³³ ʔa⁵⁵ tɕo⁵⁵ ʔa⁵⁵ pio³³ ɕi³³ tɕo⁵⁵ pio³³ te⁵⁵ xɔ⁵⁵khɛ⁵⁵
桥　　这条　　这 边(从助)那　边(助词)铁板
tɯ³¹ io⁵³ ni³³ nẹ⁵⁵ khã³³ tɕhi¹³.
一　百　和　七 块　　有
这座桥从这边到那边共有一百零七块铁板。（孙宏开等2002：127）

载瓦语：

jaŋ³¹ nap³¹sun⁵⁵ mai³¹ mjin⁵⁵ tʃɛ⁵⁵ kjin³¹/⁵¹ ə⁵⁵ a³¹ khjiŋ³¹.
他　早上　（从助)晚上　到　忙　得 不 停
他从早到晚忙个不停。　　　　　　　（朱艳华提供）

有时，表示起点和终点的成分变换位置，终点成分放在起点成分之前，不影响意义的表达。如：

阿侬语：

mu³¹guŋ⁵⁵dʑaŋ³¹ iɛ⁵⁵khɑ³¹ khɯŋ³¹nɛ⁵⁵ tʂʰɿ⁵⁵ thi³¹ɹɯm³³ ɛ³¹,
木古甲　　　这儿　（从助）比较 远　　（陈述）
mu³¹guŋ⁵⁵dʑaŋ³¹ khɯŋ³¹nɛ⁵⁵ kuŋ³⁵ɕua⁵⁵ khɑ³¹ ba³¹sɿ³¹ thi³¹ɹɯm³³ ɛ³¹.
木古甲　　　（从助）　贡山 （处助)更　远 （陈述后缀)
从这儿到木古甲比较远，从木古甲到贡山更远。

（孙宏开、刘光坤2005：129）

（三）从由结构常常修饰趋向动词或表示持续性动作的动词

波拉语：

sak⁵⁵ thɔi⁵⁵ kɛ̃⁵⁵ a³¹ pam⁵⁵ mɛ̃³¹/⁵⁵ thu⁵⁵/³¹ la³⁵ ɛ³¹.
树　那 棵　（助)山　（助)　砍　来　的
那棵树是从山上砍来的。　　　　　（戴庆厦等2007：161）

玛曲藏语（口语）：

khər hga rta thok ni thaŋ ŋa hdzap taŋ tha.
他　　马 上（从助)地上（处助)摔　下来了
他从马背上摔了下来。　　　　　　　（周毛草2003：232）

土家语：

ŋa³⁵ni⁵⁵ tshũ²¹tɕhĩ³⁵ le⁵⁵ pie⁵⁵ a⁵⁵ti⁵⁵.
我们　重庆　（助)搬　来
我们是从重庆搬来的。　　　　　（田德生、何天贞1986: 76）

梁河阿昌语：

mɑ³³muŋ³⁵ khɯ³¹ so³¹ nɑ³³ kɑ³³ lɑʔ⁵⁵ ɛiʔ⁵⁵.

马茂　　（夺格）走　着（连词）来（陈述）

从马茂走着来的。　　　　　　　　　　（时建2009：145）

西摩洛语：

ja³¹mɯ⁵⁵ ʃv³³ ʃv³¹kɔ³¹ mɯ³¹ti³³ tʃo⁵⁵.

现在　　从　书　　好好地　读

从现在起好好读书。　　　　　　　　　（戴庆厦等2009：151）

羌语（曲谷话）：

qupu ʔotsʅqu tɕi　nəq fiam-ətɕ bəl.

他　早晨（从助）天黑（状饰）做

他从清早干到天黑。　　　　　　　　（黄布凡、周发成2006：196）

载瓦语：

ŋa⁵⁵nuŋ⁵⁵ nap³¹ma⁵⁵ mai³¹ tsui³¹ᐟ⁵¹ xə⁵¹ ʃaŋ⁵⁵.

咱们　　明天　　（从助）做　　开始（谓助）

咱们从明天开始吧。　　　　　　　　　（朱艳华提供）

玛曲藏语（口语）：

ndi mȵə ndə tɕhoŋ hdu ɣə ni ɬop tʂa ma soŋ zək.

人　这　小　时（从助）学校　没　去（过）

这人从小到大没上过学。　　　　　　（周毛草2003：230）

（四）和从由助词相搭配的"到"的性质差异

上面讲到从由助词常常与表示"到"的词连用，表示"从……到……"，其中的"到"在有的语言中是动词，在有的语言中已经虚化为助词。如：

景颇语：

mă³³niŋ³³ ko̰ʔ⁵⁵ n³¹na⁵⁵ jaʔ⁵⁵ tu³¹ khʒa³¹ n⁵⁵ta⁵¹ ʒai³¹ n⁵⁵wa³¹

去年　　里　（从助）现在　到（助动）家　　尚　来　回

n³¹ŋai³³.

（句尾）

我从去年到现在尚未回家。　　　　（戴庆厦、徐悉艰1992：246）

柔若语：

khɔ³³tsɔ³³ ʔa⁵⁵ tɕo⁵⁵ ʔa⁵⁵ pio³³ ɕi³³ tɕo⁵⁵ pio³³ te⁵⁵ xɔ⁵⁵khɛ⁵⁵

桥　　　这条　这　边（从助）那　边（助词）铁板

tɯ³¹ io⁵³ ni³³ nẹ⁵⁵ khã³³ tɕhi¹³.
一　百　和　七　块　　有

这座桥从这边到那边共有一百零七块铁板。（孙宏开等2002：127）

在景颇语中，tu³¹"到"后有助动词出现，充分说明tu³¹仍旧为动词，在柔若语种te⁵⁵"到"已经虚化为助词。

二　从由成分的语义类型

从由助词是用来标注行为动作在空间、时间上的起点的。有起点就有终点，起点和终点构成一个范围，从而形成一个"范围"范畴。凡是表示行为动作起点的成分都可以用从由助词来标注，包括处所起点、时间起点、状态起点、着眼起点、事物来源、经由路线、事理依据等。

（一）表示空间距离的起点

景颇语：

maŋ³¹ʃi³³ koW⁵⁵ n³¹na⁵⁵ ʨa⁻³¹phaŋ³³ tu³¹ khʒa³¹　teŋ³³ ka³¹te⁷³¹
芒市　　里（从助）遮放　　到（助动）公里　多少

no⁵⁵ tsan³¹ ǎ⁷³¹ni⁵¹?
还　远　（句尾）

从芒市到遮放还有多少公里？　　　　（戴庆厦、徐悉艰1992：247）

（二）表示空间范围的起点

独龙语：

lɯ³¹ka⁵⁵ paŋ⁵⁵ wǎm⁵⁵dǎm⁵⁵ le³¹ sɯ³¹nǎ⁷⁵⁵nǎ⁷⁵⁵ kuŋ⁵⁵se a³¹mɹa⁵⁵ e³¹.
山上（助词）江边　（助词）全都　　　公社　地　　是

从山上到江边都是公社的地。　　　　　（孙宏开1982：152）

柔若语：

tu⁵⁵ ʔɔ¹³tu³³ lɛ³³ ta⁵⁵　ɕi³³　tɕhi⁵⁵ tsɛ³¹ ta⁵⁵　te³³　me³³ tɕɛ³³
他　头　个（处助）（从助）脚　双（处助）（助词）衣服 新

ɣɯ⁵⁵ ʔua⁵³ tɔ⁵³.
都　穿（助词）

他从头到脚都穿着新衣服。　　　　　（孙宏开等2002：127）

（三）表示时间范围的起点

傈僳语：

e⁵⁵ a³¹ni³⁵ kua⁴⁴ tha⁴⁴u⁵⁵, tshi⁴⁴u⁵⁵ kua⁴⁴ tʃhi⁴⁴ sɛ⁴² a³¹khɯ⁵⁵ dʑua³⁵.
他 去年（助）（从助）　今年　（助）到　力　很　　有

他从去年到今年很有精神。　　　　　（少语研究所1959：75）

（四）表示数字范围的起点

元江苦聪话：

ti³¹ zA³³ xi⁵⁵ tɕhi³³ ma³¹ lɔ³³ɲɛ³³ ɲi³¹ zA³³ ŋA³¹ tɕhi³³ ma³¹ gɤ³¹ ɕi³³.
一　百　八　十　个　（工助）二　百　五　十　个　到
从一百八（十）到二百五（十）。　　　　　　（常俊之2011：152）

（五）表示行为动作在空间或方向上的起点

景颇语：

n³³tai³³ ko⁷⁵⁵ n³¹na⁵⁵ kǎ³¹lau³¹ phaŋ³³ ka⁷³¹!
这　　里　（从助）犁　　开始（句尾）
我们从这里开始犁吧！　　　　　　　（戴庆厦、徐悉艰1992：246）

sin³¹pʒo⁷⁵⁵ te⁷³¹ n³¹na⁵⁵ sin³¹na⁷⁵⁵ te⁷³¹ ma ³¹ʒaŋ³³ thu⁷³¹ wa³¹ sai³³.
东　　（方位）（从助）西　　（方位）而　　下　（助动）（句尾）
雨从东边开始往西边下起来。　　　　　（戴庆厦、徐悉艰1992：248）

蒲溪羌语：

thala qeti-tə qheko tsi.
他/她 上面（从助）下面　看（人称3单）（黄成龙2006：120）
他/她从上面看下面。

（六）表示行为动作的经由点或路径

扎巴语：

nɪ⁵⁵ kɪ⁵⁵zə⁵⁵ dʑe³¹le³¹ wu³¹ ɲi³¹ ʐ̩³⁵ wu⁵⁵ ɹ⁵⁵ʐu³¹ a³¹?
你们　哪　　路　　上（从助）山　上（前加）上去（语助）
你们是从哪条路上山的？　　　　　　　（龚群虎2007：121）

哈尼语：

a³¹jo³³ ma³¹ a³¹ta³³ phθ³³ ne³³ phθ⁵⁵ li³³ tɕa³¹ a⁵⁵.
他　　们　　上　边　从　过　去　掉　了
他们从上边过去了。　　　　　　　　　（李永燧、王尔松1986：97）

景颇语：

lam³³ mǎ³¹kau³³ ko⁷⁵⁵ n³¹na⁵⁵ sun⁵⁵ ka³¹ta³¹ te⁷³¹ ʃaŋ³¹ wa³³ mǎ³³sai³³.
路　旁边　里（从助）园子　内　　处　进（助动）（句尾）
他们从路边进入园子了。　　　　　　　（戴庆厦、徐悉艰1992：247）

羌语（曲谷话）：

qa tsexɕe tɕi kə-s fiũ-a:?　　　thexɕe tɕi kə-s fiũ-a:?
我 这边（从助）去（应然）（疑问）那边（从助）去（应然）（疑问）
我该从这边走？还是该从那边走？（黄布凡、周发成2006：195）

（七）表示事物的出处、来源

独龙语：

ŋɑ⁵³ kuŋ⁵⁵se⁵⁵ pɑŋ⁵⁵ ɟǔŋ⁵⁵ ɑ³¹sǔm⁵³ luŋ⁵⁵ ŋɑŋ⁵⁵.
我　　公社　　（从助）口袋　三　　　个　　借
我从公社里借了三条口袋。　　　　　　　　（孙宏开1982：152）

元江苦聪话：

ɣɔ³¹ ŋɑ³¹ khɯ³³nɛ³³ ɑ⁵⁵phiɛ³¹ tɕhi³¹ v³¹ piɛ⁵⁵.
他　我　跟　　　　钱　　　借（趋向）（体助）
他从我这儿借了钱。　　　　　　　　　　　（常俊之2011：74）

基诺语：

ɑ⁴⁴mɛ⁴⁴tʃhe³¹ jʌ³³ lo³¹mɔ³³ /xo³¹khli⁴⁴ tshɤ³¹ to³¹.
米　　　　　（助）石头　　老鼠屎　　拣　出
从米里挑出石头/老鼠屎。　　　　　　　　（蒋光友2010：177）

景颇语：

n³¹tai³³ lai³¹kaW³³ puk³¹ koW⁵⁵ n³¹na⁵⁵ thot³¹ kaW³³ la⁵⁵　ai³³ ʒe⁵¹.
这　　书　　　本　里　（从助）眷　写　（助动）（句尾）是
是从这本书上抄来的。　　　　　　　　　（戴庆厦、徐悉艰1992：247）

（八）表示心理活动在空间上或时间上的起点

扎巴语：

nɪ⁵⁵ zə⁵⁵ dzo³¹ʂptɕu⁵⁵,ŋa⁵⁵ n̪e⁵⁵khə³¹ n̪ɹ³¹ a⁵⁵ʂka⁵⁵ bdi³⁵ ze³¹.
你们（助词）支持　　　我　心里　（从助）感谢　想（语助）
我对你们的支持打心里表示感谢。　　　　（龚群虎2007：121）

羌语（曲谷话）：

qa qəə˩ tɕi　ʔũ ɬu-aː-mi dzəkų læ（＜le + æ）
我　早（从助）你　来　（将行）知道（人称1单）
我早就知道你要来。　　　　　　　　　　（黄布凡、周发成2006：201）

（九）表示行为动作或某种变化在时间上的起点

拉坞戎语：

snə⁵⁵ fse³³ ne³³ tɕu⁵⁵ ə⁵³rə³³mə³³rə⁵³ vi³³ ro³³.
我　去年（从助）工作　认认真真　　　　做　要
我从去年起就开始在这里工作。　　　　　（黄布凡2007：101）

勒期语：

nap³¹jɔ⁵³ŋjei⁵⁵ mɔ⁵³ ŋo⁵³ ke³³ sə³³ʒa³³ ŋɔt⁵⁵ pjɛ.
明天　　　（从助）我（话助）老师　是　了

从明天起我就是老师了。 （戴庆厦、李洁2007：176）
基诺语：

khɔ⁴⁴phɔ³³zɔ⁴⁴ku⁴⁴ᐟ⁵³ tshɤ³¹sø⁴⁴ mjɔ⁴⁴ jʌ³³ tha⁵⁴la⁵⁴ zɔ⁴⁴khɔ⁴⁴
男孩子　　　　　　十三　　岁（助）上　　男青年
o³¹ le³³ nɛ³³.
进　去（助）
男孩子十三岁加入男青年组织。 （蒋光友2010：177）

（十）表示发生自然变化的事物的初始状态
元江苦聪话：

xiɛ⁵⁵ȵɛ³³ ʑi³³ ŋa³³ tshu³³ lɔ³³ȵɛ³³ phɔ³¹ tɔ³³v³³ɕi³³ ti³¹.
所以　那鸟人（工助）变　出　去　听说
所以那种鸟是人变的。 （常俊之2011：151）

（十一）表示被加工事物的原材料
浪速语：

tʃhiŋ³¹ a³¹ kauk³¹sɔi³⁵ mɛ⁵⁵ thauŋ⁵⁵ thuk⁵⁵ lɔ³¹ᐟ³⁵ ɛ³¹.
米　（助）谷子　（助）舂　出　来（助）
米是从谷子里舂出来的。 （戴庆厦2005：81）
怒苏语：

ɕi³⁵ ku³¹ tshɑ³¹phiɔ̃³⁵ dɑ³¹u³⁵ do³⁵le³¹ zɑɹ³⁵ thuɑ⁵³ lɑ³⁵ ʔne⁵³.
这　个　布　　　棉花（助词）做　出　来　是
这布是由棉花织出来的。 （孙宏开、刘璐1986：81）

三　从由助词的数量差异

藏缅语中大多数语言只有一个从由助词，少数语言中有两个从由助词，个别语言有三个从由助词。在我们所调查到的语言中，没有从由助词的语言还未发现。同一种语言中存在两个或三个从由助词的现象：有的是属于句法分布上的差异，如玛曲藏语、阿侬语、景颇语、义都语等；有的存在表意功能上的互补或交叉。表意功能交叉的从由助词，在语义允许的条件下能够自由替换，如羌语（曲谷话）、拉坞戎语、怒苏语、史兴语等。我们分述如下：

（一）玛曲藏语

玛曲藏语中的从由助词有ɣə ni和ni两种形式，都表示动作行为在处所或时间上的起点。ni附着于处所助词、时间助词和指示代词之后，ɣə ni直接附着于表示处所、时间的名词或短语上，也就是说二者在句法上是互补分布的。通常ɣə ni的使用频率高于ni。如：

rma tɕhə ɣə ni htsu ja thakmə mə raŋ ngə.
玛曲　（从助）合作　距离　　不　远
从玛曲到合作距离不远。

ndi mȵə ndə tɕhoŋ hdu ɣə ni ɬop tʂa ma soŋ zək.
人　　这　小　时（从助）学校　没　去（过）
这人从小到大没上过学。

khər hga ju wa thon se　　ɣə ni　ta　khan se rka tɕha htɕək
他　家　　到 ——……就（从助）现在　到　　话　　一

ra ma wɕat tha.
也　没　说　了
他从进家门到现在没说一句话。

tɕho lo hsəm ngə thok　kə　　ni　rə mo mdzə ngo ptsək
你　岁　三　　的　上（表时间）（从助）画　　画、　写

nə　　ə　jən?
头　开始　的（疑问）是
你是从三岁上开始学画画的吗?

ndə　ni　kan khan se thok kwa n̥then.
这（从助）那　到　　绳子　　拉
从这到那拉条绳子。

（以上例句引自周毛草2003：230—231）

在上面的例子中，前三例都是用ɣə ni表示从由，后两例由于分别加在时间助词和指示代词之后，只用ni来表示从由义。

（二）阿侬语

阿侬语中表从由的助词有khɯŋ³¹ne⁵⁵和ne⁵⁵。跟玛曲藏语一样，khɯŋ³¹ne⁵⁵和ne⁵⁵，都表示动作行为在空间上或时间上的起始点，但它们的句法分布呈互补关系。ne⁵⁵附着于处所助词、时间助词和指示代词之后，khɯŋ³¹ne⁵⁵直接附着于表示处所、时间的名词或短语上。如：

khɛn³³dʐa³¹xam³⁵ ɖuŋ³³ ne⁵⁵ khaʔ⁵⁵ a³¹n̠i⁵⁵ ɖuɯ³¹ a³¹tshaŋ³¹ a³¹ne⁵⁵.
菜园子　　　　里（从助）鸡　　二　　只　　跑　　（方向后缀）
从菜园子里面跑出两只鸡。

a³³dʐ̩³¹ ɣo³³ ɖuŋ³¹　ne⁵⁵ ŋɯ³¹a³¹ laŋ⁵⁵ thi⁵⁵ ɖuɯ³¹ ŋo⁵⁵a³¹ dʑi³³ua³³.
茅草　背（处助）（从助）（定助）蟒蛇　一　　条　　有　（体后缀）

突然从茅草堆里出来一条蟒蛇。
tʂʅ³¹ɖom⁵⁵ ɖuŋ³³ ni⁵³ tɕha⁵⁵ ɕɛ³³nɛm⁵³ ŋɯ³¹ laŋ⁵⁵ a³¹
湖　　　（处助）（从助）鸟　美丽　（定助）出来（体后缀）
ŋo⁵⁵ li³³.
有（连词）

从湖里飞出来一只美丽的鸟。
khu⁵⁵min³¹ khɯŋ³¹ne⁵⁵ lo³¹khu³⁵ kha³¹ a³¹som⁵³ n̠i³³ thi³¹za³¹
昆明　　　（从助）　六库　　（处助）三　　天　　路
a³¹nɛ⁵⁵.
有

从昆明到六库有三天路程。
tshu³¹tɛ⁵⁵ khɯŋ³¹ne⁵³ a³¹tshaŋ³¹ a³¹pho³³ a³¹ni³³ io⁷⁵⁵ ŋɯ³¹a³¹
剪刀　　　（从助）　人　　　变　　（发展后缀）个　（定助）
iɛ³¹ua³³ ɕa⁵⁵ʔbɹɯŋ³⁵ ɛ³¹ia³³ua³³.
这样　跨过　　　　　（形容跨的样子）
由剪子变来的人一跨就跨过去了。
　　　　　　　　　　（以上例句引自孙宏开、刘光坤2005：114—267）

和玛曲藏语、阿侬语相同的还有景颇语、彝语（墨江）、义都语等。景颇语的从由助词是n³¹na⁵⁵，但更常用ko̠⁷⁵⁵n³¹na⁵⁵；彝语（墨江）的从由"助词"是dʑʌ²¹，但常用kʌ⁵⁵dʑʌ²¹；义都语的从由助词是ne³¹，但更常用ma⁵⁵ne³¹。如：

景颇语：
n³¹son³¹ ko̠⁷⁵⁵ n³¹na⁵⁵ wa³¹ ai³³ tai³¹ni⁵⁵ ʃi³³ mǎ³¹ŋa³³ ja⁷⁵⁵ tu³¹
陇川　　里　（从助）回来（结助）今天　十　五　　天　到
sai³³.
（句尾）
他从陇川回来至今已有十五天了。（戴庆厦、徐悉艰1992：246）

mǎ³³niŋ³³ ko̠⁷⁵⁵ n³¹na⁵⁵ ja⁷⁵⁵ tu³¹ kh₃a³¹ n⁵⁵ta⁵¹ ʒai³¹ n⁵⁵ wa³¹
去年　　　里　（从助）现在　到（助动）家　　尚　未　回
n³¹ŋai³³.
（句尾）
我从去年到现在尚未回家。　　　（戴庆厦、徐悉艰1992：246）

墨江彝语：

çe²¹ dɛ³³ pho²¹ ʌ²¹ni²¹ go²¹ɣo³³ kʌ⁵⁵ dʑʌ²¹ le²¹.
铁　打　人　昨天　昆明　（助词）来
铁匠昨天从昆明来。　　　　　　（纪嘉发1992：190—197）

e⁵⁵ne³³ dʑʌ²¹ de³³ lɯ²¹.　　　　从这儿上去。
这里（助词）上　去　　　　　　（纪嘉发1992：190—197）

义都语：

e³³ne⁵⁵ a³³lioŋ⁵⁵ ka⁵⁵ tɕi⁵⁵ ma⁵⁵ ne³¹ ɕiu⁵⁵ ka⁵⁵ tɕa⁵³?
你们　　　路　　　哪　（从格助）上　（山）
你们是从哪条路上山的？

a³³hi⁵⁵ja³³ a³³tshoŋ³⁵ e⁵⁵ja⁵⁵ ma⁵⁵ ne³¹ gi³³ dʑa³³.
他　　　柴　　　　山　（从格助）背（下趋趋向）
他把柴从山上扛下来。

i³³n̩i⁵⁵ a⁵⁵diu⁵⁵ n̩oŋ⁵⁵ ne³¹　le³³ dʑa³³.
我们　上游　　　（从助）搬迁（下趋趋向）
我们是从河上游迁过来的。

（以上例句引自江荻2005：117）

（三）羌语

羌语中的从由助词有tɕi和tɕaq，它们都能表示行为动作在空间或时间上的起始或经由，但tɕi还有一种作用，就是构成"除……外没……"的格式，其语义相当于汉语的"只有"。在表示空间或时间的起始或经由时，二者可以自由替换。如：

qa tsexçe tɕi kə-s ɦiũ-a:?　　thexçe tɕi kə-s ɦiũ-a:?
我 这边（从助）去（应然）（疑问）那边（从助）去（应然）（疑问）
我该从这边走？还是该从那边走？

tsa tɕi　　tha da-ʁua-tɕ,　　ɦĩpel jyχua sel tɕhi.
这里（从助）那里（趋向）过去（假若）两里 远　走 要
从这里到那里要走两里路远。

təpn̩i tɕi　qa ʔədʐa n̩i　　tu-jy-a:.
明天（从助）我 早（状饰）（趋向）起来（将行）
从明天起，我要早起。

mi tse: zudua: tɕaq　　tə-la-jy　　ɦiũ.
人 这 成都（从助）　（趋向）来（名化）是

这个人是从成都来的。

ʔili tɕila tɕaq ɭu-j-aː?
你们 哪里（从助）来（人称2复）（疑问）
你们是从哪里来的？

qupu ʔotsu̠qu tɕaq dzə bəl-jy.
他 早上 （从助）工作 做（情体）
他从早上起就干活儿了。

下面例子中的tɕi不能换成tɕaq，tɕi和后面的动词否定式构成"除……外没……"的格式，其语义相当于汉语的"只有"。例如：

tsəw tɕy:mi təw ʂtʂup tɕi me-tɕe-le.
这个 孩子（定指）一个 六岁（排除）没 还 有
这个孩子只有六岁。

qa tɕi ʔow tɕi mæ-qqæ.
我 儿子 一个（排除）没 有
我只有一个儿子。（以上例句引自黄布凡、周发成2006：195—196）

（四）拉坞戎语

拉坞戎语中表从由的助词有tɕhi⁵³、ne³³和tə⁵³ɣə³³。tɕhi⁵³标记动作行为在空间上的起始点，ne³³标记动作行为在时间上的起始点，也就是说，tɕhi⁵³和ne³³在表义上呈互补关系。tə⁵³ɣə³³既能标志动作行为在空间上的起始点，也能标志动作行为在时间上的起始点，而且可以分别和tɕhi⁵³、ne³³替换。如：

ȵe⁵³ ŋə⁵⁵tə³³gə³³ tɕhi³³ rə³³-tho-n⁵⁵?
你 哪里 （从助）（完）来（2、单）
你从哪里来？

ŋa⁵³ pha³³ tha⁵³ tɕhi³³ nɛ³³-tho-ŋ³³.
我 山 （处助）（从助）（完）来（1、单）
我从山上下来。

cçə⁵³ʁɑ³³ tɕhi³³ a³³tə⁵³ khe³³ tə³³ kuŋ⁵⁵li³³ rɑɣ⁵³ nɛ³³-khu³³ sə³³.
这里 （从助）那里（处助）（定指）公里 一 （完）有 了
从这里到那里有一公里。

以上句子里的tɕhi³³都可以换成tə⁵³ɣə³³。但tə⁵³ɣə³³还可以表示动作在时间上的起始点，而tɕhi³³则不能。比较下面的例句可以发现，当表示动作行为在时间上的起始点时，tə⁵³ɣə³³和ne³³可以互相替换。如：

cçə⁵³ xsnəz³³ tə⁵³ɣə³³ fsnə⁵³ bɛr³³ ntɕu³³.
他　昨天　（从助）今天　之间　工作
他从昨天干到今天。

ŋa⁵³ xɑ³³pi⁵³ tə³³ɣə³³ cçə⁵³gə³³ tɕu⁵⁵ vi³³ nɛ³³-khru-ŋ³³.
我　去年　（从助）　这里　工作　做（完）开始（1、单）
我从去年起就开始在这里工作。

ə³³dʑə⁵⁵ sliu³³ tə³³　　ne³³ cçə⁵³ bɛr³³ mə³³ jəm³³.
以前　月（定指）（从助）这　之间 天　干
从上个月到现在天就大旱。

snə⁵⁵ fse³³ ne³³　　tɕu⁵⁵ ə⁵³rə³³mə³³rə⁵³ vi³³ ro³³.
我　去年（从助）工作　认认真真　　做　要
我从去年起就开始在这里工作。

（以上例句引自黄布凡2007：101）

（五）怒苏语

怒苏语中的 do³⁵le³¹、bɑ³¹i³¹ 和 bɑ³⁵le³¹ 是说明来源和从由的结构助词。但和拉坞戎语一样，也存在空间上的起始点和时间上的起始点的区别，使用上有区别。

1．do³⁵le³¹ 和 bɑ³¹i³¹：这两个助词都可以用在地点名词的后边，说明"从什么地方"。do³⁵le³¹ 比 bɑ³¹i³¹ 的用途更为广泛，除了说明"从什么地方"，还可以用于时间名词的后边说明"从什么时间"，用于质料名词的后边说明"出自什么原料"。如：

ŋa³⁵dɯ³¹ pɛ³¹tɕĩ⁵⁵ do³⁵le³¹ la³⁵ ʔne⁵³.　　我们是从北京来的。
我们　　北京　（助词）来　是

u³¹ɹe³⁵ do³⁵le³¹ ʂa³⁵phɑ³⁵ do³⁵ phɹe³¹ bɑ³⁵ m̩⁵⁵ n̩i³¹ shua⁵⁵ a³¹.
知之罗（助词）上帕　（助词）到　　二　天　走　（助词）
从知之罗到上帕要走两天。

以上两个例句的 do³⁵le³¹ 都可以换成 bɑ³¹i³¹，意义不变。又如：

ɕi³⁵ ku³¹ tsha³¹phiɔ̃³⁵ da³¹u³⁵ do³⁵le³¹ ʐa˦³⁵ thua⁵³ la³⁵ ʔne⁵³.
这　个　布　　　棉花　（助词）做　出　来　是
这布是由棉花织出来的。

这个例句只能用 do³⁵le³¹，不能用 bɑ³¹i³¹。

2．bɑ³⁵le³¹ 可以用于时间名词的后边，说明"从什么时间"。例如：

ʔn̩o⁵⁵ khɹu⁵³ khɹu⁵³ɹu⁵³ bɑ³⁵le³¹ uɔ˦⁵⁵shu³⁵a⁵⁵ ɣu³¹ tshɔ³⁵.
他　六　岁　　（助词）书　　　读　开始

他从六岁开始读书。

（以上例句引自孙宏开、刘璐1986：80—81）

（六）史兴语（上游话）：

史兴语中rɛ̃³³和nõ⁵⁵都能表示从由，但是nõ⁵⁵的语法功能要更广泛，能够表示对象、工具、从由、所至等。比较如下：

1．nõ⁵⁵的语法功能

（1）用于动词对象宾语后，表示对象。如：

thi⁵³ ŋa³³ nõ⁵⁵ pʒ⁵³-ji³³.　　　　　　他对我说了。
他　我（受助）说（进行体）

（2）用于容器性工具名词后。如：

ŋʒ⁵⁵ qhu⁵³ no³³ dʐʒ⁵³ ɕĩ⁵⁵.　　　　　　我用碗喝水。
我　碗（工具）水　喝

（3）表示从由。如：

ŋʒ⁵⁵ dʑa³³na³³ nõ⁵⁵ miæ³³-rõ³³ sɿ⁵⁵.　　我从内地来。
我　内地　（从助）下来　（语尾）

（4）表示所至及所依（相当于处所助词）。如：

thɿ⁵³ ji⁵⁵bə⁵⁵ mu³³li³³ nõ⁵⁵ tɕhũ³³ sɿ⁵⁵.　他去年来到木里。
他　去年　木里（处助）来到（语尾）

qhua³³la³³ nõ⁵⁵ hɑo⁵⁵ khuʒ³³-ji³³.　　　盆里有粮食。
盆子　（处助）粮食 有（进行体）

2．rɛ̃³³的语法功能

（1）表施事。如：

ki⁵⁵ rɛ̃³³ ra³³ pu⁵³-wu³³ sɿ.　　　　　　老鹰把鸡叼走了。
老鹰（施助）鸡　叼（已行）（语尾）

（2）表工具。如：

thi⁵³ bi⁵³mi³³ rɛ̃³³ sĩ⁵⁵ qhu³³-ji³³.　　他用斧头劈柴。
他　斧头（施助）柴　劈（进行体）

（3）表从由。如：

ŋʒ⁵⁵ dʑa³³na⁵³ rɛ̃³³ lõ³³-ji³³.　　　　　我从内地来。
我　内地（施助）来（进行体）

（以上例句引自戴庆厦等1991：193—195）

以上语言事实表明，藏缅语的从由助词发展不平衡。含有从由助词的从由结构，从总体上讲都是表示一种"范围"，即表示动作行为所涉及的变化范围的起点，但是由于客观上的"范围"有处所范围、时间范围、状态变化范围等区别，不同的语言对这种"范围"的编码不同，只有一个从由助词的语言，不存在这种不同范围的区别，有两个或三个从由助词的语言，多数是因区分不同的范围而形成的。

四 从由助词的功能差异

从由助词在藏缅语中发展不平衡，表现为在有的语言中从由助词功能单一，如藏语、白马语、道孚语、却域语、扎巴语、傈僳语、西摩洛语、勒期语、载瓦语、梁河阿昌语等，而在有的语言中从由助词还兼有其他的语法功能。下面我们对具有兼用功能的从由助词进行考察。

（一）具有两种语法功能的从由助词

1．羌语（曲谷话）

羌语（曲谷话）中的tɕi既能表示空间或时间的起始，也能表示排除或限制。如：

（1）tɕi表示空间或时间的起始，相当于汉语的介词"从、自"等。例如：

tsa　　tɕi　　tha　　da-ʁua-tɕ,　　　fĩpel jyχua sel tɕhi.
这里（从助）那里（趋向）过去（假若）两里 远　走　要
从这里到那里要走两里路远。

təpni̯ tɕi　　qa ˀədʐa ni̯　　　tu-jy-aː.
明天（从助）我 早 （状饰）（趋向）起来（将行）
从明天起，我要早起。

（2）tɕi表示排除或限制。谓语动词要用否定式，构成"除……外没……"的格式，其语义相当于汉语的"只有"。例如：

qa pie tsæχṣa tɕi　　mæ-ʑi-jy,　　ma-tʂə-jy-æ.
我 猪 这些（排除）没 有（情体）不 杀（情体）（人称1单）
我只有这些猪，不杀了。

ˀũ-tɕ　　bulu ʁuat　tɕi　　zə-mə-pa（<pə + a）, ma-ɣdʐə wa!
你（对象）面粉 五斤 （排除）（已行）没 买 （人称1单）不 够（语气）
只给你买了五斤面粉，不够吧！

（以上例句引自黄布凡、周发成2006：195—196）

2．彝语

彝语中的ta³³既能表示事物存在或动作进行的处所，也能表示动作行为在空间和时间上的起始点。如：

（1）作处所助词。如：

a⁴⁴ta³³ do³¹bo³³ ta³³ sʅ³³ ndze³³.　　爸爸在外面劈柴。
爸爸　外面　（处助）柴　劈

tshŋ³³ o³¹dʐo³³ ta³³ ʅ⁵⁵ku³³ de³³.　　他在西昌当工匠。
他　　西昌　（处助）工匠　当

（2）作从由助词。如：

ŋa⁵⁵ vʅ⁵⁵vu³³ o³³dʐo³³ ta³³ la³³.　　我哥哥从西昌来。
我　哥哥　　西昌　（从助）来

nɯ³³ kha⁵⁵ ta³³ la³³?　　你从哪儿来？
你　哪儿（从助）来

ŋa³³ i⁴⁴ko³³ ta³³ la³³?　　我从家里来。
我　家里（从助）来

（以上例句引自胡素华2002：177—178）

3．桑孔语

桑孔语中的ha³³既能作从由助词，又能作工具助词。

（1）作从由助词。如：

pe³¹tɕiŋ³³ ŋe³³ ha³³ zi³³　　　从北京来
北京　（助）（从助）来

laŋ⁵⁵ɕa⁵⁵ me³³ ha³³ tem⁵⁵ la⁵⁵　　从水田回来
水田　（助）（从助）回　来

soŋ³¹mba̠³³la³³ ha³³ muŋ³¹tɕhi³¹ ŋo³¹　从早到晚
早上　（从助）　晚上　　到

（2）作工具助词。如：

tɕaŋ⁵⁵khum³¹ ha³³ khu³¹　　用勺子舀
勺子　　（工助）舀

pi³¹ ha³³ po̠³¹lo³¹ po³¹　　用笔写字
笔（工助）字　写

（以上例句引自李永燧2002：161）

4．苦聪话

苦聪话中的lɔ³³nɛ³³既能作从由助词、又能作工具助词。

（1）做从由助词。如：

nv³⁵tɕɛ³³ khuɛ³⁵ ti³¹ khɯ³³ ɣa³¹ku³³ lɔ³³nɛ³³ kɯ³³mʌ³³ tha³⁵
你们　　哪　一　条　路　（工助）山　　上

tai³³ɕi³³ n̠i³¹?　　　　　　　　　你们是从哪条路上上山的？
上来（语助）．

ti³¹ zA³³ xi⁵⁵ tɕhi³³ ma³¹ lɔ³³n̠ɛ³³ n̠i³¹ zA³³ ŋA³¹ tɕhi³³ ma³¹ gɤ³¹ɕi³³.
一　百　八　十　个　（工助）二　百　五　十　个　到
从一百八（十）到二百五（十）。

xiɛ⁵⁵n̠ɛ³³ ʑi³³ ŋa³³ tshu³³ lɔ³³n̠ɛ³³ phɔ³¹ tɔ³³v³³ɕi³³ ti³¹.
所以　那 鸟　人　（工助）边　出　去　听说
所以那种鸟是人变的。

（2）做工具助词。如：

ɕau³¹li³¹ thi³¹ʂŋ³³ lɔ³³n̠ɛ³³ va³¹ ti³⁵ ti³¹ khɯ³³ thau³⁵ zu³³ o³³.
小李　　铁丝　（工助）猪　野　一　头　套　中（体助）
小李用铁丝套住了一头野猪。

ʑi³³ ʐɛ³¹ sa³³ka⁵⁵ lɔ³³n̠ɛ³³ biɛ³³ ɕi³³a³³.　　那房子是木头盖的。
那　房　木头　（工助）　盖

（以上例句引自常俊之2011：151—152）

5．土家语

土家语中的le²¹既能表示动作行为在空间或时间上的起始点，相当于汉语中的从由，又能用来标记动作的状态。如：

（1）作从由助词。如：

ŋa³⁵ni⁵⁵ tshũ²¹tɕhĩ³⁵ le⁵⁵ pie⁵⁵ a⁵⁵ti⁵⁵.　　我们是从重庆搬来的。
我们　重庆　　（助）搬　来　　（田德生、何天贞等1986: 76）

上面例句中的le⁵⁵应是le²¹在语流中发生的声调变化。

（2）作修饰性状语助词。如：

mie³⁵ xau²¹xau²¹ le²¹ tse²¹.　　　　雨哗哗地下。
雨　哗哗　　　（助）下　　　（田德生、何天贞等1986: 76）

（二）具有三种语法功能的从由助词

1．麻窝羌语

麻窝羌语中的ji既能作从由助词，又能充当施事助词、工具助词。

（1）作从由助词。如：

qa peitɕin n̠i（结尾音n与ji同化成n̠i）tə lya.
我　北京（从助）　　　　　　　（前加）来
我从北京来。

kuə tanu ji lyn?　　　　　　　你从哪儿来？
你　哪儿（从助）来　（后加）

qəpatʂ kaji ʥaqu ka ʁuatʃhəs la ji.　　从头上到脚下有五尺。
头　（从助）脚（处助）五尺　（后加）

（2）作施事助词。如

tha: ji qutu ji qeli tsi ji.　　他从上面往下面看。
他（施助）上面（从助）下面 看（后加）

在上面这个例句中有两个ji，加在第三人称代词tha: "他"后面的ji，表示施事，加在qutu "上面"后的ji是从由助词，表示动作行为的起始点。

（3）作工具助词

qɑ χe ji phuʁɑ daɹɹa.　　我用针缝衣服。
我 针（工助）衣服（前加）缝

qɑ was ji stə ʥa:.　　我用筷子吃饭。
我 筷子（工助）饭　吃

（以上例句引自刘光坤1998：214—215）

3．柔若语

柔若语中的 $ɕi^{33}$ 能做从由助词、施事助词、工具助词。

（1）作从由助词。如：

tu^{55} $a^{55}ȵi^{55}$ $khuẽ^{55}mĩ^{33}$ $ɕi^{33}$ $lɛ^{31}$.
他　昨天　昆明　（从助）来
他昨天从昆明来。

tu^{55} $ʔa^{55}tɕɛ^{55}$ ta^{55}　$ɕi^{33}$ $tɕha^{55}pɛ^{33}$ $ŋo^{33}$ $pɛ^{33}$ $ŋo^{55}$ $lɛ^{31}$ $tʂ^{53}$.
他　哥哥　（处助）（从助）钱　　五　元　借　来（助词）
他昨天从哥哥那儿借来五元钱。

$sã^{31}mo^{33}$ $ɕi^{33}$ $ŋu^{55}pe^{55}$ $tɯ^{31}$ $nɛ^{31}$ $nɛ^{53}$ $tuɛ^{13}$ tso^{33}.
明天 （从助）我们　一　天　二　顿　吃
从明天起我们一天吃两顿。

（2）作施事助词。如：

tu^{55} $ɕi^{33}$　$vu̠^{53}$ $sɛ^{33}$ $kõ^{33}$ pa^{53} $ɕi^{55}$ $zɔ^{31}$.　　他打死了三只老鼠。
他（助词）老鼠 三　只　打　死（助词）

liu^{33} $kõ^{33}$ $ɕi^{33}$ $khyi^{33}$ $kɔ^{33}$ $ŋa^{53}$ $ɕi^{55}$ $zɔ^{31}$.　　豹子把狗咬死了。
豹子　（助词）狗 （助词）咬　死（助词）

（3）作工具助词。如：

$ʔa^{55}$ mo^{33} $ʔa^{53}$ ka^{55} $ɕi^{33}$　$ŋu^{55}$ $kɔ^{33}$ me^{33} pho^{33} pi^{31}.
伯母　　针　支（助词）我（助词）衣服　补　给

伯母用针给我补衣服。

ʔa⁵⁵ ie³³ ŋu⁵⁵ kɔ³³ me³³ lɛ⁵³ ɕi³³ me³³ kɯ³³ khɛ⁵³ pi³¹.
姑姑　　我（助词）麻布　（助词）衣服　件　缝　给

姑姑用麻布给我缝衣服。

（以上例句引自孙宏开等2002：121—126）

4．哈尼语

哈尼语中的ne³³能作从由助词、施事助词、工具助词。

（1）作从由助词。如：

ŋa⁵⁵ pe³¹tsi⁵⁵ ne³³ i³⁵.
我　北京　从　来

我从北京来。

a³¹jo³³ ma³¹ a³¹ta³³ phθ³³ ne³³ phθ⁵⁵ li³³ tɕa³¹ a⁵⁵.
他　们　上　边　从　过　去　掉　了

他们从上边过去了。

（2）作施事助词。如：

a³¹jo³¹ ne³³ xo³³ tɕa³¹ mjɔ³³ a⁵⁵.　　他把饭煮熟了。
他　（助）饭　煮　熟　了

xa³³ma³³ a⁵⁵xɔ⁵⁵ ne³³ ba³¹ dʑa³¹ a⁵⁵.　母鸡让野猫抓吃了。
母鸡　　野猫　（助）抓　吃　了

（3）作工具助词。如：

da⁵⁵tshŋ⁵⁵ ne³³ tɕhi³¹ la³¹ di³¹.　　用棍子打一下；打一棍子。
棍子　　（助）一　下　打

a³¹jo³¹ bu³¹du⁵⁵ ne³³ so³¹mja³³ bu³¹.　他用（毛）笔写字；他写毛笔字。
他　（毛）笔（助）字　　写

（以上例句引自李永燧、王尔松1986：96—97）

5．浪速语

浪速语中的mɛ⁵⁵能作从由助词、工具助词、领属助词。

（1）作从由助词。如：

kha³¹ mɛ⁵⁵ lɔ³⁵ ʒu³¹?　　　　　　从哪儿来的？
哪儿（助）来（助）

tʃhɛ³¹ mɛ⁵⁵ jam³¹ lɔ⁵⁵ aʔ³¹!　　从这边回家吧！
这　（助）家　回（助）

khun⁵⁵ mjin³¹/⁵¹ mɛ⁵⁵ lɔ³¹/⁵¹ ʒu³¹/⁵¹ mɔ³⁵tɔ³¹ ɛ³¹.
昆　明　　（助）来　的　汽车　（助）

从昆明来的汽车。

（2）作工具助词。如：

lɔʔ³¹ mɛ⁵⁵ tʃhi³¹ lɔ⁵⁵ aʔ³¹ᐟ⁵⁵!　　　　　　用手拿去吧！
手（助）拿　去（助）

kuŋ³¹ mɛ⁵⁵ jɛ³¹ᐟ⁵⁵ khẽ³¹ lɔ³¹ aʔ³¹!　　　　用杯子打来吧！
杯子（助）去　　打　来（助）

（3）作领属助词。如：

jin³¹ nan³¹ mɛ⁵⁵ pju³¹　　　　　　　　　　云南的人
云南　　（助）人

kuŋ³⁵ ʃɛ³⁵ mɛ⁵⁵ thɔ⁵⁵la⁵⁵ki⁵⁵　　　　　　公社的拖拉机
公社　　（助）拖拉机

（以上例句引自戴庆厦2005：81—82）

6．基诺语

基诺语中的jA³³能作从由助词、工具助词、比较助词。

（1）作从由助词。如：

ŋɯ³¹ɔ³³ m³³tɛ⁴⁴ khjo⁴⁴ jA³³ tshø⁴⁴ to³¹ nɛ³³.
太阳　　云　里（助）露　出　助
太阳从云彩里露出来。

khɤ³¹ zɔ⁴⁴ku⁴⁴ jA³³ su³¹ma⁵⁴ va⁴⁴ tʃhA³¹ kɔ⁴⁴ xja⁵⁴ tɔ⁴⁴ a⁴⁴ nɛ³³.
他　孩子（助）他人　（助）跟　工　住（助）（助）（助）
他从小就跟人帮工。

（2）作工具助词。如：

ŋo³¹ lo³¹mɔ³³ jA³³ khɯ⁴⁴jo⁴⁴ va⁴⁴ tsø³³ zA³³ᐟ³⁵ a⁴⁴ nɛ³³.
我　石头　（助）狗　　（助）扔　中　（助）（助）
我扔石头打中了狗。

ŋu⁵⁴ju³³ kjy⁴⁴no⁴⁴ tshA³¹zɔ⁴⁴ᐟ⁵³ ta⁴⁴lju⁴⁴ jA³³ ne⁴⁴ ka⁵⁴ nɛ³³.
我们　基诺　人　　　达溜　　助　鬼　赶（助）
我们基诺人用"达溜"来辟邪。

（3）作比较助词。如：

khɤ³¹ mi⁴⁴khɔ⁴⁴ ŋo³¹ jA³³ tʃɤ⁴⁴ mlA⁴⁴ a³³.
那　姑娘　　我（助）美丽　（助）
那姑娘比我漂亮。

khɤ³¹ ŋo³¹ jʌ³³ tʃɤ⁴⁴ vai³¹ thʌ³¹ nɛ³³.
他　我（助）更　快　跑　（助）
他比我跑得更快。　　　（以上例句引自蒋光友2010：176—177）

7．史兴语：

史兴语中的rẽ³³能做从由助词、施事助词、工具助词。

（1）作从由助词。如：

ŋ3⁵⁵ dʑa³³na⁵³ rẽ³³ lɤ̃³³-ji³³.　　　　　　　我从内地来。
我　内地　（施助）来（进行体）

（2）作施事助词。如：

ki⁵⁵　rẽ³³　ra³³　pu⁵³-wu³³ sɿ.　　　　　　老鹰把鸡叼走了。
老鹰（施助）鸡　叼　（已行）（语尾）

（3）作工具助词。如：

thi⁵³ bi⁵³mi³³ rẽ³³　sɿ̃⁵⁵ qhu³³-ji³³.　　　　他用斧头劈柴。
他　斧头　（施助）柴　劈（进行体）

　　　　　　　　　（以上例句引自戴庆厦等1991：193—194）

（三）具有四种语法功能的从由助词

1．波拉语

波拉语的mɛ̃⁵⁵能做从由助词、处所助词、领属助词、工具助词。

（1）作从由助词。如：

pɛ³¹kjin⁵⁵ mɛ̃³¹/⁵⁵ la⁵⁵ su⁵⁵ tɔ̃³¹/⁵¹ tɕi³⁵ ŋji⁵⁵/³¹ a⁵⁵.
北京　　（助）　来　的　话　说　在　（助）
从北京来的人在讲话。

ʃŋ³⁵/³¹ tʃhə⁵⁵ a³¹　pam⁵⁵ mɛ̃⁵⁵ phja²⁵⁵ la³⁵ ɛ³¹.
果子　这　（助）山　（助）摘　　来　的
这果子是从山上采来的。

（2）作处所助词。如：

tʃɔŋ³¹ mɛ̃³¹ ŋji⁵⁵/³¹ kɔn³¹/³⁵ a⁵⁵.　　　　在学校玩儿。
学校（助）在　玩　（助）

tʃhɔŋ³¹ mɛ̃³¹ ŭ⁵⁵khu³⁵/³¹ ta³⁵ ta³⁵/³¹ a⁵⁵.　　床上摆着枕头。
床　（助）枕头　　摆　着　（助）

（3）作领属助词。如：

yin³¹nan³¹ mɛ̃³¹/⁵⁵ pju⁵⁵　　　　　　　　云南的人
云南　　（助）　人

a³¹nak⁵⁵ mɛ̃³¹ᐟ⁵⁵ xə³¹va⁵¹ a³¹ kai³¹ᐟ⁵⁵.　　　　去年的庄稼不好。
去年　（助）　庄稼　　不　好

（4）作工具助词。如：
khɔʔ⁵⁵ mɛ̃³¹ᐟ⁵⁵ ɣəi⁵⁵ khɛ̃⁵⁵　　　　　　用碗打水
碗　　用　　　水　打

mɔ³⁵tɔ³¹ mɛ̃³¹ᐟ⁵⁵ khun³⁵mjin³¹ la³¹　　乘汽车去昆明
小汽车　乘　　　昆明　　　去

（以上例句引自戴庆厦等2007：159—163）

2．纳西语

纳西语的nɯ³³能作从由助词、处所（时间）助词、施事助词、补语标记。

（1）作从由助词。如：
thɯ³³ ʑi³³tʂhɯ³³ nɯ³³ tʂhɯ³¹.　　　　　他从昆明来。
他　　昆明　　（助）来

（2）作（处助）时间助词。如：
ŋə³¹ tʂhɯ³³ kha³¹ nɯ³³ bɯ³³.　　　　　我现在就去。
我　这　时　（助）去

（3）作施事助词。如：
ŋə³³ nɯ³³ thɯ³³ to⁵⁵ ʂə⁵⁵.　　　　　　我对他说。
我（助）他（助）说

khɯ³³ nɯ³³ ɕi³³ tsha⁵⁵ kv⁵⁵.　　　　　狗会咬人。
狗（助）人　咬　会

（4）作补语标记。如：
ŋə³¹ ndzɯ³³ nɯ³³ gɯ³³ ʐua³³ se³¹.　　我吃得饱极了。
我　吃　（助）饱　极　了

thɯ³³tshər³³ nɯ³³ ʂɯ³³ bɯ³³ zə³³.　　他热得要死。
他　热　（助）死　要　了

（以上例句引自和即人、姜竹仪1985：81—82）

3．史兴语

史兴语中的nõ⁵⁵能作从由助词、处所助词、工具助词、与事助词。

（1）作从由助词。如：
ŋ⁵⁵ dʑa³³na³³ nõ⁵⁵ miæ³³-rõ³³ sɿ⁵⁵.　　他对我说了。
我　内地　（从助）下来　（语尾）

（2）作处所助词。如：

thɿ⁵³ ji⁵⁵bə⁵⁵ mu³³li³³ nõ⁵⁵ tɕhũ³³ sɿ⁵⁵.　　　　他去年来到木里。
他　去年　　木里　（处助）来到（语尾）

qhua³³la³³ nõ⁵⁵ hɑo⁵⁵ khuʐ³³-ji³³.　　　　　　盆里有粮食。
盆子　（处助）粮食　有　（进行体）

（3）作工具助词（用于容器性工具名词后）。如：

ŋɜ⁵⁵ qhu⁵³ no³³ dʑɜ⁵³ ɕĩ⁵⁵.　　　　　　　　　我用碗喝水。
我　碗　（工具）水　喝

（4）用于动词对象宾语后，表示对象。如：

thi⁵³ ŋa³³ nõ⁵⁵ pɜ⁵³-ji³³　　　　　　　　　　他对我说了。
他　我（受助）说（进行体）

（以上例句引自戴庆厦等1991：195）

（四）具有跨词类或跨层次功能的从由助词

1. 景颇语

景颇语中的n³¹na⁵⁵既能作从由助词，又能作连词，表示并列、承接、因果、转折等关系。

（1）作从由助词。表示动作行为在空间、时间上的起点。如：

n³³tai³³ koʔ⁵⁵ n³¹na⁵⁵ kǎ³¹lau³¹ phaŋ³³ kaʔ³¹!
这　里　（从助）犁　　开始（句尾）
我们从这里开始犁吧！

n³¹son³¹ koʔ⁵⁵ n³¹na⁵⁵ wa³¹ ai³³　tai³¹ni⁵⁵ ʃi³³ mǎ³¹ŋa³³ jaʔ⁵⁵ tu³¹
陇川　里　（从助）回来（结助）今天　十　五　　天　到
sai³³.　　　　　　　　　　他从陇川回来至今已有十五天了。
（句尾）

ʃan⁵⁵the³³ khjiŋ³³ mǎ³¹tsat⁵⁵ n³¹na⁵⁵ kǎ³¹lo³³ phaŋ³³ mǎ³³sai³³,
他们　　点钟　八　（从助）做　开始　（句尾）
jaʔ⁵⁵ du³¹ khʐa³¹ noʔ⁵⁵ kǎ³¹lo³³ ŋa³¹ maʔ³¹ai³³.
现在　到（助动）还　做　（助动）（句尾）
他们从八点钟开始做，直到现在还在做。

mǎ³³niŋ³³ koʔ⁵¹ n³¹na⁵⁵ jaʔ⁵⁵ tu³¹ khʐa³¹ n⁵⁵ta⁵¹ ʐai³¹ n⁵⁵ wa³¹
去年　　里　（从助）现在　到（助动）家　　尚　未　回
n³¹ŋai³³.　　　　　　　　　　　我从去年到现在尚未回家。
（句尾）

（2）作连词，表示并列关系。如：

ma³¹kam³³ ko³¹ po³³nu⁵⁵ tʃai³³ n³¹na⁵⁵ ʃa³³ʒe³³ ai³³.
麻干　　（结助）头脑　灵　（连词）勇敢（句尾）
麻干机智而勇敢。

（3）作连词，表示承接关系。如：

naŋ³³ ʒot⁷³¹ tsap⁷⁵¹ n³¹na⁵⁵ tsun³³ u⁷³¹!
你　　起　　站　（连词）说　（句尾）
你站起来说吧！

（4）作连词，表示因果关系。如：

lă³¹ko³³ tha⁷³¹ tsi³¹ tʃa³³ ton³¹ n³¹na⁵⁵ wot³¹ n⁵⁵ tʃuŋ³³ mat⁵⁵ sai³³.
脚　　　上　　药　涂（助动）（连词）蚂蟥　不　叮　（助动）（句尾）
脚上涂了药，蚂蟥就不叮了。

n⁷³¹-kup³¹ ʃa³¹ tsun³³ n³¹na⁵⁵ n⁵⁵ ka³¹lo⁵⁵ ʃa³¹tup⁵⁵ tup⁵⁵ ʒai³¹ n³¹tai³³.
嘴　　　　只　说　（连词）不　做　　兑现（重叠）（泛动）（句尾）
你经常是只口头说，而行动不兑现。

（以上例句引自戴庆厦、徐悉艰1992：242—246）

2．嘉戎语

嘉戎语的从由助词是-s，具有多种语法功能。如：

（1）趋向助词-s加在处所名词后，表示从由的意思。这类句子里，在加了趋向助词的名词后，总是跟上动词"来"。如：

ŋa mba r̥kham-s　　　nɐ-pə-ŋ.　　　　　我从马尔康下来。
我　马尔康（助词）（前缀）下来（后缀）

kə-jam ʃɐr phjok-s　　　nə-khʃut.　　　太阳从东方升起。
太阳　东方（助词）（前缀）出来

wəjo wətə-s　　　　ko-pi ti　na-tsho.
他　那里（助词）（前缀）来时（前缀）胖
他从那里上来时胖了。

wəjo kə tə-s　　　jə-thal.　　　　　他到哪里去了？
他　哪里（助词）（前缀）去

（2）趋向助词-s，加在处所名词上后，其后面常跟上动词"去"，表示"向往或到……"的意思。如：

ta-wat kə-ngu wə-po-s　　jə-tʃhe-n.
山　　九　（前缀）外（助词）（前缀）去（后缀）

（你）到九座山外去！

wəjo kɐ-ntʃhɐk-s na-tʃhe. 他到街上去了。
他 街 （助词）（前缀）去

nɐm mkhɐ-s ʃam ndu kɐ-lɐt. 向天空放枪。
天 空（助词）枪   放

tʃə khɐ-s tɐ-stəm kɐ-lɐt. 向河里投掷石块。
河 里（助词）石块 投掷

（3）趋向助词-s还可以加在"缘、由"一类的名词后，前面重叠名物化动词词根，表示"由于……缘故"。这类句子在"缘由"名词后加了趋向助词，后面还要加施动助词kə。（请参阅后面施动助词的用法。）如：

kə-zor kə-zor wə-ji-s kə tʂet na-ʃi.
痛 啊 痛 啊（从缀）缘故（助词）（助词）一下（前缀）死
由于痛啊痛啊的缘故一下死了。

kə-sa ʒus kə-sa aus wə-ji-s kə ʒɐl tʃə na-pka.
告 啊 告 啊（从缀）缘故（助词）（助词）官 司（前缀）胜
由于告啊告啊的缘故官司打赢了。

（4）与其他助词构成助词结构

加在wa或ʃə后构成助词结构，并在前面加上从属前缀，表示所向往对象的人称。wa-s和ʃə-s都有"向、到"或"从、由"的意思，在句子里彼此可以互换。如：

tham mtsa ŋa ŋə-wa-s ko-pon-n je!
待 会儿 我（前缀）（助词结构）（前缀）来（后缀）（语气词）
待会儿（你）到我这里来吧！

no mə wɐ-ʃə-s ko-tʃhe-n!
你 他（前缀）（助词结构）（前缀）去（后缀）
你到他那里去！

加在stɐ后构成助词结构stɐ-s，附着于动词后，表示"自从……时起"之意。

no jə-tə-pə-n stɐ-s ŋa ŋə-sǝm nə-wden
你（前缀）（前缀）来（后缀）（助词结构）我（前缀）心（前缀）安定
自从你来时起，我的心就安定了。

nok ta-ma to-tə-pə-u stɐ-s jo jə-piɐ-s
你（助词）活儿（前缀）（前缀）做（后缀）（助词结构）咱们（前缀）收入

自从你做活儿时起，咱们的收入就多了。

（以上例句引自林向荣1993：330—335）

（五）多功能从由助词的比较分析

从由助词兼有不同的功能，为了更清楚地显示它们的差别，我们列表进行比较。

	从由	处所	施事	工具	比助	对象	状饰	补语	领属	排除
羌语（曲谷话）tɕi	+									+
彝语ta³³	+	+								
桑孔语ha³³	+			+						
苦聪话lɔ³³nɛ³³	+									
土家语le²¹	+					+				
麻窝羌语ji	+		+	+						
柔若语ɕi³³	+		+	+						
哈尼语ne³³	+		+	+						
浪速语mɛ⁵⁵	+			+					+	
基诺语jA³³	+			+	+					
波拉语mẽ⁵⁵	+	+		+					+	
纳西语nɯ³³	+	+	+					+		
史兴语rẽ³³	+									
史兴语nõ⁵⁵	+	+	+			+				

统计以上13种语言的14个从由助词，兼作工具助词的有10个，兼作施事助词的有5个，兼作处所助词的有4个，兼做领属助词的有2个，兼作差比助词、对象助词、修饰性状语助词、补语助词、表示排除的等分别只有1个。在这些语言中，能够兼作从由助词和工具助词的所占比例最大，起点、经由和工具的语义联系较难建立，它们最大的可能就是因占有相同的句法位置而关联到一起的，此时，只有一个虚化到相当程度的助词才具有这种兼职功能。

第三节　从由助词的词源关系

一　从由助词的词源比较

为了便于比较，我们把藏缅语各语支语言的从由助词列表如下：

语支	语言	从由助词
藏语支	玛曲藏语	ɣə ni、ni、ɣə
	错那门巴语	ki³¹
	仓洛门巴语	kai¹³
	白马语	iɔ⁵³
羌语支	羌语（曲谷话）	tɕi、tɕaq
	普米语	nãu¹³
	嘉戎语	-s
	道孚语	ŋɛ
	却域语	ɲi
	扎巴语	ɲi³¹
	木雅语	tsə³³kə³³
	纳木义语	ɲi³¹
	史兴语	rẽ³³、nõ⁵⁵
	拉坞戎语	tɕhi⁵³、tə⁵³ɣə³³、ne³³
景颇语支	景颇语	n³¹na⁵⁵
	阿侬语	khɯŋ³¹ne⁵⁵、ne⁵⁵
	独龙语	pɑŋ⁵⁵
彝语支	彝语	ta³³
	傈僳语	ku⁵⁵
	嘎卓语	kɛ³³
	基诺语	jA³³

（续表）

语支	语言	从由助词
彝语支	元江苦聪话	lɔ³³ɲɛ³³
	纳西语	nɯ³³
	哈尼语	ne³³
	拉祜语	qhɔ³³
	桑孔语	ha³³
	柔若语	ɕi³³
	怒苏语	do³⁵le³¹、bɑ³¹i³¹、bɑ³⁵le³¹
彝语支	西摩洛语	ʃv³³
	阿昌语	khɯ³³
	载瓦语	mai³¹
	浪速语	mɛ⁵⁵
	波拉语	mɛ̃³¹
	仙岛语	a⁽ʔ⁾⁵⁵
	勒期语	mɔ⁵³
语支未定	白语	sɑ³⁵
	赵庄白语	tɕa⁴⁴
	土家语	le⁵⁵
	珞巴语	ga
	克伦语	lə⁵⁵
	义都语	ne³¹，或者mɑ⁵⁵ne³¹

从比较中我们可以看出，藏缅语不同语支的从由助词多数是不同源的，同一语支内部的从由助词也仅是部分同源。如藏语支：错那门巴语的ki³¹、仓洛门巴语的kai¹³同源；羌语支：道孚语的ŋɛ、却域语的ɲi、扎巴语的ɲi³¹、纳木义语的ɲi³¹、拉坞戎语的ne³³同源；彝语支：傈僳语的ku⁵⁵、拉祜语的qhɔ³³、嘎卓语的kɛ³³同源，纳西语的nɯ³³、哈尼语的

ne³³、元江苦聪话的lɔ³³n̥ɛ³³同源；缅语支：载瓦语的mai³¹、浪速语的mɛ⁵⁵、波拉语的mɛ̃³¹、勒期语的mɔ⁵³同源。具有同源从由助词的语支中，数量也不均衡。像景颇语支的三种语言没有同源的从由助词，而藏语支有两种语言的从由助词同源，缅语支有四种语言的从由助词同源，彝语支中的同源助词分属不同的同源组。这种发展的不平衡性说明，原始藏缅语中还没有专门表从由的词，藏缅语的从由助词产生较晚，是在原始藏缅语分化为不同的语支之后乃至各语支又分化为不同的语言之后形成的，它们的产生是不同步的。

二 个别语言的从由助词是由动词虚化而来的

实词虚化是语言演变的一种普遍现象，在藏缅语的许多语言中都能见到。实词虚化不仅要改变实词的意义，而且有些还能改变实词的语音形式、改变语言结构的特点。①藏缅语虚词丰富，使用频率高，是重要的语法手段。藏缅语许多虚词的来源不太明显，而有些虚词还兼有实词功能，具有虚实两重性，有比较明确的来源，有些虚词和实词存在对应关系，但虚化程度较强，发生了语音形式的变化。藏缅语中的从由助词也存在同样的情况，许多从由助词目前还不容易找到它们的来源；彝语的ta³³虚实同形，既表示普通动词的"放""停""留"义，也表示动作进行的持续状态或是动作结果的保留的体貌虚词，还表示关联助词、动词状语助词、形容词状语助词、有"从""在"义的体词状语助词；②彝语的这一现象启示我们其他语言中的从由助词可能也与动词有一定的关系。

本章小结：藏缅语族各语言中普遍存在从由助词，用来表示行为动作在空间、时间、状态变化等的起点。它们多是单音节的，也存少数双音节性的和在个别非音节性的从由助词，部分双音节从由助词是从由助词和处所助词发生了"融合"，凝固为一个双音节的从由助词，不同语音形式的从由助词反映了语言的不同类型或不同发展阶段的特征。藏缅语中的从由助词大多没有共同的来源，它们是原始藏缅语分化成各语支或语种后各自产生的。其中有些从由助词可能是来源于存在动词，多数从由助词目前还看不清它们的来源。

---

① 戴庆厦：《景颇语的实词虚化》，载《藏缅语族语言研究》（二），云南民族出版社1998年版。

② 胡素华：《彝语结构助词研究》，民族出版社2002年版。

第六章　藏缅语族语言的工具助词

　　工具是动作进行的凭借，利用工具从事生产劳动是人类区别于动物的本质特征。因此，使用工具进行的各种活动便成为人类认知和语言表达的常见内容，工具范畴也成为各种语言的基本范畴之一。在不同类型的语言中，工具范畴的表达方式会有差异。在我们考察的藏缅语族各语言中，工具范畴普遍采用工具成分加助词的方式来表达。多数语言有一个工具助词，有的语言中有两个工具助词，不存在没有工具助词的语言。

　　在藏缅中，有一个工具助词的语言，大部分工具助词和施事助词的语音形式相同；有两个工具助词的语言中，大部分是其中一个工具助词和施事助词的语音形式相同，另一个和处所助词的语音形式相同，这种大范围的同形现象应该不是偶合的。以和施事助词同形的工具助词来说，它们所标注的工具和施事成分是同一个助词的两种不同的功能还是这两种不同的语义关系在藏缅语中就没有分别？如果是后者的话，就没有必要再讨论工具助词这一类。但藏缅语的事实是：首先，虽然大部分工具助词和施事助词同形，但仍然有不同于施事助词的工具助词，它们是专门用于标注工具成分或是兼有另外的非施事成分的；其次，工具成分的标注具有普遍性，而施事成分的标注是有条件的，并不是所有的施事成分都要加施事助词；再次，藏缅语族各语言中都有工具助词，有些语言中没有施事助词。因此我们认为需要另立一类来讨论。

第一节　工具助词的语音特征

一　工具助词的语音形式

　　根据能否自成音节，藏缅语的工具助词可以分为音节性的工具助词和非音节性的工具助词，音节性的助词又可以根据音节数量的多少分为单音节性的工具助词和双音节性的工具助词。在我们考察的语言中没有发现多音节的工具助词。

（一）非音节性的工具助词

非音节性的工具助词只存在于羌语（曲谷话）中。如：

羌语曲谷话中的-aq：

xtɕiepi-aq　qəte.　　　　　　　　　　　　用刀子杀死。
刀子（工助）杀死

stej-aq　　　tə-xə̣¹.　　　　　　　　　　用斧子砍了。
斧子（工助）（已行）砍

zdeku̯-aq　tsa　su-qu.　　　　　　　　　用嘴喝水。
嘴（工助）水（趋向）喝

japa-aq　buzu̯ phæse.　　　　　　　　　用手刨泥。
手（工助）泥巴 刨开

（以上例句引自黄布凡、周发成2006：194—195）

（二）单音节性的工具助词

藏缅语中大多数语言的工具助词是单音节性的。如：

错那门巴语的te³¹：

nʌ⁵⁵le³¹　ŋʌ³⁵rʌ⁷⁵³ thɔŋ⁵⁵ɕø⁵⁵ te³¹ leŋ³⁵ mø⁵⁵ wʌ³¹，tʌ³¹tʌ³¹ lek⁵⁵ɕø⁵⁵
从前　我们　木犁　（助词）田地 犁（语助）现在　铁犁

te³¹　　mø:⁵⁵wø⁵³ jin³⁵.
（助词）犁（后加）（助动）

从前我们用木犁犁地，现在用铁犁犁地了。　　　（陆绍尊1986：84）

羌语麻窝话的ɕi：

qɑ ʁutʂɑ ɕi　tsa thia:.　　　　　　　　我用碗喝水。
我　碗（工助）水 喝　　　　　　　　（刘光坤1998：211）

tha: tʃhɑ¹　ɕi　quŋ χlɑ:ji.　　　　　　他要用盆子洗脸。
他　盆子（工助）脸　洗（后加）　　　（刘光坤1998：211）

嘉戎语的kə：

no tɐ-ndɐr kə　ta-pu mə　tə-sə-top
你 棍子（施助）孩子 别（前缀）使用打

你别用棍子打孩子。

mə wə-mȵak kə　tə-rjo　nɐ-sə-pə-u.
他（前缀）眼睛（施助）话　（前缀）使用做（后缀）

他用眼睛说话。

mə   wə-swa   kə   ʃa   nɐ-sə-zə-u.
他（前缀）牙（施助）肉（前缀）使用吃（后缀）
他用牙吃肉。

（以上例句引自林向荣1993：338）

景颇语的the⁷³¹：

niŋ³¹wa³³ the⁷³¹ phun⁵⁵ tha⁷³¹　　　用斧头砍柴
斧头　　　用　　柴　　砍

n³¹thu⁷³¹ the⁷³¹ kǎ³¹toi³¹　　　　　用刀割
刀　　　 用　　 割

mǎi³¹sau³¹ the⁷³¹ ka³¹tsut̪⁵⁵　　　　用纸擦
纸　　　　用　　擦

（以上例句引自戴庆厦、徐悉艰1992：262）

彝语的si³¹：

zo⁴⁴zɯ³³ pi³¹ si⁴⁴ bu̪³³ma³³ bu̪³³.　　学生用笔写字。
学生　　 笔（助词）字　 写　　（胡素华2002：40）

nɔ³³su³³ si³¹n̪i³¹ ʐ̩⁴⁴pu³³ si⁴⁴ i⁵⁵go³¹ p̪ɿ³¹. 彝族姑娘用水桶背水。
彝族　　姑娘　　水桶（助词）水　背　（胡素华2002：40）

基诺语的jʌ³³：

khɤ³¹ phi⁵⁴ʃi³¹ jʌ³³ tshɛ⁴⁴khɯ⁴⁴ khja³¹ kɔ³³ a³³.
他　 篦子　　 助 头发　　　　篦　助　助
她正在用篦子篦头。　　　　　　　　（蒋光友2010：176）

nʌ³¹ tɛ³¹tʃha³¹ jʌ³³ ɛ⁴⁴khɤ⁴⁴ tʃha³¹ tɛ⁴⁴.　你用量尺量量柱子。
你　 量尺　　 助 柱子　　 量　 看　（蒋光友2010：176）

阿昌语的xɑ³³：

ŋɑ³³ tɕẽ³³pji³¹ xɑ³³ tʂɿ³³ ɕɛ.　　　　我用铅笔写字。
我　 铅笔（工助）字　写　　　　（时建2009：145）

lɑ⁷³¹ xɑ³³ nə⁷³¹ na³³/³⁵, lɑ⁷³¹ ta³¹ pjɛ³¹ lɑ³³.
手（工助）按（进行格）手　别　放　去
用手按着，手不要放开。　　　　　　（时建2009：145）

浪速语的jaŋ³¹：

ʃɛ³¹ jaŋ³¹ tsəŋ³⁵　　　　　　　　　用刀砍
刀（助）砍　　　　　　　　　　　（戴庆厦2005：77）

khɔi³¹ tsɛ³¹ jaŋ³¹ phauk⁵⁵　　　　　用筷子吃
筷　子　（助）吃　　　　　　　　　（戴庆厦2005：77）

仙仁土家语的ko³³：

mɔ³³ pi³³ ko³³ tshɿ⁵⁴tshɿ³³ ɣa³⁵　　　用毛笔写字
毛　笔（工助）字　　　写　　　　　（戴庆厦、李洁2005：99）

tshə⁵⁴ ta³⁵pei⁵⁵ ko³³ xu³³　　　　　　用大杯喝水
水　大　杯（工助）喝　　　　　　　（戴庆厦、李洁2005：99）

（三）双音节性的工具助词

藏缅语中的双音节性工具助词非常有限，在我们考察的语言中仅存在于元江苦聪话、普米语、拉祜语中。如：

普米语的gue⁵⁵ iɛ¹³和ʐue⁵⁵ iɛ¹³：

lɑu¹³sə⁵ gue⁵⁵ ie¹³ mɑu¹³ pi⁵⁵ gue⁵⁵ iɛ¹³ tue⁵⁵tsə⁵⁵ dzy¹³ ʐɯu⁵⁵.
老师　（施事格）毛笔　　（工具格）对联　　（后加）
老师正在使用毛笔写对联。　　　　　　（陆绍尊2001：177）

ʂɛ⁵⁵ yɛ̃⁵⁵ ʐue⁵⁵ iɛ¹³ mɛ¹³ tʃhɯɯ⁵⁵ ʐue⁵⁵ iɛ¹³ uə̃⁵⁵ tɕi⁵⁵ tʂha⁵⁵ ʐɯu⁵⁵.
社员们　（施事格）明火枪　　（工具格）熊（助词）射　　（后加）
社员们正在使用明火枪射老熊。　　　　（陆绍尊2001：177）

扎巴语的kə⁵⁵tə³¹：

tv³¹ʐʅ⁵⁵ phə³⁵ kə⁵⁵tə³¹ ȵi⁵⁵　 a⁵⁵ the³¹　thə³¹khə³¹ a⁵⁵ phɿ³¹
他　羊毛毡（工助）（助）（前加）下（雨）地方　（前加）盖
ʂtɿ⁵⁵a³¹.
（助）
他用羊毛毡把漏雨的地方盖住了。　　　（龚群虎2007：120）

tɕa³¹ɕi⁵⁵ ʂtɕa⁵⁵ʂkə⁵⁵ kə³¹tə³¹ ȵi⁵⁵　fsi⁵⁵　te⁵⁵ji⁵⁵　kə³¹ ʂta⁵⁵ ʂtɿ³¹a³¹.
扎西　铁丝　　（工助）（助）野山羊　一只（前加）逮（助）
扎西用铁丝套住了一只野羊。　　　　　（龚群虎2007：120）

元江苦聪话的lɔ³³ȵɛ³³：

ŋa³¹ ɕi³⁵ ti³¹ pa³¹ a³³khu³¹ lɔ³³ȵɛ³³ sa³⁵ɣʏ³¹ɕA³³＝ɕi³³a³³.
我　这　一　把　刀　　（工助）肉　切
我用这把刀切肉。

ɣɔ³¹ phʏŋ³¹ lɔ³³ȵɛ³³ miɛ³³phv³¹ tshɿ³¹ɕA³³＝ɕi³³a³³.
他　盆　（工助）脸　　　洗
他用脸盆洗脸。

ŋa³¹ khɯ³¹ lɔ³³n̠ɛ³³ a⁵⁵ka³³ dɔ³¹ɕʌ³³ = ɕi³³a³³.
我 碗   （工助）水   喝
我用碗喝水。

（以上例句引自常俊之2011：150—151）

拉祜语的te³³lɛ³³：
i³⁵ka̠⁵³ te³³lɛ³³ tshŋ⁵³ lɛ³¹!   用水冲啊！
水   （工助）冲 啊   （李春风提供）
jɔ⁵³ a³³thɔ³³ te³³lɛ³³ tʂ⁵³.   他用刀砍。
他 刀   （工助）砍   （李春风提供）

我们考察了39种语言（包括方言）的48个工具助词，只有羌语曲谷话的-aq是非音节性的，5个工具助词是双音节性的，其余42个工具助词是单音节性的。而且曲谷话的-aq和助词ʁa充当工具助词时的作用是相同的，可以替换。从藏缅语的整体发展趋势来看，非音节性的助词最终会被音节性的助词取代。可见，藏缅语的工具助词是以单音节为主的，这与藏缅语本身的分析性特征和格助词的来源及发展是有关系的。

二 工具助词和施事助词、处所助词的语音比较

有一个工具助词的语言中，工具助词和施事助词的关系较为密切；有两个工具助词的语言，多数情况下是其中一个与施事助词的关系较为密切，另一个与处所助词的关系较为密切。下面我们分别列表比较。

（一）有一个工具助词的语言

语支	语言	工具助词	施事助词
藏语支	玛曲藏语（口语）	ngə（kə、ɣə）	ngə（kə、ɣə）
	错那门巴语	te³¹	te³¹
	仓洛门巴语	ki¹³	ki¹³
羌语支	嘉戎语	kə	kə
	扎巴语	kə⁵⁵tə³¹	（无）
	木雅语	ji	ji
	纳木义语	la³¹	n̠i⁵⁵
景颇语支	景颇语	the⁷³¹	e³¹
	阿侬语	mi⁵⁵	mi⁵⁵

（续表）

语支	语言	工具助词	施事助词
彝语支	彝语（凉山话）	si³¹（si⁴⁴）、	kɯ³¹、si³¹
	墨江彝语	xɛ²¹	（无）
	傈僳语	ne³³（le³³）	ne³³（le³³）
	嘎卓语	kɛ³³	kɛ³³
	基诺语	jʌ³³	（无）
	元江苦聪话	lɔ³³ȵɛ³³	kiɛ⁵⁵ȵɛ³³
	哈尼语	ne³³	ne³³
	拉祜语	te³³lɛ³³	（无）
	桑孔语	ha³³	（无）
	柔若语	ɕi³³	ɕi³³
	怒苏语	i³¹	i³¹
	西摩洛语	xɔ⁵⁵	xɔ⁵⁵
缅语支	阿昌语	xɑ³³	xɑ³³
	仙岛语	a⁵⁵	a⁵⁵
	载瓦语	ə³¹	ə³¹
	勒期语	ŋjei⁵³（ŋ⁵³）	ŋjei⁵³（ŋ⁵³）
语支未定	仙仁土家语	ko³³	ko³³
	珞巴语	nɯŋ	nɯŋ
	义都语	tɕi⁵³	ȵi⁵⁵

我们考察了28种有一个工具助词的语言（包括方言），并在各语言内部进行比较。其中5种语言没有施事助词，工具助词和施事助词不同形的有纳木义语、景颇语、元江苦聪话、义都语4种，除此外，有19种语言的工具助词和施事助词是同形的，不存在和处所助词的同形现象。

（二）有两个（或两个以上）工具助词的语言

语支	语言	工具助词	施事助词	处所助词
藏语支	白马语	rɛ⁵³、nɔ¹³	i⁵³	kɛ⁵³、nɔ⁵³
羌语支	羌语（曲谷话）	ʁa、-aq	（无）	ʁa(-a)、ta、-aq
	羌语（麻窝话）	ji、ka	ji	ka（ɕi）
	普米语	gue⁵⁵iɛ¹³、ʐue⁵⁵iɛ¹³	gue⁵⁵iɛ¹³、ʐue⁵⁵iɛ¹³	ʐu¹³、khu¹³、to⁵⁵、po⁵⁵
	道孚语	qha、noŋ	ɣu	ʁa、noŋ
	史兴语（上游）	rẽ³³、nõ⁵⁵	rẽ³³	ʁõ⁵³、nõ⁵⁵
	史兴语（下游）	ɸui⁵⁵、nɔ̃⁵⁵	（无）	nɔ̃⁵⁵
	拉坞戎语	ɣə³³、scçe⁵³、gə³³	ɣə³³	tha⁵³、gə³³、la⁵³、ʁɑ⁵³
景颇语支	独龙语	mi⁵⁵（i⁵⁵）、dɔ³¹	mi⁵⁵（i⁵⁵）	dɔ³¹
缅语支	波拉语	jaŋ³¹、mẽ³¹	jaŋ³¹	mẽ³¹
	浪速语	jaŋ³¹、mẽ³¹	jaŋ³¹	mẽ³¹

白马语、羌语（曲谷话）、羌语（麻窝话）、普米语、道孚语、史兴语（上游话）、史兴语（下游话）、拉坞戎语、独龙语、波拉语、浪速语。

在我们考察的11种有两个（或两个以上）工具助词的语言中，先看工具助词和施事助词的比较：普米语的两个工具助词和两个施事助词同形，两个工具助词的区别和两个施事助词的区别相同，即区分标注成分的单复数；麻窝羌语、上游史兴语、拉坞戎语、独龙语、波拉语、浪速语6种语言中有一个工具助词和本语的施事助词同形；白马语、羌语（曲谷话）、道孚语、下游史兴语4种语言的工具助词不和施事助词同形（其中羌语曲谷话、下游史兴语没有工具助词），也就是说工具助词和施事助词同形的有7种（在这里我们把普米语的两个工具助词看作一种），不同形的有4种。再看工具助词和处所助词的比较：白马语、麻窝羌语、道孚语、上游史兴语、下游史兴语、拉坞戎语、独龙语、波拉语、浪速语9种语言中的一个工具助词和本语言中的处所助词（如果有两个或两个以上的处所助词时，指其中之一）同形；羌语曲谷话的两个工具助词分别和两个不同形式的处所助词同形；只有普米语这1种语言中没有和处所助词同形的语言，也就是说，在有两个工具助词的语言中，其中有10种工具助词和处所助词同形（这里我们把羌语曲谷话的两个工具助词看作一种）。

综合以上的比较，39种藏缅语中，有26种语言的工具助词和施事助词同形，除去7种没有施事助词的语言外，只有6种语言的工具助词和施事助词不同形。有两个（或两个以上）工具助词的语言，其中一个主要和处所助词同形。这表明藏缅语中的工具助词和施事助词具有较强的一致性；其次，部分语言的处所助词也发展出表示容器性工具的功能。

第二节　工具助词的语法特征

一　工具助词的附着对象

（一）附着于名词之后

错那门巴语：

cer^{35}kʌn^{55} ȵy^{35}ku^{53} te^{31} ji^{35}ci^{53} pri^{35}wo^{53} ne^{ʔ35}.
老师　　　竹笔　（助词）字　写（后加）（助词）
老师用竹笔写字。　　　　　　　　　　（陆绍尊1986：84）

白马语：

kho^{13}ȵe^{53} tha^{13}ua^{53} rɛ^{53} ʃhe^{13} ga^{341} dɐ^{13}.
他　　　绳子　（工助）柴　捆　（进行）
他用绳子捆柴。　　　　　　　　　　（孙宏开等2007：116）

景颇语：

niŋ^{31}wa^{33} the^{ʔ31} phun^{55} tha^{ʔ31}
斧头　　　用　　柴　砍
用斧头砍柴　　　　　　　　　　（戴庆厦、徐悉艰1992：262）

（二）附着在名词性短语之后

仓洛门巴语：

ro^{213} ɕiŋ^{55} t'uŋ^{55} ŋa laŋ^{13} ȵi ka^{13}taŋ^{13} pur^{13}ma^{13} ki$^{（13）}$ ɕa^{55}raŋ^{13}
他　树　上　（结构）坐　（连）手　指头　　　头
ɕet^{55} tɕ'o^{55}wa la.
梳　在　（助动）
他坐在树上，用手指头梳头发。　　　　　（张济川1986：110）

白马语：

ŋa^{35} ie^{13}kɛ^{35} tʃho^{13}ndʑa^{35} ndʑa^{341}po^{53} rɛ^{53} kha^{13}ŋo^{53} tɕy^{341} uɛ^{13}.
我　每天　水　　冷　　（工助）脸　　洗　（已行）
我每天（经常）用冷水洗脸。　　　　　（孙宏开等2007：116）

羌语（曲谷话）：

guəs tsal qa ʥikṵ xsisuepi ʁa zə-pə̰-ka.
衣服 这件 我 钱 三十元（工助）（趋向）买到(人称1单)
这衣服我用三十元钱买来的。 （黄布凡、周发成2006：191）

独龙语：

ăŋ⁵³ ɑŋ³¹săɻ⁵⁵ ɕăm⁵³ ti⁵⁵blăŋ⁵³ mi⁵⁵ ɕiŋ⁵⁵ ɑ³¹tsĕp.
他 新 刀 一把 （助词）柴 劈
他用一把新刀子劈柴。 （孙宏开1982：146）

元江苦聪话：

a³³zv³¹phɑ³¹ ɣɯ³³ mɔ³¹thɔ³¹ khiɛ³¹ tɕɛ³³ lɔ³³ɲɛ³³ vɤ³¹ɕi³³ ɲi³¹vi³¹?
姑爹 （领属）摩托 多少 钱 （工助）买 的(语助)(语助)
姑父的摩托是多少钱买的？ （常俊之2011：152）

波拉语：

nɔ̃⁵⁵ ŋai³⁵ na̠³¹ khɔʔ⁵⁵tʃɔŋ³¹ jaŋ³¹ ɣəi⁵⁵ i⁵⁵ khu³⁵/³¹ la⁵⁵ ɛ̃ʔ⁵⁵ma³¹!
你 我的(助) 杯子 用 水 去 接 来 （助）
你用我的杯子去接水吧！ （戴庆厦等2007：157）

二 工具结构的句法位置

工具成分和工具助词组成工具结构。工具结构常见的句法位置是处于施事成分之后，动词宾语之前。有时，工具结构和宾语可以变换位置。当受事处于话题位置时，工具结构位于施事之后、动词之前。

（一）（施事成分）+工具结构+宾语+动词

如：景颇语：

niŋ³¹wa³³ theʔ³¹ phun⁵⁵ thaʔ³¹ 用斧头砍柴
斧头 用 柴 砍 （戴庆厦、徐悉艰1992：262）

阿侬语：

ŋ³¹ bɯn³¹ mi⁵⁵ ŋuɑ⁵⁵ ɑ³¹tɕhun³³ ɛ³¹.
他 钩子（工助）鱼 钓 （陈述后缀）
他用钩子钓鱼。 （孙宏开、刘光坤2005：113）

（二）（施事成分）+宾语+工具结构+动词

如：勒期语：

tshə⁵⁴ ta³⁵pei⁵⁵ ko³³ xu³³ 用大杯喝水
水 大 杯（工助）喝 （戴庆厦、李洁2005：99）

仓洛门巴语：

a⁵⁵ɕiŋ⁵⁵ mom¹³ ri¹³ ts'a⁵⁵lu¹³ ki⁽¹³⁾ ɕur⁵⁵k'e⁵⁵.
咱俩　大白菜　水　热　　　烫
咱们俩用热水烫白菜吧。　　　　　　　（张济川1986：110）

元江苦聪话：

u³³tu³³bi³¹tshu³¹ ɣɯ³³ phɯ³³kɯ³³ piɛ³³liɛ³³ a³³kɯ⁵⁵ lɔ³³ŋɛ³³ pʌ³³v³¹.
那　傣族（领属）衣服　　破　　松明子（工助）换
跟傣族人用松明子换破旧的衣服。　　　　（常俊之2011：152）

义都语：

a³³hi⁵⁵ja³³ ɲi⁵⁵ ka³³ra³⁵ i⁵⁵tu⁵⁵ a⁵⁵du⁵³a³¹ a³³sim⁵⁵ pra⁵³ tɕi⁵³ ka⁵⁵
他　（施事）雨　落　地方　板子　（工助）挡
hi⁵³ ba³¹.　　　　　　他用板子把漏雨的地方挡住了。
（已行）　　　　　　　　　　　　　　（江荻2005：114）

（三）受事宾语+工具结构+动词

如：哈尼语：

ʥi⁵⁵ba³¹ ɕi⁵⁵ tɕha³³ tshe⁵⁵du³³ ne³³ sa³¹ la³¹ ʁ³³ ŋa³³.
酒　这　种　玉米　（助）蒸　来　的（助）
这种酒是用玉米酿造的。　　　　　（李永燧、王尔松1986：97）

勒期语：

ŋjaŋ³³ le⁵⁵ ŋo⁵³ ŋjei⁵³ vu³¹si⁵⁵ ŋjei⁵³ pa:t³¹.
他（受事）我（施事）棍子　（工助）打
他被我用棍子打。　　　　　　　（戴庆厦、李洁2007：169）

工具结构的句法位置不受句子的肯定式和否定式的影响，在否定句中，仅是在动词前加否定词。如：

嘉戎语：

no tɐ-ndɐr kə　ta-pu mə　tə-sə-top　你别用棍子打孩子。
你　棍子（施助）孩子　别（前缀）使用打　（林向荣1993：338）

三　工具成分的语义类型

工具是动作进行的凭借，工具成分多由表示器物类词语充当。工具可以有多种不同的分类，有专门性工具、通用性工具、临时性工具，有交通运输工具、生产制作工具等。但通观藏缅语常见的工具成分，和句法相联系的语义分类是根据工具是否为动作凭借的容器分为容器性工具、普通工具。另外，关于动作所凭借的材料，包括交换材料、制作材料，在藏缅语中，也多以工具助词来标注。因此，我们也将其看作是工具成分中特殊的语义类型，是和容器性工具、普通工具并立的材料性工具。从逻辑意义上说，材料既是动作的凭借，又是动作的受事。在我们的认识中，材料是材料，工具是工具，把材料看作工具不太容易被人接受，因为随着动作的完成，材料也转变成动作的结果事物或结果事物的组成成分，工具在动作完成后仍然可以充当下一次动作的工具。

（一）普通工具

普通工具是动作作用于另一事物时凭借的非容器性器物。普通工具包括常见的专门性工具、通用性工具、临时工具等。如：

墨江彝语：

tɕhi²¹khu²¹ xɛ²¹ mi⁵⁵ kʌ²¹， ʌ⁵⁵tɛ⁵⁵ xɛ²¹ ɕi³³ dʑi³³.

锄头 　　（助词）地　挖　　刀（助词）柴　砍

用锄头挖地，用刀砍柴。　　　　　　　　（纪嘉发1992：）

哈尼语：

a³¹jo³¹ bu̱³¹ du⁵⁵ ne³³ so³¹mja³³ bu̱³¹.

他　（毛）笔　（助）字　　写

他用（毛）笔写字。他写毛笔字。　　　　（李永燧、王尔松1986：97）

仙岛语：

kum³¹puŋ³¹ a⁷⁵⁵ n⁵⁵pui⁵¹ m̥ut⁵⁵　　　　用火筒吹火

火筒　　（工助）火　　吹　　　　　　　（戴庆厦等2005：89）

彝语：

hɔ³¹hɔ³³ tʂʅ⁴⁴ tɕi³³ ma³³ si⁴⁴ de³³ ta³³ su³³.

口弦　这　根　竹子（助词）做（情态）（语气）

这把口弦是用竹子做的。　　　　　　　　（胡素华2002：40）

拉祜语：

jɔ⁵³ la̱³¹mɛ¹¹ tɛ³³lɛ³³ bu³¹.

他　左手　（工助）写

他用左手写字。　　　　　　　　　　　　（李春风提供）

嘉戎语：

mə　wə-mn̪ak　kə　tə-rjo　　nɐ-sɐ-pə-u

他（前缀）眼睛（施助）话（前缀）使用做（后缀）

他用眼睛说话。　　　　　　　　　　　　（林向荣1993：338）

仓洛门巴语：

a⁵⁵ɕiŋ⁵⁵ mom¹³ ri¹³ tsʻa⁵⁵lu¹³ ki⁽¹³⁾ ɕur⁵⁵kʻe⁵⁵.
咱俩　大白菜　水　热　（助词）　烫

咱们俩用热水烫白菜吧。　　　　　　　（张济川1986：110）

（二）容器性工具

容器性工具指的是某种动作进行时所凭借的容器类事物。容器性工具除了日常所用的容器外，还包括汽车、船、飞机等可以供人乘坐的交通工具。如：

白马语：

ɑ¹³ʐɔ³⁵ phə̃¹³tʂʅ⁵³ nɔ¹³ kha¹³ŋo⁵³ ndʑø⁵³ dɐ.
舅舅　盆子　（工助）脸　　洗（进行）

舅舅在用盆子洗脸。　　　　　　　　　（孙宏开等2007：116）

史兴语：

ŋʐ⁵⁵ qhu⁵³ no³³ dʐʐ⁵³ ɕĩ⁵⁵.
我　碗　（工助）水　喝

我用碗喝水。　　　　　　　　　　　　（戴庆厦等1991：195）

独龙语：

iŋ⁵⁵ păŋ⁵³tɕɯ⁷⁵⁵ dɔ³¹ tɯ³¹mǎɹ⁵⁵ dʑɑŋ⁵⁵.
我们 竹筒　（助词）油　　装

我们用竹筒装油。　　　　　　　　　　（孙宏开1982：151）

波拉语：

nɔ̃⁵⁵ ŋai³⁵ na³¹ khɔ⁷⁵⁵tʃɔŋ³¹ jaŋ³¹ ɣəi⁵⁵ i⁵⁵ khu³⁵/³¹ la⁵⁵ ɛ̃⁷⁵⁵ma³¹!
你 我的（助）杯子　　用　水　去　接　　来（助）

你用我的杯子去接水吧！　　　　　　　（戴庆厦等2007：157）

浪速语：

mɔ³⁵ tɔ³¹ mɛ⁵⁵ pə̌³¹ tʃui³⁵/⁵⁵ lɔ⁵⁵ va⁵⁵.
汽车（助）帮　乘　　去

乘汽车去了。　　　　　　　　　　　　（戴庆厦 2005：81）

（三）交换材料

交换材料是指在交换、买卖等行为中一方为了换取或得到另一方的某种事物时所凭借的东西。如：

苦聪话：

u³³tu³³bi³¹tshu³¹ ɣɯ³³ phɯ³³kɯ³³ piɛ³³liɛ³³ a³³kɯ⁵⁵ lɔ³³ŋɛ³³ pʌ³³v³¹.
那　傣族　　（领属）衣服　破　　松明子（工助）换

跟傣族人用松明子换破旧的衣服。　　　　（常俊之2011：152）
a³³zv³¹phʌ³¹ ɣɯ³³ mɔ³¹thɔ³¹ khiɛ³¹ tɕɛ³³ lɔ³³ŋɛ³³ vɤ³¹ɕi³³ n̠i³¹vi³¹?
姑爹　　（领属）摩托　多少　钱　（工助）买　的（语助）（语助）
姑父的摩托是多少钱买的？　　　　　　　（常俊之2011：152）

（四）制作材料

材料性工具是制作类动作进行时所凭借的材料，随着动作的完成，材料也转变成动作的结果事物或结果事物的组成成分。如：

拉坞戎语：

cçə⁵³ ja³³le³³ tə⁵³ jə³³me³³ ɣva⁵³ ɣə³³ kə³³-vzu⁵⁵ pɑu³³.
这　馍馍（定指）玉米　　粉　（工助）（完）做　名化
这馍馍是用玉米粉做的。　　　　　　　　（黄布凡2007：100）

哈尼语：

dʑi⁵⁵ba³¹ ɕi⁵⁵ tɕha³³ tshe⁵⁵du³³ ne³³ sa̠³¹ la³¹ ɤ³³ ŋa³³.
酒　　这　种　玉米　　　（助）蒸　来　的（助）
这种酒是用玉米酿造的。　　　　　　　（李永燧、王尔松1986：97）

phɯ³³lɔ⁵³ tɕhi³³ te⁵³ ma³¹ lɛ³³ xa³⁵pɯ³³ɕi¹¹ te³³lɛ³³ te³³ ta¹¹ ve³³.
桌子　　这　一　个（助词）石头　　（工助）做　着　的
这个桌子是用石头做的。　　　　　　　　（李春风提供）

四　工具助词的使用情况

多数工具助词和施事助词同形，但施事助词的使用是有条件的，这一点我们在施事助词一章已经有过阐述，而工具助词的使用基本上是强制性的，只有个别语言中的材料工具不加工具助词。这是工具助词和施事助词的根本差别。只有一个工具助词的语言和具有两个或两个以上工具助词的语言情况不同。具有两个或两个以上工具助词的语言，它们的工具助词的使用往往是有分工的。

（一）只有一个工具助词的语言

只有一个工具助词的语言有玛曲藏语、错那门巴语、仓洛门巴语、扎巴语、木雅语、景颇语、阿侬语、哈尼语等共28种。它们的工具助词是通用的，也就是说不受工具成分语义类型的影响，可以标注普通工具、容器性工具、交换材料、制作材料等。如：

1. 元江苦聪话的工具助词 lɔ³³ȵɛ³³

（1）标注普通工具

ŋa³¹ ɕi³⁵ ti³¹ pa³¹ a³³khɯ³¹ lɔ³³ȵɛ³³ sa³⁵ɣɤ³¹ɕA³³＝ɕi³³a³³.
我　这　一　把　刀　　（工助）肉　切
我用这把刀切肉。

ɕau³¹li³¹ thi³¹sɿ³³ lɔ³³ȵɛ³³ va³¹ ti³⁵ ti³¹ khɯ³³ thau³⁵ zu³³ o³³.
小李　　铁丝　　（工助）猪　野　一　头　　套　　中（体助）
小李用铁丝套住了一头野猪。

（2）标注容器性工具

ŋa³¹ khɯ³¹ lɔ³³ȵɛ³³ a⁵⁵ka³³ dɔ³¹ɕA³³＝ɕi³³a³³.
我　碗　（工助）水　　喝
我用碗喝水。

ɣɔ³¹ phɤŋ³¹ lɔ³³ȵɛ³³ miɛ³³phv³¹ tshɿ³¹ɕA³³＝ɕi³³a³³.
他　盆　　（工助）脸　　　洗
他用脸盆洗脸。

（3）标注交换材料

ɕi³⁵ ŋa³¹ ȵi³¹ ba⁵⁵ lɔ³³ȵɛ³³ vɤ³¹ ɕi³³a³³.
这　我　两　块　（工助）买　的
我花两块钱买的它。

u³³tu³³bi³¹tshu³¹ ɣɯ³³ phɯ³³kɯ³³ piɛ³³liɛ³³ a³³kɯ⁵⁵ lɔ³³ȵɛ³³ pA³³v³¹.
那　傣族　　　　（领属）衣服　　破　　松明子　（工助）换
跟傣族人用松明子换破旧的衣服。

（4）标注制作材料

ɕi³⁵ ʐɛ³¹ tsuaŋ³³ wa³¹ lɔ³³ȵɛ³³ biɛ³³ ɕi³³a³³.
这　房　砖　　瓦　（工助）盖
房子是砖瓦砌的。

lau³¹phv³¹ sv³⁵sv³³ lɔ³³ȵɛ³³ ti³³ ta³⁵ ɕA³³＝ɕi³³a³³.
犁　　　齿铁　（工助）做（体助）
犁头是用铁做的。

（以上例句引自常俊之2011：150—151）

2．柔若语的工具助词

（1）标注普通工具

ʔa⁵⁵ mo³³ ʔa⁵³ ka⁵⁵ ɕi³³ ŋu⁵⁵ kɔ³³ me³³ pho³³ pi³¹.
伯母　　　针　支（助词）我（助词）衣服　补　给

伯母用针给我补衣服。

（2）标注容器性工具

ʔa⁵⁵ tɕɛ⁵⁵ ue⁵⁵ lɛ³³ ɕi³³ xɛ³⁵ zɔ³³ kha⁵³.

哥哥　口袋 个（助词）玉米　装

哥哥用口袋装玉米。

kɛ³¹ mi³³ ia⁵³ po¹³ lɛ³³ ɕi³³ pha³³na⁵⁵ tɕhi³³.

妹妹　个　盆子 个（助词）脸　　洗

妹妹用盆子洗脸。

（3）标注制作材料

tu⁵⁵ piɔ¹³ ɕi³³ tsha³³ ko⁵⁵ tsɛ⁵³.

他　草（助词）帽子　　编

他用草编帽子。

ʔa⁵⁵ ie³³ ŋu⁵⁵ kɔ³³ me³³ lɛ⁵³ ɕi³³ me³³ kɯ³³ khɛ⁵³ pi³¹.

姑姑　我（助词）麻布　（助词）衣服 件　缝　给

姑姑用麻布给我缝衣服。

（以上例句引自孙宏开等2002：122）

（二）有两个（或两个以上）工具助词的语言

我们考察了白马语、羌语（曲谷话）、羌语（麻窝话）、普米语、道孚语、史兴语（上游话）、史兴语（下游话）、拉坞戎语、独龙语、波拉语、浪速语11种有两个（或两个以上）工具助词的语言，其中，区分普通工具和容器性工具的有白马语、麻窝羌语、道孚语、史兴语（上游话）、史兴语（下游话）、拉坞戎语、独龙语、波拉语、浪速语9种。羌语（曲谷话）、普米语的两个工具助词没有这种区别。

1．区分普通工具和容器性工具的语言

白马语：

（1）工具助词rɛ⁵³标注普通工具。如：

tɕhɔ¹³pɑ⁵³nɛ³⁵（i⁵³）tɕe¹³ja⁵³ rɛ⁵³ ʃhe¹³tsø¹³ de¹³.

小孩子　　　（施助）刀子（工助）柴　砍（进行）

小孩子在用刀子砍柴。（孙宏开等2007：116）

（2）工具助词nɔ³⁵标注容器性工具。如：

sha¹³ʃu³⁵zɐ⁵³ɳɐ⁵³ sɔ¹³tʃo³⁵ nɔ³⁵ sɔ³⁵zɐ⁵³ de¹³.

炊事员　　　　锅　（工助）饭　做（进行）

炊事员在用锅做饭。（孙宏开等2007：116）

麻窝羌语：

（1）工具助词ji标注普通工具。如：

qɑ χe ji　phuβɑ daɹɹa.　　　　　我用针缝衣服。
我 针（工助）衣服（前加）缝　　（刘光坤1998：215）

（2）工具助词ka标注容器性工具。如：

qɑ phintsə ka　sman jia:.　　　　我用瓶子装药。
我 瓶子 （处助）药 装　　　　　（刘光坤1998：213）

道孚语：

（1）工具助词qha标注普通工具。如：

thə ɣu　tɕẽ dʑə qha　dʑiba v-dʐa-gu rə.
他（施事格）剪子（工具格）衣　裁
他用剪子裁衣。　　　　　　　　（戴庆厦等1991：40）

（2）工具助词noŋ标注容器性工具。如：

thə ɣu　tsoŋtsoŋ noŋ ara rə ɕə.
他（施事格）盅盅　里 酒 买 去
他用盅盅买酒去。　　　　　　　（戴庆厦等1991：40）

史兴语（上游话）：

（1）工具助词rẽ^{33}标注普通工具。如：

thi^{53} bi^{53}mi^{33} rẽ^{33}　sĩ^{55} qhu^{33}-ji^{33}.　他用斧头劈柴。
他 斧头（施助）柴 劈（进行体）（戴庆厦等1991：193）

（2）工具助词no^{33}标注容器性工具。如：

ŋa^{55} qhu^{53} no^{33} dʐɿ^{53} ɕĩ^{55}.　　　我用碗喝水。
我 碗（工助）水 喝　　　　　　（戴庆厦等1991：195）

史兴语（下游话）：

（1）工具助词ɸui^{55}标注普通工具。如：

thi^{55} re^{35} ɸui^{55} sẽ^{55}lɛ^{31} tsɛ^{31}tsɛ^{31} ji^{55}.　他用绳子捆柴。
他 绳子（工助）柴 捆紧（后加）（徐丹2009：31）

（2）工具助词nɔ̃^{55}标注容器性工具。如：

thi^{55} qho^{55}pa^{31} nɔ̃^{55} nẽ^{55}gu^{31} za^{31} ji.　她在盆里洗衣服。
她 盆　　里 衣服 洗（后加）　（徐丹2009：30）

独龙语：

（1）工具助词mi^{55}标注普通工具。如：

ŋɑ^{53} ɕăm mi^{55} ɕiŋ^{55} tuŋ^{55}niŋ^{31}.　我要用到砍柴。
我 刀（助词）柴 砍（后加）

（2）工具助词dɔ³¹标注容器性工具。如：

ĭŋ⁵⁵ păŋ⁵³tɕŭʔ⁵⁵ dɔ³¹ tɯ³¹măɹ⁵⁵ ʥɑŋ⁵⁵.　　我们用竹筒装油。
我们　竹筒　（助词）油　　装

dɔ³¹也有标注普通工具的功能。如：

năi⁵³ ǰăˀ ǰɔ̌⁷⁵⁵ tɯ³¹mi⁵⁵ dɔ³¹ pɑ⁵⁵sɯ³¹kam⁵⁵.
你　这　衣　火　　（助词）（前加）干
你把这衣服用火烤干。

（以上例句引自孙宏开1982：146—151）

dɔ³¹的这种用法与助词mi⁵⁵或i⁵⁵相类似，在上面这个句子中，火是烤衣服的工具。

波拉语：

（1）工具助词jaŋ³¹标注普通工具。如：

pẽ³⁵ jaŋ³¹ pu³¹ pha⁵⁵　　　　　　用布补衣服
布　用　衣服　补　　　　　　（戴庆厦等2007：156）

（2）工具助词mẽ³¹/⁵⁵标注容器性工具。如：

khɔʔ⁵⁵ mẽ³¹/⁵⁵ ɣəi⁵⁵ khẽ⁵⁵　　　用碗打水
碗　　用　　水　打　　　　　（戴庆厦等2007：163）

浪速语：

（1）工具助词jaŋ³¹标注普通工具。如：

thɔ⁵⁵ la⁵⁵ khi⁵⁵ jaŋ³¹ phauk⁵⁵　　用拖拉机翻
拖　拉　机　（助）翻　　　　（戴庆厦2005：77）

（2）工具助词jɛ³¹/⁵⁵标注容器性工具。如：

kum³¹ mɛ⁵⁵ jɛ³¹/⁵⁵ khẽ³¹ lɔ³¹ aʔ³¹!　用杯子打来吧！
杯子（助）去　打　来（助）　　（戴庆厦2005：81）

拉坞戎语：

拉坞戎语有三个工具助词ɣə³³、scɕe⁵³、gə³³

工具助词ɣə³³可以标注普通工具、交换材料、制作材料。如：

ŋa⁵³ rviɣ⁵³ ɣə³³ se⁵⁵ pha-ŋ³³.　　　我用斧头砍柴。
我　斧子（工助）柴　砍（1、单）

ccɕə⁵³ tshɛ³³gi³³ tə⁵³ xsɔm⁵³tsə³³ phjar³³ ɣə⁵³ ka³³-ɣdu-ŋ³³.
这　衣服　（定指）三十　　元　（工助）（完）买（1、单）
这件衣服我用三十元买的。

ccɕə⁵³ ja³³le³³ tə⁵³ jə³³me³³ ɣva⁵³ ɣə³³ kə³³-vzu⁵⁵ pau³³.
这　馍馍（定指）玉米　粉（工助）（完）做　名化

这馍馍是用玉米粉做的。

以上三例中的工具助词 ɣə³³ 都可以用 scçe⁵³ 替换。

工具助词 gə³³ 标注容器性工具。如：

ŋa⁵³ phən³³tsə³³ gə⁵³ ŋrʑu-ŋ³³.　　　　我用盆子洗（脸）。
我　盆子　（处助）洗（1、单）

（以上例句引自黄布凡2007：98—100）

2．因其他范畴的差异而区分不同工具助词的语言

羌语（曲谷话）：

羌语（曲谷话）有两个工具助词 ʁa、-aq，其中 ʁa 可以标注普通工具、容器性工具，也可以标注交换材料。如：

qupu stej tæː　　ʁa　sə khə˧.
他　斧头(定指)一个（工助）柴 砍

他用斧头砍柴。

ʔũ ʁuatʂæ ʁa　tsə　su-qu-n!
你　碗　（工助）水（命令）喝（人称2单）

你用碗喝水！

guəs tsal qa ɕikų xsisuepi ʁa　zə-pə̽-ka.
衣服 这件 我 钱 三十元（工助）（趋向）买到（人称1单）

这衣服我用三十元钱买来的。

而 -aq 表示进行的工具时，"与 ʁa 作用相同，并可与 ʁa 换用"[①]。

在曲谷羌语中，工具助词对于普通工具、容器性工具、交换材料是通用的，但不用于制作材料。制作材料既不加工具助词，也不加其他助词。如：

qhal jamə:˧ bulu　tə-bəl-jy　ɦiũ.
馍馍 玉米 面粉（已行）做（名化）是

馍馍是用玉米面做的。

guəs tsal zʁua　tə-bəl-jy　ɦiũ.
衣服 这件 绸子(已行) 做 （名化） 是

这件衣服是用绸子做的。

（以上例句引自黄布凡、周发成2006：191—192）

[①] 黄布凡、周发成：《羌语研究》，四川人民出版社2006年版，第194页。

普米语：

普米语的两个工具助词gue⁵⁵iɛ¹³、ʐue⁵⁵iɛ¹³，它们用来区分工具成分的单复数。

工具助词标注单数工具成分。如：

lau¹³sə⁵ gue⁵⁵ iɛ¹³ mau¹³ pi⁵⁵ gue⁵⁵ iɛ¹³ tue⁵⁵tsə⁵⁵ dzʐ¹³ ʐɯɯ⁵⁵.
老师　（施事格）毛笔　　（工具格）对联　　（后加）
老师正在使用毛笔写对联。　　　　　　　　（陆绍尊2001：177）

工具助词标注复数工具成分。如：

ʂɛ⁵⁵ yẽ⁵⁵ ʐue⁵⁵ iɛ¹³ mɛ¹³ tʃhɯɯ⁵⁵ ʐue⁵⁵ iɛ¹³ uə̃⁵⁵ tɕi⁵⁵ tʂha⁵⁵ ʐɯɯ⁵⁵.
社员们（施事格）明火枪　　（工具格）熊（助词）射　　（后加）
社员们正在使用明火枪射老熊。　　　　　　（陆绍尊2001：177）

（三）制作材料的对象性

制作材料在某种程度上具有动作受事的特征，表现为在有的语言中，表制作材料的成分后既可加工具助词，又可加对象助词，在羌语（曲谷话）中，制作材料是不加任何助词的，前面已经讲到。

载瓦语：

载瓦语表示制作材料的成分后可以加工具助词ə⁵ʔ³¹，也可以加宾语助词ʒi⁵⁵。例如：

să³¹pɔi⁵¹ xji⁵¹ᐟ⁵⁵ kə³¹ luʔ³¹kɔk³¹ əʔ³¹ sai⁵¹ ə⁵⁵.
桌子　　这　（话助）石头　　（工助）做　的
这个桌子是石头做的。

să³¹pɔi⁵¹ xji⁵¹ᐟ⁵⁵ kə³¹ luʔ³¹kɔk³¹ ʒi⁵⁵ sai⁵¹ ə⁵⁵.
桌子　　这　（话助）石头　　（宾助）做　的
这个桌子是石头做的。

mə³¹pu³¹ xji⁵¹ᐟ⁵⁵ tuŋ³¹ kə³¹ tăʔ³¹wu⁵¹pa̱n⁵⁵ᐟ⁵¹ əʔ³¹ sai⁵¹ ə⁵⁵.
衣服　　这　件　（话助）棉布　　　（工助）做　的
这件衣服是棉布做的。

mə³¹pu³¹ xji⁵¹ᐟ⁵⁵ tuŋ³¹ kə³¹ tăʔ³¹wu⁵¹pa̱n⁵⁵ᐟ⁵¹ ʒi⁵⁵ sai⁵¹ ə⁵⁵.
衣服　　这　件　（话助）棉布　　　（宾助）做　的
这件衣服是棉布做的。

（例句由朱艳华提供）

麻窝羌语：

在麻窝羌语中，容器性工具具有一定的对象性，表现为容器性工具助词可以用对象助词替换。麻窝羌语的容器性工具助词是ka，对象助词是çi。如：

qɑ phintsə ka（çi） sman jia:.　　　　我用瓶子装药。
我　瓶子 （处助） 药　装　　　　　（刘光坤1998：213）
məʐ atsɑ ka（çi） səpatʂ ɣnə rguə la ji.　枪里有两发子弹。
枪　一支(处助)　子弹　二　颗　有(后加)
　　　　　　　　　　　　　　　　　（刘光坤1998：213）
qɑ ʁutʂɑ ka（çi） tsə thia:.　　　　　我用碗喝水。
我　碗　（处助） 水　喝　　　　　（刘光坤1998：213）

五　工具助词的功能差异

在我们考察的28种有一个工具助词的语言中，有19种语言的工具助词和施事助词的语音形式相同，有4种语言的工具助词和施事助词不同形，有5种语言不存在施事助词或助词的施事功能已经退化、消失。和施事助词同形的工具助词标记的范围包括施事、工具，或者还兼作施事、工具助词以外的其他成分。和施事助词不同形的工具助词不具有标记施事成分的功能，仅用来标记工具成分或工具以外的其他非施事成分。没有施事助词的语言，工具助词也不具有标注施事成分的功能，仅用来标记工具成分或工具以外的其他非施事成分。

在11种有两个工具助词的语言里，也存在同样的情况。除了羌语（曲谷话）、下游史兴语这2种语言没有施事助词外，有9种语言的普通工具助词[①]和施事助词同形。普米语虽然有两个工具助词，但没有专门的容器性工具助词，所以有10种语言的容器性工具助词和处所助词同形。和施事助词同形的工具助词标记的范围包括施事、工具，或者还兼表施事、工具以外的其他成分。和处所助词同形的工具助词标记的范围包括处所、工具，或者还兼表处所、工具以外的其他非施事成分。和施事助词不同形的工具助词以及没有施事助词的语言的工具助词仅用来标记工具成分或工具以外的其他非施事成分。

（一）和施事助词同形的工具助词的功能

和施事助词同形的工具助词至少具有两种功能，有的有三种功能。

---

① 为了行文方便，我们把一种语言中和容器性工具助词相对的另一个工具助词称为普通工具助词。

1. 有两种功能的工具助词。如：
错那门巴语的 te³¹：
（1）作施事助词
ŋʌ³⁵rʌ⁷⁵³ te³¹ mʌk⁵⁵mi⁵³ nʌŋ³⁵ le³¹ lem³⁵tʌŋ⁵³ khri⁵³wo⁵³ jin³⁵.
我们 （助词）战士　们（助词）路　带（后加）（助词）
我们给战士们带路了。　　　　　　　（陆绍尊1986：84）
（2）作工具助词
cer³⁵kʌn⁵⁵ ȵy³⁵ku⁵³ te³¹ ji³⁵ɕi⁵³ pri³⁵wo⁵³ ne⁷³⁵.
老师　　　竹笔 （助词）字　写（后加）（助词）
老师用竹笔写字。　　　　　　　（陆绍尊1986：84）
阿侬语的 mi⁵⁵：
（1）作施事助词
ŋ³¹ mi⁵³ dɛ³¹gɻ⁵⁵ khɑ³¹ ɑ³¹ɳɛ³³ u³¹li³¹ ʂŋ³¹ dʑɛ³¹.
他（施动）狗 （受助）打 （连助）死（体后缀）
他们把狗打死了。　　　　　（孙宏开、刘光坤2005：110）
（2）作工具助词
ŋ³¹ va⁵⁵ mi⁵⁵ ɕɯŋ⁵⁵ ɑ³¹tɕhiʔ³¹ ɛ³¹.
他 斧子（工助）柴　劈 （陈述后缀）
他用斧子劈柴。　　　　　　（孙宏开、刘光坤2005：113）
西摩洛语的 xɔ⁵⁵：
（1）作施事助词
ɯ⁵⁵ tʃʌ⁵⁵ ɤ⁵⁵tʃhv³³ xɔ⁵⁵ khv⁵⁵ phi³¹ ji³¹ ʌ⁵⁵.　她被人家叫走了。
她（宾助）他们（施助）叫　走　了（语助）
　　　　　　　　　　　　　　　（戴庆厦等2009：150）
（2）作工具助词
no⁵⁵ phv³³ʃɯ⁵⁵ xɔ⁵⁵ m̥³¹tʃɔ³³ kho³¹.　　你用斧头砍柴。
你　斧头 （工助）柴　砍　　　（戴庆厦等2009：150）
仙岛语的 a⁷⁵⁵：
（1）作施事助词
ŋɔ⁵⁵ a⁷⁵⁵ ŋjaŋ³¹ ta⁵⁵/³⁵ ʂat⁵⁵.　　我告诉他。
我（施事）他 （助） 告诉　　　（戴庆厦等2005：89）
（2）作工具助词
kum³¹puŋ³¹ a⁷⁵⁵ n⁵⁵pui⁵¹ m̥ut⁵⁵　　用火筒吹火
火筒 （工助）火　吹　　　（戴庆厦等2005：89）

勒期语的ŋjei⁵³（ŋ⁵³）：

（1）作施事助词

sək⁵⁵ xjɛ³³ kam⁵³ ŋo⁵³ ŋjei⁵³ tuːn³³ləŋ³³ pjɛ³³.
树　这　棵　我（施事）推　倒　了
这棵树被我推倒了。　　　　　　　（戴庆厦、李洁2007：168）

（2）作工具助词

wo³³tsuŋ³³ ŋjei⁵³ sək⁵⁵kam⁵³ khəːŋ⁵³　　用斧子砍树
斧子　（工助）树干　　砍　　　　（戴庆厦、李洁2007：169）

仙仁土家语的ko³³：

（1）作施事助词

kuɛ⁵⁴ thõ³³tɕhɛ̃³³ lo³⁵thie⁵⁴ no⁵⁴ ko³³ a⁵⁵ʑi⁵⁵ lu³³/⁵⁴.
她的　钱　　包　　人（施事）抢　　了
她的钱包被抢了。　　　　　　　　（戴庆厦、李洁2005：101）

（2）作工具助词

mu⁵⁵tsɿ³³ ko³³ xa⁵⁵tshə³³ a⁵⁴ŋa⁵⁵　　　用筷子夹菜
筷子　（工助）菜　　夹　　　　　（戴庆厦、李洁2005：99）

2．有三种功能的工具助词

玛曲藏语的ngə（kə、ɣə）：

（1）作施事助词

tshe thar kə tɔ n̥then.　　　　　　才塔抽烟。
才　塔（具格）烟　抽

（2）作工具助词

tɕhu koŋ bi ɣə jə ye tʂhi.　　　　你用钢笔写字。
你　钢　笔（具格）字　写

（3）表领属

wsam n̥pher kə rtɕa raŋ ngə.　　　三木培的头发长。
三木　培　的　头发长

　　　　　　（以上例句引自周毛草2003：212—217）

仓洛门巴语的ki¹³：

（1）作施事助词

ro⁷¹³ ki　ro⁷¹³ ma¹³-te¹³la¹³ ak⁵⁵ la.　他说他不去。
他（助词）他　不　去　说（助动）

（2）作工具助词

ro⁷¹³ ɕiŋ⁵⁵ tʻuŋ⁵⁵ ŋa laŋ¹³ ɲi ka¹³taŋ¹³ pur¹³ma¹³ ki⁽¹³⁾ ɕa⁵⁵raŋ¹³
他　 树　 上　(结构) 坐 (连) 手　指头　　　 头

ɕet⁵⁵ tɕʻo⁵⁵wa la.
梳　　 在　(助动)

他坐在树上，用手指头梳头发。

（3）表原因

tɕaŋ¹³ tɕa¹³rik¹³ ki¹³wa ki⁽¹³⁾ mon¹³pa⁵⁵ lo¹³ ma¹³se⁵⁵la¹³.
我　　汉族　　是　(助词)　门巴　　话　不　会

我是汉族，（所以）不会门巴话。

（以上例句引自张济川1986：110—111）

麻窝羌语的ji：

（1）作施事助词

kuə ji thaχlɑ ɕi aʂ kuəɹukən.
你（施事）他们（受事）一下（前加）说去（后加）

你去和他们说一下。

（2）作工具助词

tha: zənthu ji nə ɕi ʁa ji.
他　　拳头（工助）人（受助）打（后加）

他用拳头打人。

（3）作从由助词

kuə tanu ji lyn?　　　　　你从哪儿来？
你　哪儿（从助）来（后加）

（以上例句引自刘光坤1998：209—215）

哈尼语的ne³³：

（1）作施事助词

xa³³ma³³ a⁵⁵xɔ⁵⁵ ne³³ ba̠³¹ dʑa³¹ a⁵⁵.　　　母鸡让野猫抓吃了。
母鸡　 野猫　(助) 抓　吃　了

（2）作工具助词

a³¹jo³¹ bu̠³¹du⁵⁵ ne³³ so³¹mja̠³³ bu̠³¹.　　他用(毛)笔写字。他写毛笔字。
他　(毛)笔　(助)　字　　写

（3）作从由助词

a³¹jo³³ ma³¹ a³¹ta³³ phθ³³ ne³³ phɤ⁵⁵ li³³ tɕa³¹ a⁵⁵.
他　们　上　 边　从　过　去　掉　了

他们从上边过去了。

（以上例句引自李永燧、王尔松1986：96—97）

嘉戎语的kə：

（1）作施事助词

khəna kə　toru　ta-nəkha mtʃik　　　　狗咬猫了（未亲见）

狗　（施助）猫（前缀）咬

（2）作工具助词

mə　wə-swa　kə　ʃa　　ne-sə-zə-u

他（前缀）牙（施助）肉（前缀）使用吃（后缀）

他用牙吃肉。

（3）表原因

mə　　wə-pok　kə-zor wətʃhəs　kə　smo　　ne-zə-u

他（前缀）肚子　痛　　由于（助词）药（前缀）吃（后缀）

他由于肚子痛在吃药。

（以上例句引自林向荣1993：337—338）

（二）和施事助词不同形的普通工具助词的功能

和施事助词不同形的普通工具助词，多数只有标注工具的功能，有的有两种功能，但没有标注施事成分的功能。

1. 只有作工具助词的功能

白马语：

工具助词rɛ⁵³

kho¹³ɲe⁵³ tha¹³ua⁵³ rɛ⁵³ ʃhe¹³ gɑ³⁴¹ de¹³.

他　　绳子　（工助）柴　捆（进行）

他用绳子捆柴。　　　　　　　　　　（孙宏开等2007：116）

道孚语：

工具助词qha

thə ɣu　　tɕɛ̃ dɛ qha　ʑiba v-dzɑ-gu rə.

他（施事格）剪子（工具格）衣　　裁

他用剪子裁衣。　　　　　　　　　　（戴庆厦1991：40）

纳木义语：

工具助词la³¹

tɕhe⁵⁵ ju³³mi³⁵ la³¹ sɿ³¹po⁵⁵ ndæ³⁵.　　他用斧头砍木头。

他　斧头（工助）木头　砍　　　　（戴庆厦等1991：171）

景颇语：

工具助词the⁷³¹

niŋ³¹wa³³ the⁷³¹ phun⁵⁵ tha⁷³¹　　　用斧头砍柴
斧头　　用　柴　　砍　　　　（戴庆厦、徐悉艰1992：262）
măi³¹sau³¹ the⁷³¹ kă³¹tsu̥t⁵⁵　　　　用纸擦
纸　　　　用　擦　　　　　　（戴庆厦、徐悉艰1992：262）

义都语：

工具助词tɕi⁵³

som⁵⁵hoŋ⁵⁵ ȵi⁵⁵ si⁵⁵roŋ⁵⁵ tɕi⁵³ ɕa³³ku⁵⁵li⁵⁵ ge³³ haŋ⁵⁵ hi⁵³ ba³¹.
松洪　（施事）铁丝（工助）羊　　一　套　（已行）
松洪用铁丝套住了一头野羊　　　　　（江荻2005：114）

2．具有两种功能

元江苦聪话的lɔ³³ȵɛ³³：

（1）作工具助词

ɕi³⁵ a³³khu³¹ lɔ³³ȵɛ³³ pɤ³³ɕʌ³³ = ɕi³³a³³.　这个是用刀子砍的。
这　刀　　（工助）砍　　　　（常俊之2011：151）

（2）作从由助词

nv³⁵tɕɛ³³ khuɛ³⁵ ti³¹ khɯ³³ ɣa³¹ku³³ lɔ³³nɛ³³ kɯ³³mʌ³³ tha³⁵
你们　　哪　一　条　路　（工助）山　　上
tai³³ɕi³³ ȵi³¹?
上来（语助）
你们是从哪条路上上山的？　　　　（常俊之2011：152）

（三）无施事助词语言中工具助词的功能

无施事助词语言中的工具助词，有的只有一种功能，仅标注工具，有的有两种功能，有的有三种功能，但都不具有标注施事成分的功能。羌语（曲谷话）无施事助词，两个工具助词都和处所助词同形，但二者之间已经看不出什么区分，可以替换，因此都放在后面和处所助词同形的工具助词中讲。

1．只有作工具助词的功能

扎巴语：

工具助词kə⁵⁵tə³¹

ŋa⁵⁵ kə³¹zə⁵⁵ bə³¹zə⁵⁵ kə⁵⁵tə³¹ nthɿ³⁵ a⁵⁵ the³¹the³¹.
我　这　　刀　　（工助）肉　（前加）切
我用这把刀切肉。　　　　　　　（龚群虎2007：120）

tu³¹zə⁵⁵ phə³⁵ kə⁵⁵tə³¹ ȵi⁵⁵　a⁵⁵ the³¹　thə³¹khə³¹ a⁵⁵ phɻ³¹
他　　羊毛毡（工助）（助）（前加）下（雨）地方　（前加）盖
ʂtɹ⁵⁵a³¹.　　　　　　　　　　他用羊毛毡把漏雨的地方盖住了。
（助）　　　　　　　　　　　　　　（龚群虎2007：120）

墨江彝语：
工具助词xɛ²¹
A⁵⁵zɯ⁵⁵ no⁵⁵dʑu³³ xɛ²¹ ɕi³³ dʑi³³.　　舅舅用斧子砍柴。
舅舅　斧子　（助词）柴　砍
nA³³bɯ²¹ pe³³sɛ³³ xɛ²¹ dʑo²¹ dʑo³³.　　你们用碗吃饭。
你们　　碗　（助词）饭　吃
kɯ⁵⁵ mo³³ xɛ²¹ A²¹xɯ³³ tɕi³³ lɯ²¹?　　他用马驮什么去？
他　马（助词）什么　驮　去
　　　　　　　　　　　（以上例句引自纪嘉发1992）

拉祜语：
工具助词te³³lɛ³³
i³⁵qo³³ te³³lɛ³³ ɔ¹¹ ȵi³⁵ mɛ³¹.　　用勺子舀饭啊。
勺子　（工助）饭　舀　啊　　（李春风提供）
ŋa³¹ na¹¹mɤ¹¹ta³¹ te³³lɛ³³ bu³¹.　　我用铅笔写。
我　铅笔　　　（工助）写　　（李春风提供）

阿昌语：
工具助词xɑ³³
lɑ⁷³¹ xɑ³³ n̥ə⁷³¹ na³³/³⁵, lɑ⁷³¹ ta³¹ pjɛ³³ lɑ³³.
手（工助）按（进行格）手　别　放　去
用手按着，手不要放开。　　　（时建2009：145）
ʑi³¹lin³¹khok³¹ ʐau³³ mjau³¹ xɑ³³ kua³¹ lɑ³³.
鱼鳞　　　要　刀　（工助）刮　来
鱼鳞要用刀来刮。　　　　　　（时建2009：145）

2．具有两种功能
下游史兴语的ɸui⁵⁵：
（1）作工具助词
thi⁵⁵ bje³¹mi⁵⁵ ɸui⁵⁵ sẽ⁵⁵ χo³¹ ji³¹.　　他用斧子砍柴。
他　斧子　（工助）柴　砍（后加）
thi⁵⁵ re³⁵ ɸui⁵⁵ sẽ⁵⁵lɛ³¹ tsɛ³¹tsɛ³¹ ji⁵⁵.　　他用绳子捆柴。
他　绳子（工助）柴　　捆紧（后加）

（2）表伴随

gɔ̃⁵⁵ guɛ⁵⁵la⁵⁵ hĩ⁵⁵ ɸui⁵⁵ dʑi³¹dʑyɛ⁵⁵ bɐ³¹ se³¹ dzũ³¹ ʁo³⁵guɛ³⁵ la³⁵ hɛ⁵⁵
弟弟　打猎　　人（伴随）一起　　做（助词）山　　头　　打猎
dʑan³¹.　　　　　　　　　　弟弟跟猎人到山上打猎去了。
（后加）　　　　　　　　　　（以上例句引自徐丹2009：31）

桑孔语的ha³³：
（1）作工具助词
tɕaŋ⁵⁵khum³¹ ha³³ khu³¹　　　用勺子舀
勺子　　（工助）舀
pi³¹ ha³³ po̱³¹lo³¹ po̱³¹　　　用笔写字
笔（工助）字　　写
（2）作从由助词
laŋ⁵⁵ɕa⁵⁵ me³³ ha³³ tem⁵⁵ la⁵⁵　　从水田回来
水田　　（助）（从助）回　来
soŋ³¹mba̱³³la³³ ha³³ muŋ³¹tɕhi³¹ ŋo³¹　从早到晚
早上　　　（从助）晚上　　到
　　　　　　　　　（以上例句引自李永燧2002：161）

3．具有三种功能

基诺语的jʌ³³：
（1）作工具助词
ŋu⁵⁴ju³³ kjy⁴⁴no⁴⁴ tshʌ³¹zɔ⁴⁴/⁵³ ta⁴⁴lju⁴⁴ jʌ³³ ne⁴⁴ ka⁵⁴ nɛ³³.
我们　基诺　人　　　达溜（助）鬼　赶（助）
我们基诺人用"达溜"来辟邪。
（2）作从由助词
ŋjɯ³¹ɔ³³ m³³tɛ⁴⁴ khjo⁴⁴ jʌ³³ tshø⁴⁴ to³¹ nɛ³³.
太阳　　云　里　（助）露　出（助）
太阳从云彩里露出来。
（3）作比较助词
khɤ³¹ mi⁴⁴khɔ⁴⁴ ŋo³¹ jʌ³³ tʃɤ⁴⁴ mlʌ⁴⁴ a³³.
那　姑娘　　我（助）美丽　（助）
那姑娘比我漂亮。
　　　　　　（以上例句引自蒋光友2010：176—177）

（四）和处所助词同形的工具助词

和处所助词同形的工具助词多是用来标注容器性工具的，和普通工具、凭借材料等相区别，有的功能扩展到可以标注普通工具。这类工具助词至少有两种功能，即标注处所成分和容器性工具成分的功能，有的有三种功能，有的有四种或更多种功能。

1．具有两种功能

白马语的nɔ¹³：

（1）作处所助词

tʃho¹³ndʐɑ³⁵ nɔ¹³ ȵɛ⁵³ nɔ³⁵.　　　　　　水里有语。
水　　（位助）鱼 有　　　　　　（孙宏开等2007：117）

（2）作工具助词

a¹³ʐɔ³⁵ phə̃¹³tsʅ⁵³ nɔ¹³ kha¹³ŋo⁵³ ndʑø⁵³ dɐ.
舅舅　　盆子　（工助）脸　　洗（进行）
舅舅在用盆子洗脸。　　　　　　（孙宏开等2007：116）

羌语（曲谷话）的-aq：

（1）作处所助词

qupu ʐwə japa-aq　　fia-ɕi.　　　　他死在敌人手里。
他　敌人 手（上）（已行）死　　（黄布凡、周发成2006：194）

（2）作工具助词

stej-aq　　　　tə-xə̂¹.　　　　　用斧子砍了。
斧子（工助）（已行）砍　　　　（黄布凡、周发成2006：194）

麻窝羌语的ka：

（1）作处所助词

qɑk　　　ʥɑqu ka　khuə ari ʑi　ji.
我（助词）脚（处助）狗　一只 有（后加）
我的脚跟前有一只狗。　　　　　（刘光坤1998：212）

（2）作工具助词

qɑ ʁutʂɑ ka　tsə thiɑː.　　　　　我用碗喝水。
我 碗（处助）水 喝　　　　　　（刘光坤1998：213）

拉坞戎语的gə³³

（1）作处所助词

mə⁵³ gə³³ zdam⁵³ fsa⁵⁵ də³³ sə³³.　　天上有很多云。
天（处助）云　　多 有 了　　　（黄布凡2007：98）

（2）作工具助词

ŋa⁵³ phən³³tsə³³ gə⁵³ ŋrʐu-ŋ³³.　　　我用盆子洗（脸）。
我　盆子　（处助）洗（1、单）　　（黄布凡2007：98）

独龙语的 dɔ³¹：

（1）作处所助词

ɑ³¹nuŋ⁵³ ɹɯ³¹mǎi⁵³ dɔ³¹ ŋɑ⁵⁵plǎʔ⁵⁵ mɑ⁵⁵ǎl⁵³?

怒　　江　　（助词）鱼　　（前加）有

怒江里有鱼吗？　　　　　　　　　　（孙宏开1982：149）

（2）作工具助词

ǎŋ⁵³ pɯɹ⁵⁵kɔ̌ʔ⁵⁵ tǎi⁵³tǎi⁵³ dɔ³¹ ɑŋ³¹dʑɑ⁵⁵ dɔʔ⁵⁵.

他　碗　　　　大大　（助词）饭　　　舀

他用一个很大的碗舀饭。　　　　　　（孙宏开1982：151）

2．具有三种功能

羌语（曲谷话）的ʁa：

（1）作处所助词

tʂuʵχa pa:ti tæ:　　　ʁa soəˑmu tɕeɭ ʔe: tə-zɑ̱.

鞋　底　（定指）一个（处助）铁　钉　一个（已行）扎入

鞋底上扎进了一根钉子。

（2）表时间

tsəməʂɲi ɦatsaʂua ʁa ʔũ tɕila ʑi-æ:-n-a:?

明年　　阵子（时间）你 哪里 在（将行）（人称2单）（疑问）

明年这阵子你将在哪里？

（3）作工具助词

qupu stej tæ:　　ʁa sə khəˑ.

他　斧头（定指）一个（工助）柴 砍

他用斧头砍柴。　　（以上例句引自黄布凡、周发成2006：191）

3．具有四种功能

史兴语（上游话）的nõ⁵⁵：

（1）作对象助词

thi⁵³ ŋa³³ nõ⁵⁵ pʐ⁵³-ji³³　　　　　　他对我说了。

他　我　（受助）说（进行体）

（2）作处所助词

thŋ⁵³ ji⁵⁵bə⁵⁵ mu³³li³³ nõ⁵⁵ tɕhũ³³ sɿ⁵⁵.　他去年来到木里。

他　去年　　木里　（处助）来到（语尾）

（3）作工具助词

ŋʐ⁵⁵ qhu⁵³ no³³ dʑʐ⁵³ ɕĩ⁵⁵.　　　　　我用碗喝水。

我　碗　（工助）水　喝

（4）作从由助词

ŋa³⁵ ȡa³³na³³ nõ⁵⁵ miæ³³-rõ³³ sɿ⁵⁵.　　　　我从内地来。
我　内地　（从助）下来　（语尾）

（以上例句引自戴庆厦等1991：195）

4．具有五种功能

波拉语的mɛ̃³¹：

（1）作处所助词

ŋa⁵⁵ maŋ³¹ʃ³¹ mɛ̃³¹ ŋji⁵⁵/³¹ a⁵⁵.　　　　　我在芒市。
我　芒市　（助）在　（助）

（2）作工具助词

khɔ⁷⁵⁵ mɛ̃³¹/⁵⁵ ɣəi⁵⁵ khɛ̃⁵⁵　　　　　　　用碗打水
碗　用　水　打

（3）作从由助词

nɛ²³¹kɔ̃³⁵/⁵⁵tam³¹ mɛ̃³¹/⁵⁵ mjɔn³⁵thɔ̃⁵⁵ tʃø³⁵　从上午到下午
上午　（助）　下午　到

（4）表时间

ŋa⁵⁵ kau³¹/⁵¹ khjiŋ³⁵ mɛ̃³¹/⁵⁵ mau³¹sau³¹ u³⁵ lɔ̃³¹ vɛ⁵⁵.　我九点看书。
我　九　点　（助）　书　看　（助）

（5）表领有

yin³¹nan³¹ mɛ̃³¹/⁵⁵ pju⁵⁵　　　　　　　　云南的人
云南　（助）　人

（以上例句引自戴庆厦等2007：159—163）

综合以上情况，我们可以看出，普通工具助词的功能主要是作施事助词和工具，处所性工具助词的功能主要是作处所助词和工具。兼有其他功能或多种功能的工具助词为数较少。

第三节　工具助词的词源关系

一　施事助词和工具助词的词源关系

和处所助词同形的工具助词在整个工具助词中所占比例不大，而且除了羌语（曲谷话）外，这种工具助词都是用来标注容器性工具的。和施事助词同形的工具助词，在施事助词的词源比较中已经看到，它们大多没有同源关系，仅是在语支内部的部分语言间有同源关系。和施事助词不同形的只有纳木义语、景颇语、元江苦聪话、义都语4种语言，它们的工具助词和其他语言在词源上也看不出同源关系。

二 施事助词兼作工具助词的认知解释

从以上的内容我们可以看出，普通工具助词和施事助词肯定是有词源上的关系，但是这二者之间究竟是从作施事助词扩展到表工具，还是从表工具扩展到作施事助词？抑或是在藏缅语的使用群体中，从一开始就没有区分这两种语义关系？通常来说，标注功能的扩展应该是从人到物的，很少有从物到人的，因此这种助词最先应该是用来标注施事成分的，随着句子结构的复杂化，工具范畴也成为句法成分之一。在使用工具的事件的认知图景中，工具和施事者是不可分的，对宾语的影响是他们的合力造成的，由于工具和施事的这种自然关联，作施事助词的助词可能会逐渐移用到表工具的成分上。再加上，藏缅语是SOV语言，施事成分和工具成分都是名词性成分，且都位于动词之前，它们的区分度很小，所以，用同一个助词来表示这两种相关的成分就是很自然的事情了。

因此，我们认为施事助词表工具的功能可能是施事助词功能扩展的结果。

本章小结：大多数语言的工具成分和施事成分用同一个助词来标注，这是藏缅语的一个比较突出的特征，说明工具成分和施事成分在句法上的趋同性以及在藏缅语使用群体的认知中工具和施事者的相通性。但这并不意味着工具助词和施事助词完全相同。首先，在有的语言中已经没有了施事助词，或者是说助词的施事功能已经退化、消失，而工具助词在各语言中是普遍存在的；其次，在有的语言中，工具助词和施事助词并不同形，它们是两个不同的助词；最后，更为重要的区别是，施事助词的使用是有条件的，而工具助词的使用是无条件的。

第七章　藏缅语族语言的比较助词

比较是对不同事物或同一事物的不同阶段、不同方面的某种属性进行对比，辨别异同或高下。通过比较可以认识不同事物或同一事物不同阶段不同方面的特点，它们之间的联系和区别。因此，比较是人类认识的基本方式之一。这种认识方式及认知结果折射到语言中，必然对应于特定的结构方式。世界上还没有发现哪一种语言是无法表示比较的。至于用什么法子去表达，各不相同。

表示比较的语句多种多样。"从结构上看，有繁式和简式；从方式上看，有明比和暗比；以项目而论，有单项、双项和多项式比较；就内容而言，有比异同，有比高下。此外，比较句还有时代和地域的差异。"（胡坦，1985）同一种语言中，不同类型的比较有不同的结构方式，表现出不同的语法特点。同一类型的比较在不同的语言中也有其共性和差异。

在各种比较句中，差异的比较是一种较常见的比较，也是各语言中有明显特色的句式之一，因此，差比句成为语言研究的重要内容之一。差比句往往要出现比较的主体、比较的基准、比较的标记、比较的属性、比较的结果等。其中，比较的标记大多是标记比较基准的，也有标记比较主体的，有实词性标记，有虚词性标记。我们在本章讨论的比较助词是指差比句中用来表示比较基准的助词。

文中采用的例句中，一些来源于处所助词的比较助词，原著作者大都标记为"上面"，这实际上是从方位名词虚化而来的处所助词，它们有的和方位名词同形，有的和方位名词不同形。这里是处所助词兼作比较助词。摘引例句时，多数没有改变原作者的标注。

第一节 藏缅语比较助词的语音特征

一 比较助词的语音形式

在这一章中，我们共考察了34种语言（包括方言）的比较助词。羌语（曲谷话）的比较助词是非音节性的，其余各语言中的比较助词都是成音节的。音节性的比较助词中，有的是单音节的，有的是双音节的，没有多音节（三个或三个以上的音节）的比较助词。

（一）非音节性的比较助词

羌语（曲谷话）的-s：

jyænpi tsedʑe-s thedʑe-s　 dʑə.　　　　这支铅笔比那支长。
笔　　这支　那支（比较）长　　　　（黄布凡、周发成2006：197）

qa-tɕ　 tuətʂʅ qa-s　　fiĩp ʂtʂa.　　　　我的弟弟比我小两岁。
我（领属）弟弟 我（比较）两岁 小　　（黄布凡、周发成2006：197）

（二）单音节的比较助词

藏语（拉萨话）的lɛ：

luk¹¹ɕa⁵³ ra¹¹ɕa⁵³　lɛ　ɕim¹¹ki⁵⁴ re.　　绵羊肉比山羊肉好吃。
绵羊肉　山羊肉（比助）香　是　　　（胡坦1985：1—11）

ŋa¹² lɛ　　kho⁵³ lo¹² tɕhe⁵⁵ki⁵⁴ re.　　他比我年纪大。
我（比助）他　年纪　大　　是　　　（胡坦1985：1—11）

白马语的ɕye⁵³：

ŋo³⁵ kø³⁵ nɛ³³　tɕhø³⁵ kø³⁵ ɕye⁵³ re¹³dʑa³⁵ ʃ¹³.
我　衣服（定助）你　衣服（比助）长　（已行）
我的衣服比你的衣服长。　　　　　　（孙宏开等2007：117）

ŋgɔ³⁵uɑ⁵³ ndɛ⁵³ re⁵³ phɑ¹³nɔ³⁵ ŋgɔ³⁵uɑ⁵³ ɕye⁵³ ndʑɛ³⁴¹ ʃ¹³.
房子　　这（连词）那　　房子　（比助）漂亮（已行）
这幢房子比那座房子漂亮。　　　　　（孙宏开等2007：117）

羌语（麻窝话）的su：

qa ɣly（iu）su　ʁuɑp bɑ˨.　　　　　　我比妹妹大五岁。
我 妹妹　（比助）五岁 大　　　　　（刘光坤1998：215）

tha:k　phuka qak　　phuka su　mdʑa ji.
他（助词）被子　我（助词）被子（比助）漂亮（后加）

他的被子比我的被子漂亮。　　　　　　　（刘光坤1998：215）
景颇语的tha⁷³¹：
ʃi³³ ŋai³³ tha⁷³¹ kʒau³³ kǎ³¹pa³¹ ai.　　　他比我大。
他　我（结助）更　　大　（句尾）　（戴庆厦、徐悉艰1992：263）
kǎ³¹nau³³ kǎ³¹phu³¹ tha⁷³¹ kʒau³³ ʃǎ³¹kut̪³¹ ai.
弟弟　　　哥哥　（结助）更　　努力（句尾）
弟弟比哥哥更努力。　　　　　　　　　　（戴庆厦、徐悉艰1992：263）
基诺语的jʌ³³：
khɤ³¹ mi⁴⁴khɔ⁴⁴ ŋo³¹ jʌ³³ tʃɤ⁴⁴ mlʌ⁴⁴ a³³.
那　姑娘　　　我　助　美丽　助
那姑娘比我漂亮。　　　　　　　　　　　（蒋光友2010：177）
khɤ³¹ ŋo³¹ jʌ³³ tʃɤ⁴⁴ mjo⁵⁴ a³³.　　　他比我高。
他　我　助　更　高　助　　　　　　　（蒋光友2010：177）
载瓦语的thɔ⁷⁵⁵：
jaŋ³¹ naŋ⁵¹ ə⁵⁵ thɔ⁷⁵⁵ tʃɛ³¹ kjɛt³¹ ʒa⁵⁵.　他比你勤快多了。
他　你的　的　上面　更　勤快（实然）（朱艳华提供）
ŋɔ⁵¹ a³¹khui⁵¹ xə⁵⁵khun⁵¹ lɛ⁵¹ thɔ⁷⁵⁵ mjum⁵¹ pə⁵¹.
我　现在　　以前　　　的　上面　　胖　（变化）
我现在比以前胖。　　　　　　　　　　　（朱艳华提供）
义都语的mi³³：
a³³hi⁵⁵jʌ³³ i³³mu⁵⁵doŋ³⁵ mi³³ i³³tɕi⁵⁵ ge⁵³ ka³³ tio³³ jʌ³¹.
他　　　　人们　　　（比助）一点　　短/矮（已行）
他比别人矮一些。　　　　　　　　　　　（江荻2005：118）
mɑ⁵⁵roŋ⁵⁵ mi³³ ɕɑ³³ preŋ⁵⁵ kɑ³³tɕi³³ jɑŋ⁵³.
马　　　（比助）牛　力气　大　（比较助词）
牛比马力气大。　　　　　　　　　　　　（江荻2005：118）
（三）双音节的比较助词
却域语的sə⁵⁵mə：
ʃtʃhi⁵⁵ mu¹³n̪i⁵⁵ sə⁵⁵mə rʒi¹³.　　　　狗比猫大。
狗　　猫　　　（比助）大　　　　　　（戴庆厦等1991：62）
扎巴语的mə⁵⁵ɕhu³¹：
tə³⁵ ta³¹ʐə⁵⁵ mə⁵⁵ɕhu³¹ mnɿ³⁵ ʐe³¹.　水比从前少了。
水　从前　　（比助）　　少　（助词）（龚群虎2007：123）

a⁵⁵tɕe⁵⁵ ve⁵⁵ȵə⁵⁵pha³¹ mə⁵⁵ɕhu³¹ pe⁵⁵pe³¹ tɕi³¹ ze⁵⁵.
哥姐　弟妹　　　（比助）　多　　大（助词）
哥哥（姐姐）比弟弟（妹妹）高多了。　　　（龚群虎2007：123）
纳木兹语的wu⁵⁵dæ³¹：
ŋa⁵⁵ tɕhe⁵⁵ wu⁵⁵dæ³¹ ja⁵⁵ da⁵³dʐɿ³¹. 　　我比他大些。
我　他　（比格）些　大　　　　（戴庆厦等1991：171）
sɿ³¹po⁵⁵ tæ³⁵po⁵⁵ ha³⁵po⁵⁵ wu⁵⁵dæ³¹ ja³⁵ja³⁵ da⁵⁵mo³¹.
树　　这棵　那棵　（比格）　一些　高
这棵树 比那棵树高一些。　　　　　（戴庆厦等1991：171）
独龙语的mɯ³¹dăm⁵³：
ĭk⁵⁵　dɯ³¹dʑɯ̆p⁵⁵ mɯ³¹dăm⁵³ nɯ⁵⁵nĭk⁵⁵ dɯ³¹dʑɯ̆p⁵⁵ găm⁵³.
我们的 庄稼　　（助词）　你们的　　庄稼　　　好
你们的庄稼比我们的庄稼长得好。　　　（孙宏开1982：153）
傈僳语的thɛ³¹si⁴⁴：
tɯ³⁵ ge³³ thɛ³¹si⁴⁴ mi⁴⁴ ŋa³³.　　　　　跑比走快。
跑　走　上面　　快　是　　　（少语研究所1959：122）
go³¹ ma³¹ go³¹ thɛ³¹si⁴⁴ dʑi³³ ŋa³³.　　给比不给好。
给　不　给　上面　　好　是　　（少语研究所1959：122）
哈尼语的xu⁵⁵ta̠³³：
no³¹ ʁ³³ so³¹ɣa³¹ ŋa³³ xu⁵⁵ta̠³³ mja³¹dʑe³¹.
你的　书　　我　之上　多　超过
你的书比我多。　　　　　　　　　　　（李泽然提供）
ɕɔ³³mi³¹ a³¹jo³³ a³¹da³¹ xu⁵⁵ta̠³³ go³¹ dʑe³¹.
小明　　他　爸爸　之上　高　超过
小明比他爸爸高。　　　　　　　　　　（李泽然提供）
西摩洛语的a³¹tha³¹：
jʌ⁵⁵mo³³ jo³¹ kɯ³³ tʃhʅ³¹tsʅ³¹ tʃo⁵⁵ kɯ³³ a³¹tha³¹ jʌ⁵⁵ mɯ³¹ ji⁵⁵.
路　　走的　车子　　坐　的（比助）更　好（语助）
走路比坐车好。　　　　　　　　　（戴庆厦等2009：277）
thɣ⁵⁵uã⁵⁵ khuẽ³³mjĩ³¹ kɯ³³ a³¹tha³¹ o³¹xo⁵⁵ jʌ⁵⁵ xo⁵⁵ ji⁵⁵.
墨江　　昆明　　　的　上面　热　更　热（语助）
墨江比昆明更热。　　　　　　　　　（戴庆厦等2009：277）

二　比较助词的语音变化

（一）音素的脱落

句子中的助词通常属于弱读音节，容易发生个别音素的弱化和脱落。在怒族语中，比较助词是双音节的 $dɯ^{35}nɑ^{35}$、$kɯ^{35}nɑ^{35}$，在句子中第二音节的声母发生脱落，$dɯ^{35}nɑ^{35}$、$kɯ^{35}nɑ^{35}$ 分别读为 $dɯ^{35}ɑ^{35}$、$kɯ^{35}ɑ^{35}$。

ŋa³⁵ ȵo⁵⁵ dɯ³⁵ɑ³⁵ zi⁵⁵ a³¹.　　　　　　我比他大。
我　他　（助词）大（助词）　　　　　（孙宏开、刘璐1986：82）

ɕi³¹ kha⁵³ da³⁵kha¹³⁵ sɤ³¹nɤ³¹ u³¹kha¹³⁵ kɯ³⁵ɑ³⁵ tɕhɔ⁵³.
这　根　棍子　（助词）那根　（助词）细
这根棍子比那根（棍子）细。　　　　　（孙宏开、刘璐1986：82）

（二）语音的合并

有些比较助词由于弱读出现了声母辅音的脱落并且和所附着的音节发生语音合并。如在仓洛门巴语中，如果比较助词 kai⁽¹³⁾ 前边是个以元音 a 收尾的双音节词，助词 kai⁽¹³⁾ 也有并入前一音节的现象。

ɕi⁵⁵le¹³ ma¹³-na¹³wa, wu¹³le¹³ ma¹³-na¹³wa, tɕ'o⁵⁵wai ta　ɕin⁵⁵
死　　　不能　　　起　　不能　　　比活着（语气）死
tɕ'o⁵⁵wa tʂa¹³pe⁵⁵.
在　　好
死也死不了，起又起不来，半死不活还不如死了好。
　　　　　　　　　　　　　　　　　　　（张济川1986：116）

o⁵⁵hai t'oŋ⁵⁵me¹³ ka⁽¹³⁾.　　　　　从这里看得见。
从这里　看见　（语气）　　　　　（张济川1986：116）

上面例子中的 tɕ'o⁵⁵wai、o⁵⁵hai 分别是 tɕ'o⁵⁵wa kai⁽¹³⁾、o⁵⁵ha kai⁽¹³⁾ 发生语音合并的结果。

第二节　比较助词的语法特征

一　比较助词的附着对象

从附着对象的性质来说，比较助词可以附着在名词、代词、名词性短语、动词性短语之上表示比较的基准。

（一）附着于名词之后

扎巴语：

a⁵⁵pe⁵⁵ a⁵⁵me⁵⁵ tha³¹ tsə⁵⁵tsɿ⁵⁵ wo³¹ tɕi³⁵ ʑe⁵⁵.
爸爸　妈妈　（比助）十几　岁　大（助词）
爸爸比妈妈大十几岁。　　　　　　　　　　（龚群虎2007：123）

错那门巴语：

tʌ³¹niŋ⁵⁵ le³¹ nʌ³¹niŋ⁵⁵ pru⁷⁵³ mʌn³⁵po⁵³ ne³⁵.
今年　（助词）去年　粮食　多　在
去年粮食比今年多。　　　　　　　　　　　（陆绍尊1986：86）

景颇语：

kǎ³¹nau³³ kǎ³¹phu³¹ tha⁷³¹ kʒau³³ ʃǎ³¹kut³¹ ai³³.
弟弟　　哥哥　　（结助）更　努力　（句尾）
弟弟比哥哥更努力。　　　　　　　　　　（戴庆厦、徐悉艰1992：263）

（二）附着于人称代词之后

错那门巴语：

ŋe³⁵ pe³⁵ le³¹ thɔ⁵⁵po⁵³ jin³⁵.　　　　我比他高。
我　他（助词）高　　是　　　　　（陆绍尊1986：85）

景颇语：

ʃi³³ ŋai³³ tha⁷³¹ kʒau³³ kǎ³¹pa³¹ ai.　　　他比我大。
他　我（结助）更　　大　（句尾）　（戴庆厦、徐悉艰1992：263）

有些语言中的比较基准是人称代词时需要在人称代词后加定语助词再加比较助词，有格变的人称代词，在人称代词的领格形式上加定语助词再加比较助词或直接在领格助词后加比较助词。如：

西摩洛语：

ɯ⁵⁵ no³³ kɯ³³ a³¹tha³¹ jʌ⁵⁵ phã⁵⁵ ji⁵⁵.　　他比你胖。
他　你的　上面　更　胖（语助）　（戴庆厦等2009：279）

ŋʌ³³ no³³ kɯ³³ a³¹tha³¹ liã³¹ʃui⁵⁵ jʌ⁵⁵ xɯ³¹ ji⁵⁵.
我　你的　上面　俩岁　更　大（语助）
我比你大两岁。　　　　　　　　　　　　（戴庆厦等2009：279）

载瓦语：

jaŋ³¹ naŋ⁵¹ ə⁵⁵ thɔ⁷⁵⁵ tʃɛ³¹ kjɛt³¹ ʒa⁵⁵.　　他比你勤快多了。
他　你的　的　上面　更　勤快（实然）　（朱艳华提供）

ŋɔ⁵¹ jaŋ⁵¹ thɔ⁷⁵⁵ kɔ³¹ lɛ⁵¹.　　　我比他大。
我　他的　上面　大（非实然）　（朱艳华提供）

上面例句中的比较基准naŋ⁵¹"你的"、jaŋ⁵¹"他的"是人称代词的领格形式。

（三）附着于指示代词之后

桑孔语：

ȵi⁵⁵tshoŋ⁵⁵ ŋʁ³³ qhe⁵⁵tshoŋ⁵⁵ lo³¹ a³¹tshi⁵⁵ hoŋ⁵⁵.
这里　　（主语）那里　　（比助）较　　热
这里比那里热。　　　　　　　　（李永燧2002：163）

梁河阿昌语：

xɑ⁵⁵ȵa⁷³¹ xəu⁵⁵ȵa⁷³¹ khɯ³³mɑ⁷³¹ ɕẽ³³ ɛi⁷⁵⁵.
这些　　　那些　　　（比格）　新鲜（陈述）
这些比那些新鲜。　　　　　　　（时建2009：146）

（四）附着于动词之后

傈僳语：

tɯ³⁵ ge³³ thɛ³¹si⁴⁴ mi⁴⁴ ŋa³³.　　　　跑比走快。
跑　走　上面　　快　是　　　（少语研究所1959：122）

（五）附着于名词性短语之后

白马语：

ŋgo³⁵uɑ⁵³ ndɛ⁵³ rɛ⁵³ phɑ¹³nɔ³⁵ ŋgo³⁵uɑ⁵³ ɕyɛ⁵³ ndʑɛ³⁴¹ ʃɿ¹³.
房子　　这（连词）那　　　房子　（比助）漂亮（已行）
这幢房子比那座房子漂亮。　　　（孙宏开等2007：117）

麻窝羌语：

tha khɕi phuq su　tsa khɕi quə ɣli ji.
那　一边　树（比助）这　一边　多　（后加）
这边的树比那边的树多。　　　　（刘光坤1998：215）

元江苦聪话：

la³¹fa³³pɔ³⁵ ɣɯ³³ kɯ³³mʌ³³ la³¹ʑi³¹pɔ³⁵ ɣɯ³³ tha³¹ mu³³ a³³.
左边　　的　山　　右边　　的（比助）高（语助）
左边的山比右边的山高。　　　　（常俊之2011：196）

拉祜语：

kɛ³¹ ve³³ lɛ³¹ nai⁵³ ve³³ kɛ³⁵ da²¹.　　快点儿比慢点儿好。
快　的　是　慢　的（比助）好　　（邓凤民博士论文2009）

西摩洛语：

jʌ⁵⁵mo³³ jo³¹ kɯ³³ tʃhʁ³¹tsɿ³¹ tʃo⁵⁵ kɯ³³ a³¹tha³¹ jʌ⁵⁵ mɯ³¹ ji⁵⁵.
路　　走的　车子　　坐　的（比助）更　好（语助）

走路比坐车好。　　　　　　　　　　　　　（戴庆厦等2009：277）

（六）附着于指量短语之后

羌语（曲谷话）：

jyænpi tsedʑe-s thedʑe-s　dʑə.　　　这支铅笔比那支长。
笔　　这支　　那支（比较）长　　　（黄布凡、周发成2006：197）

（七）附着于动词性短语之后

羌语（曲谷话）：

jaməə¹ phie ɖə phie-s　lewe　ho-ḻu　dʑə.
玉米　种　青稞 种（比较）多（趋向）出产 能
种玉米比种青稞产量高。　　　　　　　　（黄布凡、周发成2006：197）

载瓦语：

khji⁵¹lɛŋ⁵¹ tʃŋ³¹ tʃaŋ⁵⁵ khjɔ⁵¹ sɔ³¹ thɔ⁷⁵⁵ lă³¹van⁵⁵ ʒa⁵⁵.
自行车　　骑　 的话　路　走　上面　 快　（实然）
骑自行车比走路快。　　　　　　　　　　　（朱艳华提供）

二　比较基准的语义类型

比较是对人、物、事件的某种属性的比较。在比较句中，通常包含比较的主体、比较的基准、比较标记、比较结果，而具体的比较属性或比较内容有时恰恰是隐含的。综观藏缅语的差比句，比较基准并不是具体的比较属性，而是含有比较属性或比较内容的人、物、事件或与含有比较属性的人、物、事件有关的处所、时间等。比较基准的语义类型主要包括以下几种

（一）比较基准是含有比较属性的人

这类比较句，常常是比较人自身的属性如年龄、高低、大小、胖瘦、相貌等，也包括不同的人实施某个事件时所表现出来的属性差异。如：

藏语：

kho⁵³ ŋa¹² lɛ　lo¹² tɕhe⁵⁵ki⁵⁴ re.　　　他比我年纪大。
他　我（比助）年纪　 大　　是　　（胡坦1985：1—11）

独龙语：

ŋa⁵³ mɯ³¹dăm⁵³dɔ̆⁷³¹ ăŋ⁵³ mɹăŋ⁵³.　　他比我高。
我　（助词）　　　　他　 高　　　　（孙宏开1982：153）

错那门巴语：

ʑɔː³⁵mø⁵³ ʔʌ⁵⁵wø⁵³ le³¹ lop⁵⁵tɕuŋ⁵⁵ li³⁵khu³¹ jih³⁵te³¹.
妹妹　　　姐姐　（助词）学习　　　好　　　是

妹妹比姐姐学得好。　　　　　　　　　　（陆绍尊1986：85）

仓洛门巴语：

tɕaŋ¹³ ro⁷¹³ kai　lak¹³taŋ⁵⁵ pet¹³pe⁵⁵ wu¹³wa.
我　　他（比助）更　　　早　　　起

我比他起得还早。　　　　　　　　　　　（张济川1986：115）

拉坞戎语：

ŋgə³³ȵji⁵³ ȵe³³ȵji⁵³ stho³³　rə³³-to⁵³　nɛ³³-vle-j⁵³.
我们　　你们　　（比助）（趋向）来（完）迟（1、复）

我们比你们来得晚。　　　　　　　　　　（黄布凡2007：102）

桑孔语：

thaŋ⁵⁵ phaŋ⁵⁵ ŋe⁵⁵ ŋa³³ lo³¹ a³¹tshi⁵⁵ khaŋ⁵⁵.
他　　　跑　　的　我（比助）较　　　快

他比我跑得快。　　　　　　　　　　　　（李永燧2002：163）

（二）比较基准是含有比较属性的物

藏语：

luk¹¹ɕa⁵³ ra¹¹ɕa⁵³ lɛ　ɕim¹¹ki⁵⁴ re.　　　绵羊肉比山羊肉好吃。
绵羊肉　山羊肉（比助）香　　　是　　　（胡坦1985：1—11）

白马语：

ŋo³⁵ kø³⁵ nɛ⁵³　tɕhø³⁵ kø³⁵ ɕye⁵³ re¹³dʑa³⁵ ʃl¹³.
我　衣服（定助）你　衣服（比助）长　　（已行）

我的衣服比你的衣服长。　　　　　　　　（孙宏开等2007：117）

麻窝羌语：

tha khɕi phuq su　　tsa khɕi quə ɣli ji.
那 一边 树（比助）这 一边 多　（后加）

这边的树比那边的树多。　　　　　　　　（刘光坤1998：215）

（三）比较基准是含有比较属性的事件

傈僳语：

tɯ³⁵ ge³³ thɛ³¹si⁴⁴ mi⁴⁴ ŋa³³.　　　　　跑比走快。
跑　走　上面　快 是　　　　　　　（少语研究所1959：122）

go³¹ ma³¹ go³¹ thɛ³¹si⁴⁴ dʑi³³ ŋa³³.　　给比不给好。
给　不　给　上面　好 是　　　　　（少语研究所1959：122）

载瓦语：

khji⁵¹lɛŋ⁵¹ tʃl³¹ tʃaŋ⁵⁵ khjɔ⁵¹ sɔ³¹ thɔ⁷⁵⁵ lǎ³¹van⁵⁵ ʒa⁵⁵.
自行车　　骑　的话　路　走 上面　快　　（实然）

骑自行车比走路快。　　　　　　　　　（朱艳华提供）
（四）比较基准是和含有比较属性的人或物相关的处所
扎巴语：

tʊ³¹zə⁵⁵ tʂʊ⁵⁵mba³¹ zə³¹ shui⁵⁵ŋɿ⁵⁵ zə⁵⁵ tʂʊ⁵⁵mba³¹ zə³¹ mə⁵⁵ɕhu³¹
那个　　村子　（助词）人　　（助词）村子　（助词）（比助）
tʂə³¹kə⁵⁵tɿ³¹ mnɿ³⁵.
一些　　　　　少

那个村的人比我们村稍微少一点。　　　（龚群虎2007：124）
桑孔语：

ɲi⁵⁵tshoŋ⁵⁵ ŋɤ³³ qhe⁵⁵tshoŋ⁵⁵ lo³¹ a³¹tshi⁵⁵ hoŋ⁵⁵.
这里　　（主语）那里　　（比助）较　　热

这里比那里热。　　　　　　　　　　　（李永燧2002：163）
（五）比较基准是和含有比较属性的人或物相关的时间
错那门巴语：

tᴀ³¹niŋ⁵⁵ nᴀ³¹niŋ⁵⁵ le³¹ pruʔ⁵³ mᴀŋ³⁵poʔ⁵³ neʔ³⁵.
今年　　去年　（比助）粮食　多　　在

今年粮食比去年多。　　　　　　　　　（陆绍尊1986：86）
羌语（曲谷话）：

tsə te:　　　ʔas-əs　　　ʔas ɦa-ʂtʂa-jy.
水(定指)一个 一天(比助) 一天(趋向) 变小(情体)

水一天比一天（越来越）小了。　　　（黄布凡、周发成2006：197）
扎巴语：

jɿ³¹nə⁵⁵ lu⁵⁵thi⁵⁵ m̥ui⁵⁵ tɕi⁵⁵tɕi⁵⁵ kə⁵⁵ ptə³¹, a⁵⁵nə⁵⁵ lu⁵⁵thi⁵⁵ jɿ³¹nə⁵⁵
昨天　风　　很　大　（前加）吹　今天　风　　昨天
mə⁵⁵ɕhu³¹ zo³¹ tɕi⁵⁵ ze⁵⁵.
（比助）　更　大（助词）

昨天的风很大，今天的风比昨天还大。　（龚群虎2007：124）
梁河阿昌语：

ʂaŋ³¹ xai⁵⁵tɕhi³³ xəu⁵⁵tɕhi³³ khɯ³³maʔ³¹ pjau³⁵ ɛiʔ⁵⁵.
他　　现在　　　以前　　　（比助）　胖（陈述）

他现在比以前胖。　　　　　　　　　　（时建2009：146）

三 比较助词的数量差异

不同语言的比较助词存在数量上的差异，多数语言有一个比较助词，有的语言有两个或两个以上的比较助词。在我们所考察的34种语言中，有一个比较助词的语言有26种，有两个或两个以上的比较助词的语音仅有8种。

（一）有一个比较助词的语言

错那门巴语：

ʐɔː³⁵mø⁵³ ʔʌ⁵⁵wø⁵³ le³¹ lop⁵⁵tɕuŋ⁵⁵ li³⁵khu³¹ jih³⁵te³¹.
妹妹　　姐姐　（比助）学习　　好　　　是
妹妹比姐姐学得好。　　　　　　　　（陆绍尊1986：85）

tʌ³¹niŋ⁵⁵ nʌ³¹niŋ⁵⁵ le³¹ pru⁷⁵³ mʌŋ³⁵po⁵³ ne⁷³⁵.
今年　　去年　（比助）粮食　多　　　在
今年粮食比去年多。　　　　　　　　（陆绍尊1986：86）

普米语：

m̩i⁵⁵ tsy⁵⁵ to⁵⁵ sgyɛ̃⁵⁵.　　　　女孩比男孩高。
女孩 男孩（比助）高　　　　　　（陆绍尊2001：179）

lau¹³sə⁵⁵ ɕo¹³sɛ̃⁵⁵ to⁵⁵ bʐɑ⁵⁵.　老师比学生低
老师　　学生　（比助）低　　　　（陆绍尊2001：179）

拉坞戎语：

ŋa⁵³ ȵe⁵³ stho³³ cçha-ŋ⁵³, cçə⁵³ stan³³dʑən³³ stho⁵³ zə³³zu⁵³.
我　你（比助）大（1、单）他　丹增　　　（比助）小。
我比你大，他比丹增小。　　　　　（黄布凡2007：102）

ŋgə³³ʈji⁵³ ȵe³³ʈji⁵³ stho³³ rə³³-to⁵³ nɛ³³-vle-j⁵³.
我们　　你们　（比助）（趋向）来（完）迟（1、复）
我们比你们来得晚。　　　　　　　（黄布凡2007：102）

景颇语：

ʃi³³ ŋai³³ tha⁷³¹ kʒau³³ kǎ³¹pa³¹ ai.　　他比我大。
他 我（比助）更　　大　（句尾）　（戴庆厦、徐悉艰1992：263）

kǎ³¹nau³³ kǎ³¹phu³¹ tha⁷³¹ kʒau³³ ʃǎ³¹kut³¹ ai.
弟弟　　哥哥　（比助）更　　努力　（句尾）
弟弟比哥哥更努力。　　　　　　　（戴庆厦、徐悉艰1992：263）

西摩洛语：

jA⁵⁵mo³³ jo³¹ kɯ³³ tʃhɤ³¹tsɿ³¹ tʃo⁵⁵ kɯ³³ a³¹tha³¹ jA⁵⁵ mɯ³¹ ji⁵⁵.
路　　走　的　车子　　　　坐　的　（比助）更　好（语助）
走路比坐车好。　　　　　　　　　　　　（戴庆厦等2009：277）

thv⁵⁵ua⁵⁵ khuɛ̃³³mjĩ³¹ kɯ³³ a³¹tha³¹ o³¹xo⁵⁵ jA⁵⁵ xo⁵⁵ ji⁵⁵.
墨江　　昆明　　　的　上面　热　更　热（语助）
墨江比昆明更热。　　　　　　　　　　　（戴庆厦等2009：277）

载瓦语：

ŋɔ⁵¹ a³¹khui⁵¹ xə⁵⁵khun⁵¹ lɛ⁵¹ thɔ⁷⁵⁵ mjum⁵¹ pə⁵¹.
我　现在　　以前　　的　上面　胖　（变化）
我现在比以前胖。　　　　　　　　　　　（朱艳华提供）

ŋɔ⁵¹ jaŋ⁵¹ thɔ⁷⁵⁵ kɔ̣³¹ lɛ⁵¹.　　　　　　我比他大。
我　他的　上面　大（非实然）　　　　　（朱艳华提供）

义都语：

ɑ³³hi⁵⁵jɑ³³ i³³mu⁵⁵doŋ³⁵ mi³³ i³³tɕi⁵⁵ ge⁵³ kɑ³³ tio³³ jɑ³¹.
他　　　　人们　　　　（比助）一点　短/矮（已行）
他比别人矮一些。

（二）有两个或两个以上比较助词的语言

有两个或两个以上比较助词的语言，不同的比较助词往往是有分工的或者曾经是有分工的，体现了不同语言中差比句的个性差异。在有的语言中区分强比和弱比，在有的语言中区分比较对象是人还是物，在有的语言中区分肯定差比句和否定差比句，而有些语言中的区别已不太明显，有的语言的比较助词是有不同的来源。

1．区分强比和弱比的语言

差比句一般有两种不同的比较结果。一种是比较主体强于、大于、高于、超过比较基准，我们称之为强比；一种是比较主体弱于、小于、低于、不及比较基准，我们称之为弱比。在有些语言中不同的比较助词具有区分强比和弱比的功能。如：

墨江彝语：

墨江彝语有两个比较助词khɛ²¹和khɯ⁵⁵，当比较主体大于、高于或强于比较基准时用khɛ²¹标注，比较主体小于、低于或弱于比较基准时用khɯ⁵⁵标注。

ŋo²¹ nA²¹ khɛ²¹ thi²¹ khu̱³³ zɛ³³.　　　　　我比你大一岁。
我　你（比助）一　　年　大

mo⁵⁵so³³ su⁵⁵bɯ²¹ khɛ²¹ thi²¹ tu̱³³ mo⁵⁵.　　高粱比玉米高一拃。
高粱　　玉米　　（比助）一　拃　高

nɛ²¹tɕhe³³ ŋo²¹ khɯ⁵⁵ ni²¹ khu̱³³ ŋɛ⁵⁵.　　弟弟小我两岁。
弟弟　　　我（比助）两　岁　小

A⁵⁵nɛ³³mo²¹ A⁵⁵nu²¹ khɯ⁵⁵ thi²¹ dʑi³³ di⁵⁵.　　猫比猴子矮一点。
猫　　　　猴　（助词）一　点　矮

（以上例句引自纪嘉发1992：）

傈僳语：

傈僳语有两个比较助词thɛ³¹si⁴⁴、ku⁴⁴si⁴⁴，当比较主体大于、高于或强于比较基准时用thɛ³¹si⁴⁴标注，比较主体小于、低于或弱于比较基准时用ku⁴⁴si⁴⁴标注。如：

ŋua⁴⁴ nu⁴⁴ thɛ³¹si⁴⁴ u³¹ ŋa³³.　　　　　我比你大。
我　你　上面　大（助词）

no⁵⁵mu³¹nɛ⁴⁴ʒi³³ ua³¹ba³³nɛ⁴⁴ʒi³³ thɛ³¹si⁴⁴ nɛ⁵⁵.
怒江　　　　　　澜沧江　　　　　上面　深
怒江比澜沧江深。

nu⁴⁴ ŋua⁴⁴ ku⁴⁴si⁴⁴ ʒo⁴⁴.　　　　　你比我小。
你　我　下面　小

ua³¹ba³³nɛ⁴⁴ʒi³³ no⁵⁵mu³¹nɛ⁴⁴ʒi³³ ku⁴⁴si⁴⁴ thɛ³¹ ŋa.
澜沧江　　　　　怒江　　　　　　下面　浅（助词）
澜沧江比怒江浅。

（以上例句引自少语研究所1959：124—126）

怒苏语：

怒苏语有三个比较助词dɯ³⁵nɑ³⁵、kɯ³⁵nɑ³⁵和thɑ⁵³ɑ³⁵，其中，当比较主体强于、大于、高于比较基准时用dɯ³⁵nɑ³⁵标注，当比较主体弱于、小于、低于比较基准时用kɯ³⁵nɑ³⁵标注，这两个比较助词都可以用thɑ⁵³ɑ³⁵来替换。如：

ŋa³⁵ ʔn̻o⁵⁵ dɯ³⁵nɑ³⁵ zi⁵⁵ a³¹.　　　　我比他大。
我　他　（比助）大（助词）　　（孙宏开、刘璐1986：82）

ɕi³¹ khaˀ⁵³ da³⁵khaˀ³⁵ sʁ³¹nʁ³¹ u³¹khaˀ³⁵ kɯ³⁵nɑ³⁵ tɕhɔ⁵³.
这　根　棍子　（助词）那根　（比助）细

这根棍子比那根（棍子）细。　　　（孙宏开、刘璐1986：82）

上面例子中的 $dɯ^{35}na^{35}$、$kɯ^{35}na^{35}$ 都可以替换成比较助词 $tha^{53}a^{35}$，意思不变。

强比和弱比的区分在有的语言中有淡化的趋势，如拉祜语、苦聪话等。

拉祜语：

拉祜语中也有区分强比、弱比的比较助词 tha^{31}、$xɔ^{35}$，但是 $xɔ^{35}$ 已经不常用，出现了 tha^{31} 兼表强比和弱比的现象。如：

ŋa³¹ vi³⁵pa¹¹ ŋa³¹ tha³¹/qho⁵³ ŋa⁵³ qhɔ³¹ ɣ¹¹ ta¹¹.
我　哥哥　　我（上面/上）　五　岁　大　着
哥哥比我大五岁。

nɔ³¹ ŋa³¹ tha³¹/xɔ³⁵ ŋa⁵³ qhɔ³¹ i³³ ta¹¹.　　你比我年轻五岁。
你　我　（下面/下）　我　五　岁（助词）

ja⁵³mi⁵³ tɕa³¹va̠³¹ tha³¹ te⁵³ n̠i⁵³ qhɔ³¹ i³³ ta¹¹.
姑娘　　扎娃　　（下面）一　两　岁　小　着
姑娘比扎娃小一两岁。

（例句由李春风提供）

在上面的例子中，表示强比的能用 tha^{31} 或 qho^{53} 标注，但不能用表示弱比的 $xɔ^{35}$ 标注，而表示弱比的既能用 $xɔ^{35}$ 标注，也能用 tha^{31} 标注，而且 $xɔ^{35}$ 已不太常用。

2．区分肯定差比句和否定差比句的语言

有的语言，肯定差比句和否定差比句所用的比较助词不同。如：

独龙语：

独龙语有两个比较助词 $mɯ^{31}dăm^{53}$ 和 wa^{31}，其中，$mɯ^{31}dăm^{53}$ 标注肯定差比句中的比较基准。如：

ĭk⁵⁵　 dɯ³¹dʑŭp⁵⁵ mɯ³¹dăm⁵³ nɯ⁵⁵nĭk⁵⁵ dɯ³¹dʑŭp⁵⁵ găm⁵³.
我们的　庄稼　　（比助）　你们的　　庄稼　　好
你们的庄稼比我们的庄稼长得好。

nuŋ⁵⁵ŋwa⁵³ ɕa⁵⁵ mɯ³¹dăm⁵³ ŋa⁵⁵plă⁷⁵⁵ ɕa⁵⁵ kăi⁵⁵sa⁵⁵ găm⁵³.
牛　　　　肉　（比助）　鱼　　　肉　吃（后加）好
鱼肉比牛肉好吃。

wa^{31} 标注否定差比句中的比较基准。如：

ŋa⁵³ lu⁵⁵ na⁵³ lu⁵⁵ wa³¹　mɯ³¹tăi⁵³.　　我的年纪没有你的年纪大。
我　年纪　你　年纪（比助）（前加）大

ŋɑ⁵³ nɑ⁵³ wɑ³¹ mɯ³¹buːɹ⁵⁵.　　　　　我不比你胖。
我　你（比助）(前加）胖

(以上例句引自孙宏开1982：153、154)

3．区分比较基准的语义类型

有个别语言因比较基准的语义类型不同而采用不同的比较助词。如：

扎巴语：

在扎巴语中，当比较对象是事物时，用mə⁵⁵ɕhu³¹来标注，但当比较对象是人时，既可用mə⁵⁵ɕhu³¹标注，也可用表示遭受的对象助词thɑ³¹标注。如：

tə³⁵ tɑ³¹zə⁵⁵ mə⁵⁵ɕhu³¹ mnɿ³⁵ ze³¹.　　　　水比从前少了。
水　从前　（比助）　少　（助词）

a⁵⁵tɕe⁵⁵ ve⁵⁵ȵə⁵⁵phɑ³¹ mə⁵⁵ɕhu³¹ pe⁵⁵pe³¹ tɕi⁵⁵ ze⁵⁵.
哥姐　弟妹　　　（比助）　多　大（助词）
哥哥（姐姐）比弟弟（妹妹）高多了。

a⁵⁵pe⁵⁵ a⁵⁵me⁵⁵ thɑ³¹ tsə⁵⁵tsɿ⁵⁵ wo³¹ tɕi³⁵ ze⁵⁵.
爸爸　妈妈　（比助）十几　岁　大（助词）
爸爸比妈妈大十几岁。

(以上例句引自龚群虎2007：123)

4．不同的比较助词可以自由替换的语言

有的语言有两个或两个以上的比较助词，不同的比较助词之间可能曾经是有分工的，有的是因来源不同形成的，但在使用中它们的差别已经不太明显，可以自由替换。如：

史兴语（下游话）：

下游史兴语有三个比较助词wo³¹lɑ⁵⁵、li⁵⁵βɛ⁵⁵、sɿ³¹hɑ⁵⁵，这三种形式可以自由替换。如：

thi⁵⁵ ŋe³¹ li⁵⁵βɛ⁵⁵/sɿ³¹hɑ⁵⁵/wo³¹lɑ⁵⁵ tsɿ⁵⁵ji³¹,　ŋe³¹ thɐ³¹ wo³¹lɑ⁵⁵
她　我　（比助）　　　　　　　　小（后加）我　他　（比助）

duɐ³¹ ji³¹.　　　　　　　　　　　她比我小，我比她大。
大（后加）　　　　　　　　　　(徐丹2009：31)

拉祜语：

拉祜语有三个常用的比较助词kɛ³⁵、thɑ³¹、qho⁵³，三者的功能相同，可以替换。如：

ŋɑ³¹ vi³⁵pɑ¹¹ ŋɑ³¹ thɑ³¹/qho⁵³ ŋɑ⁵³ qhɔ³¹ ɤ¹¹ tɑ¹¹.
我　哥哥　我　（上面/上）　五　岁　大　着

哥哥比我大五岁。

ja⁵³mi⁵³ tɕa³¹va³¹ tha³¹ te⁵³ n̠i⁵³ qhɔ³¹ i³³ ta¹¹.
姑娘　扎娃　（下面）一　两　岁　小　着
姑娘比扎娃小一两岁。

ŋa³¹ ɔ³¹qhɔ²¹ nɔ³¹ kɛ³⁵ ɤ³¹.　　　　　我比你年龄大。
我　年龄　你（比助）大

ʃiao⁵³mi⁵⁴ lɛ³³ ɔ³¹pa³³ kɛ³⁵ u³⁵qo te⁵³ ma³³ mu³³.
小明　　是　爸爸（比助）头　一　个　高
小明比他爸爸高一头。

（例句由邓凤民博士论文2009）

阿昌语（梁河话）：

梁河阿昌语本语固有的比较助词有khɯ³³ma⁷³¹和tə³³，二者均附着于比较基准后，区别不明显，可以替换。如：

ʂaŋ³¹ xai⁵⁵tɕhi³³ xəu⁵⁵tɕhi³³ khɯ³³ma⁷³¹ pjau³⁵ ɛi⁷⁵⁵.
他　现在　　以前　　（比格）　胖（陈述）
他现在比以前胖。

ʂɯk⁵⁵ xai⁵⁵ paŋ³³ xəu⁵⁵ paŋ³³ tə³³ kɯ³¹ ɛi⁷⁵⁵.
树　这　棵　那　棵（比助）粗（陈述）
这棵树比那棵树高。

tʂɯŋ³¹ xəu⁵⁵ to³³ tə³³ xai⁵⁵ to³³ m̥jaŋ³³ ɛi⁷⁵¹.
山　那　座（比助）这　座　高（陈述）
那座山比这座山高。

（以上例句引自时建2009：146、254）

四　比较结构的句法位置

比较助词附着于比较基准之后构成比较结构。比较结构通常置于比较主体之后、比较结果之前。出于语用的需要比较结构也可以置于比较主体之前，或是比较结构连同比较属性一起置于比较主体之前。如：

藏语（拉萨话）：

比较结构置于比较主体之后。如：

kho⁵³ ŋa¹² lɛ　lo¹² tɕhe⁵⁵ki⁵⁴ re.　　他比我年纪大。
他　我（比助）年纪　大　　是

luk¹¹ɕa⁵³ ra¹¹ɕa⁵³ lɛ ɕim¹¹ki⁵⁴ re. 绵羊肉比山羊肉好吃。
绵羊肉　山羊肉（比助）香　　是

以下例句可以相应地变为比较结构置于比较主体之前的格局：

ŋa¹² lɛ　kho⁵³ lo¹² tɕhe⁵⁵ki⁵⁴ re. 他比我年纪大。
我（比助）他　年纪　大　　是

ra¹¹ɕa⁵³　lɛ　luk¹¹ ɕa⁵³ ɕim¹¹ki⁵⁴ re. 绵羊肉比山羊肉好吃。
山羊肉（比助）绵羊肉　　香　　是

（以上例句引自胡坦1985：1—11）

错那门巴语：

比较结构置于比较主体之后。如：

ʐɔː³⁵mø⁵³ ʔA⁵⁵wø⁵³ le³¹ lop⁵⁵tɕuŋ⁵⁵ li³⁵khu³¹ jih³⁵te³¹.
妹妹　　姐姐　（助词）学习　　好　　是
妹妹比姐姐学得好。

tA³¹niŋ⁵⁵ nA³¹niŋ⁵⁵ le³¹ pruʔ⁵³ mAŋ³⁵po⁵³ neʔ³⁵.
今年　　去年　　（助词）粮食　多　　在
今年粮食比去年多。

比较结构置于比较主体之前。如：

ʐɔː³⁵mo⁵³ le³¹ ʔA⁵⁵wo⁵³ lop⁵⁵tɕuŋ⁵⁵ li³⁵khu³¹ jin³⁵te³¹.
妹妹　（助词）姐姐　　学习　　好　　是
姐姐比妹妹学得好。

tA³¹niŋ⁵⁵ le³¹ nA³¹niŋ⁵⁵ pruʔ⁵³ mAŋ³⁵po⁵³ ne³⁵.
今年　（助词）去年　　粮食　多　　在
去年粮食比今年多。

（以上例句引自陆绍尊1986：85—86）

麻窝羌语：

比较结构置于比较主体之后。如：

qa ɣly（iu）su ʁuɑp baˑ. 我比妹妹大五岁。
我 妹妹　（比助）五岁 大

thaːk　phuka qak　phuka su　mdʑa ji.
他(助词)被子　我(助词)被子　(比助)漂亮　(后加)
他的被子比我的被子漂亮。

比较结构置于比较主体之前。如：

tha khɕi phuq su　tsa khɕi quə ɣli ji.
那 一边　树（比助）这 一边 多 （后加）
这边的树比那边的树多。

tɕi　tharguə su　　tɕi tsarguə buˑ ji.
房子 那座（比助）房子 这座　高（后加）
这座房子比那座房子高。

（以上例句引自刘光坤1998：215）

普米语：

比较结构置于比较主体之后。如：

m̥i⁵⁵　tsy⁵⁵　to⁵⁵ sgyɛ̃⁵⁵.　　　　　　　女孩比男孩高。
女孩　男孩（比助）高

lau¹³sə⁵⁵ ɕo¹³sɛ̃⁵⁵ to⁵⁵　bʐa⁵⁵.　　　　老师比学生低。
老师　　学生　（比助）低

比较结构置于比较主体之前。如：

m̥i⁵⁵　to⁵⁵　tsy⁵⁵ sgyɛ̃⁵⁵.　　　　　　　男孩比女孩高。
女孩（比助）男孩 高

lau¹³sə⁵⁵ to⁵⁵　ɕo¹³sɛ̃⁵⁵ bʐa⁵⁵.　　　　学生比老师矮。
老师　（比助）学生　低

（以上例句引自陆绍尊2001：179）

柔若语：

比较结构置于比较主体之后。如：

ʔɔ⁵³ phio³³ kõ⁵⁵ ʔɔ⁵³ nũ⁵³ kõ⁵⁵ tɯ³³　li³³.　　白猪比黑猪重。
猪　白　 只 猪　黑　只（助词）重

nu³³ ko⁵³ tɯ³³ mia³³ ko⁵³ ta³³ mia³³.　　　　马比牛跑得快。
牛　只（助词）马　只　 跑　快

以上句子可以相应地变成：

ʔɔ⁵³ nũ⁵³ kõ⁵⁵ tɯ³³ ʔɔ⁵³ phio³³ kõ⁵⁵ li³³.　　白猪比黑猪重。
猪 黑 只（助词）猪　白　只 重

mia³³ ko⁵³ nu³³ ko⁵³ tɯ³³　ta³³ mia³³.　　　牛比马跑得快。
马　只　牛　只（助词）跑　快

（以上例句引自孙宏开等2002：126）

怒苏语：

比较结构置于比较主体后。如：

ŋa³⁵ ʔn̥o⁵⁵ dɯ³⁵nɑ³⁵ zi⁵⁵ a³¹.　　　　　我比他大。
我　他　（助词）大（助词）　　　　　（孙宏开、刘璐1986：82）

这个句子可以变成比较结构置于比较主体之前。如：

ʔn̥o⁵⁵ dɯ³⁵nɑ³⁵ ŋa³⁵ zi⁵⁵ a³¹.　　　　　我比他大。
他　（助词）　我　大（助词）　　　　　（孙宏开、刘璐1986：82）

以上比较说明，在藏缅语中，比较助词是标记比较基准的主要句法手段，在含有比较助词的差比句中，比较结构可以根据语用的需要改变句法位置而不至于混淆比较主体和比较基准。

五　比较助词和句中其他相关范畴的关系

在有些语言中，比较助词要和句中其他范畴或成分配合使用。

（一）比较助词和比较基准的人称范畴

嘉戎语：

在嘉戎语中，比较助词kɐi不能单独使用，通常要在比较助词前加上前缀表示比较基准的人称和数，比较基准是第一人称单复数的，在比较助词前加前缀ŋɐ；比较基准是第二人称单复数、第三人称复数的，在比较助词前加前缀n̠ɐ；比较基准是第三人称单数的，在比较助词前加前缀wɐ；无人称的事或物充当比较基准时，则一律添加单数第三人称从属前缀wɐ。如：

no ŋa ŋɐ-kɐi　tə-kə-ktsi-n.　　　　　你比我小。
你　我（比助）（前缀）小（后缀）

ŋə n̠e no n̠ɐ-kɐi mtɕa-i.　　　　　我们比你们多。
我们 你们（比助）多（后缀）

ŋə ndʑe no nɐ-kɐi mbro-tʃh.　　　　　我俩比你高。
我们　你（比助）高　（后缀）

ŋa wəjo n̠e n̠ɐ-kɐi mtʂo-ŋ.　　　　　我比他们老。
我　他　们（比助）老（后缀）

ŋa wəjo wɐ-kɐi tɕha-ŋ.　　　　　我比他行。
我　他　（比助）得行（后缀）

toru wɐ-kɐi khəna kə-kte.　　　　　狗比猫大。
猫　（比助）狗　大

tə-bre wɐ-kɐi ta-ri kə-tʃhem.　　　　　线比绳细。
绳子（比助）线　细

（以上例句引自林向荣1993：339）

（二）比较助词和处所助词的连用

独龙语：

在独龙语中，比较助词mɯ³¹dăm⁵³在句中使用时，经常和表处所的助词dɔ³¹连用，即在比较助词后加上处所助词dɔ³¹构成助词结构来标注比较基准，意义不变。例如：

ɟă²⁵⁵ tɯ³¹ŋɔl⁵⁵ mɯ³¹dăm⁵³ dɔ³¹ kɔ̆⁷⁵⁵ tɯ³¹ŋɔl⁵⁵ tɕiŋ⁵³.
这　棍子　　（助词）　　那　棍子　　细、小
那根棍子比这根棍子细。　　　　（孙宏开1982：153）

ŋa⁵³ mɯ³¹dăm⁵³ dɔ³¹ ăŋ⁵³ mɹăŋ⁵³.　　他比我高。
我　（助词）　　他　高　　　　（孙宏开1982：153）

（三）比较助词和定语助词的连用

在一些语言中，比较助词要和定语助词连用，即在比较助词前加定语助词构成助词结构来标注比较基准。如：

西摩洛语：

西摩洛语的比较助词是a³¹tha³¹，要在比较助词前加上定语助词kɯ³³共同来标注比较基准。

thɣ⁵⁵ua⁵⁵ khuɛ̃³³mjĩ³¹ kɯ³³ a³¹tha³¹ o³¹xo⁵⁵ jʌ⁵⁵ xo⁵⁵ ji⁵⁵.
墨江　昆明　　　的　上面　热　更　热（语助）
墨江比昆明更热。

pho⁵⁵kho³¹ xɯ⁵⁵ thɯ³¹ kʰŋ³³ ɯ⁵⁵ thɯ³¹ kʰŋ³¹ kɯ³³ a³¹tha³¹
衣服　　这　一　件　那　一　件　的　上面
jʌ⁵⁵ kui⁵⁵.　　　　　　　　这件衣服比那件贵。
更 贵

ŋjv³¹pho³¹ xɔ⁵⁵ ʃʌ⁵⁵ tʃhɯ³¹ kɯ³³ ŋjv³¹mɔ³³ xɔ⁵⁵ tʃhɯ³¹ kɯ³³ a³¹tha³¹
公牛　（施助）地 犁　的　母牛　（施助）犁　的　上面
jʌ⁵⁵ khuɛ⁵⁵ ji⁵⁵.　　　　　　公牛犁田比母牛快。
更 快 （语助）

（以上例句引自戴庆厦等2009：277）

（四）比较助词和表示比较结果的程度词的连用

在差比句中，比较的结果总会存在某种属性的程度差异，程度副词的

使用是表达这种差异的最自然选择。因此，在多数语言中都会有程度词和比较助词的连用现象。如：

景颇语：

景颇语的比较助词tha⁷³¹，用在名词或代词的后面，表示前面的事物是被比较的对象。使用时，后面多跟kʒau³³ "更"。

ʃi³³ ŋai³³ tha⁷³¹ kʒau³³ kǎ³¹pa³¹ ai.　　　　他比我大。
他　我（结助）更　　大　　（句尾）　　（戴庆厦、徐悉艰1992：263）

kǎ³¹nau³³ kǎ³¹phu³¹ tha⁷³¹ kʒau³³ ʃǎ³¹kut³¹ ai.
弟弟　　　哥哥　　（结助）更　　努力　　（句尾）
弟弟比哥哥更努力。　　　　　　　　　　（戴庆厦、徐悉艰1992：263）

六　比较助词的功能差异

在我们考察的34种语言（包括方言）中，有18种语言的比较助词是单功能的，即只有比较功能；有13种语言的比较助词是多功能的，即有两种或两种以上的功能；而扎巴语的两个比较助词、拉祜语的两个比较助词及阿昌语本语中的两个比较助词，一个是单功能的，一个是多功能的；综合而言，有16种语言具有多功能的比较助词。

（一）比较助词只有一种功能的语言

如：藏语（拉萨话）的lɛ：

kho⁵³ ŋa¹² lɛ　lo¹² tɕhe⁵⁵ki⁵⁴ re.　　　　他比我年纪大。
他　　我（比助）年纪　大　　　是　　（胡坦1985：）

白马语的ɕye⁵³：

ŋgɔ³⁵ua⁵³ ndɛ⁵³ rɛ⁵³ pha¹³nɔ³⁵ ŋgo³⁵ua⁵³ ɕye⁵³ ndʑɛ³⁴¹ ʃ¹³.
房子　　这（连词）那　　房子　　（比助）漂亮（已行）
这幢房子比那座房子漂亮。　　　　　　　　（孙宏开等2007：117）

羌语（曲谷话）的-s：

qa-tɕ　tuətʂʅ qa-s　fĩĩp ʂtʂa.　　　　我的弟弟比我小两岁。
我（领属）弟弟　我（比较）两岁 小　（黄布凡、周发成2006：197）

拉坞戎语的stho³³：

ŋa⁵³ ȵe⁵³ stho³³ ccha-ŋ⁵³, ccə⁵³ stan³³dʑən³³ stho⁵³ zə³³zu⁵³.
我　你（比助）大（1、单）他　丹增　　（比助）小。
我比你大，他比丹增小。　　　　　　　　　（黄布凡2007：102）

景颇语的tha³¹：

kǎ³¹nau³³ kǎ³¹phu³¹ tha⁷³¹ kʒau³³ ʃǎ³¹kut̪³¹ ai.
弟弟　　哥哥　（结助）更　　努力（句尾）
弟弟比哥哥更努力。　　　　　　　（戴庆厦、徐悉艰1992：263）

嘎卓语的la³³：

ŋa³³ pɣ³²³ tho³¹ ko⁵⁵ zi³³ la³³ n̪a³³.　　我的衣服比他多。
我　的　衣服(些) 他（助）多　　（木仕华2003：97）

桑孔语的lo³¹：

thaŋ⁵⁵ phaŋ⁵⁵ ŋe⁵⁵ ŋa³³ lo³¹ a³¹tshi⁵⁵ khaŋ⁵⁵.
他　　跑　的　我（比助）较　　快
他比我跑得快。　　　　　　　　　（李永燧2002：163）

义都语的mi³³：

a³³hi⁵⁵ja³³ i³³mu⁵⁵doŋ³⁵ mi³³ i³³tɕi⁵⁵ ge⁵³ ka³³ tio³³ ja³¹.
他　　　人们　　　（比助）一点　　短/矮（已行）
他比别人矮一些。　　　　　　　　（江荻2005：118）

（二）比较助词有两种或两种以上功能的语言

如：

1．错那门巴语的le³¹：

（1）作对象助词

cer³⁵kʌn⁵⁵ te³¹ ŋe³⁵ le³¹ ji³⁵ci⁵³ the⁷⁵³ tɕi:³⁵wø⁵³ ne⁷³⁵.
老师　　（助词）我（助词）书　一　给（后加）（助动）
老师送给我一本书。　　　　　　　（陆绍尊1986：85）

（2）作比较助词

ŋe³⁵ pe³⁵ le³¹ thɔ⁵⁵po⁵³ jin³⁵.　　我比他高。
我　他（助词）高　　是　　（陆绍尊1986：85）

2．仓洛门巴语的kai¹³：

（1）作从由助词

tɕaŋ¹³ me¹³to⁵⁵ ɕen⁵⁵ kai⁽¹³⁾ u⁵⁵pʻa.　　我是从墨脱县来的。
我　（地名）县　（助词）来　　（张济川1986：115）

（2）作比较助词

u⁵⁵tʻu⁵⁵ so⁵⁵lo¹³ u⁵⁵n̪u¹³ so⁵⁵lo¹³ kai⁽¹³⁾ lak¹³taŋ⁵⁵ per¹³po⁵⁵ tɕa⁵⁵.
这　　辣椒　　那　　辣椒　（助词）更　　辣　有
这种辣椒比那种辣椒还辣。　　　　（张济川1986：115）

3．普米语（箐花话）的 to⁵⁵：

（1）作处所助词

tʃə̃⁵⁵ to⁵⁵ skhiãu¹³ ti¹³ sta⁵⁵.　　　　房上有一件衣服。
房子（处助）衣服　一　有　　　　（陆绍尊2001：178）

（2）作比较助词

mi̥⁵⁵ tsy⁵⁵ to⁵⁵ sgyẽ⁵⁵.　　　　女孩比男孩高。
女孩 男孩（比助）高　　　　（陆绍尊2001：179）

4．墨江彝语的 khɛ²¹、khɯ⁵⁵：

（1）作处所助词

bɯ²¹tsᴀ²¹ khɛ²¹ ve̥²¹nɯ⁵⁵ thi²¹ lɯ³³ dʑᴀ²¹.
山　梁（处助）猪野　　一　个　有
山梁上有一头野猪。

bɯ²¹ khɯ⁵⁵ mi⁵⁵ kɯ⁵⁵ tsho⁵⁵ ᴀ²¹su³³ dʑe³³ ŋɯ²¹?
山　（处助）地　那　块　谁　（助词）是
山下那块地是谁的？

（2）作比较助词

mo⁵⁵so³³ su⁵⁵bɯ²¹ khɛ²¹ thi²¹ tu̥³³ mo⁵⁵.　高粱比玉米高一拃。
高粱　　玉米（比助）一　拃　高

nɛ²¹tɕhe³³ ŋo²¹ khɯ⁵⁵ ni²¹ khu̥³³ ŋɛ⁵⁵.　弟弟小我两岁。
弟弟　　我（比助）两　岁　小

（以上例句引自纪嘉发1992）

5．基诺语的 jᴀ³³：

（1）作工具助词

nᴀ³¹ tɛ³¹tʃha³¹ jᴀ³³ ɛ⁴⁴khɤ⁴⁴ tʃha³¹ tɛ⁴⁴.　　你用量尺量量柱子。
你　量尺　（工助）柱子　　量　看

（2）作从由助词

ŋjɯ³¹ɔ³³ m³³tɛ⁴⁴ khjo⁴⁴ jᴀ³³ tshø⁴⁴ to³¹ nɛ³³.
太阳　　云　　里（从助）露　出（从助）
太阳从云彩里露出来。

（3）作比较助词

khɤ³¹ ja⁵⁴ nɯ³¹tʃɯ⁵⁴ ŋo³¹/³⁵ nɯ³¹tʃɯ⁵⁴ jᴀ³³ tʃɤ⁴⁴ tʃa³¹ a³³.
他（比助）记性　　我　记性　助　更　有（比助）
他比我的记性好。

（例句引自蒋光友2010：177）

我们把多功能的比较助词的功能情况统计如下：

语支	语言	比较助词	备注
藏语支	错那门巴语	le³¹	对象、比较
	仓洛门巴语	kai¹³	从由、比较
羌语支	普米语（箐花话）	to⁵⁵	处助、比助
	扎巴语	mə⁵⁵ɕhu³¹	比助
		tha³¹	对助、处助、比助
彝语支	墨江彝语	khɛ²¹、khɯ⁵⁵	处助、比助
	傈僳语	thɛ³¹si⁴⁴、ku⁴⁴si⁴⁴	处助、比助
	基诺语	jʌ³³	工助、从助、比助
	哈尼语	xu⁵⁵tɑ³³	上面、比助
	拉祜语	tha³¹ "上面"、qho⁵³ "上"	处助、比助
		kɛ³⁵	比助
	元江苦聪话	tha³¹	处助tha³⁵，上面a³¹tha³¹pɔ³⁵
	柔若语	tɯ³³	处助、比较，方位tɯ⁵⁵tɯ³³
	怒苏语	dɯ³⁵nɑ³⁵（或dɯ³⁵ɑ³⁵）、kɯ³⁵nɑ³⁵（或kɯ³⁵ɑ³⁵）和thɑ⁵³ɑ³⁵	处助、比助
	西摩洛语	a³¹tha³¹	处助、比助
缅语支	阿昌语	tə³³	处助、比较
		khɯ³³maˀ³¹	处助（不清楚）
		pji³³	汉借 "比"
	仙岛语	te⁵⁵	对象、比较
	载瓦语	th<ᴾ55	处助、比较

在16种具有多功能比较助词的语言中，比较助词和对象助词同形的有2种，即错那门巴语和仙岛语；比较助词和从由助词同形的有1种，即仓洛门巴语；扎巴语的多功能助词tha³¹兼表对象、处所、比较；基诺语的多功能助词jʌ³³兼表工具、从由、比较；其余11种语言的比较助词都是和处所助词同形。综合来看，16种具有多功能比较助词的语言，有12种语言的比

较助词和处所助词同形，也就是说，多数语言的比较助词是来源于处所助词的。

比较助词来源于处所助词是可以解释的。用来表示比较功能的处所助词多是表示"在……上"，与此相对的是"在……下"，但"在……下"不常用。作为处所助词，它们的功能就是用来表示的事物之间的上下位置关系的。而差比句的功能也是表示事物之间某种属性的高下、优劣、强弱等关系。上与下的空间位置关系可以逐步映射到事物的具体属性高与低、大与小、长与短，以至于事物的抽象属性强与弱、好与坏等。因此，用上与下的空间位置关系来隐喻事物的差比关系是最自然不过的事情，表现在语言中就是用处所助词来充当比较标记。

第三节　比较助词的词源关系

比较助词的来源是多样化的，下面我们分别讨论。

一　有明显来源的比较助词

（一）来源于处所助词的比较助词

前面我们讲到有12种语言的比较助词和处所助词同形。阿侬语的比较助词和处所助词不同形，但我们能够看到二者之间是有渊源关系的。阿侬语表示上面的方位名词是 $ga^{31}thaŋ^{55}$、处所助词是 $thaŋ^{55}$，处所助词是方位名词脱落词头形成的[①]，也就是说处所助词 $thaŋ^{55}$ 来源于方位名词 $ga^{31}thaŋ^{55}$，处所助词在使用过程中又增加词尾 a^{31} 构成比较助词 $thaŋ^{55}$。

词义的发展规律一般都是从实到虚、从具体到抽象的，虚词的表达功能也不例外，往往是从表达较为具体的关系发展为表示较抽象的关系。处所助词是表示事物之间的空间关系的，比较助词是表示事物属性之间的关系的，空间关系相对具体，而事物的属性之间的关系相对抽象，因此我们说，和处所助词同形的比较助词是处所助词的功能扩展。

（二）来源于程度副词的比较助词

拉祜语有两种比较助词，tha^{31} "上面"、qho^{53} "上"来源于处所助词，$kɛ^{35}$ 来源于程度副词 $a^{33}kɛ^{35}$ "更"。$kɛ^{35}$ 在拉祜语中也较常见，可能是从差比句中用来强调比较结果的 $a^{33}kɛ^{35}$ 逐渐演化而来的，根据对拉祜人张伟的调查，他认为还有表示强调程度的意思，但已不能单独充当句子成

[①]　参见孙宏开、刘光坤：《阿侬语研究》，民族出版社2005年版。

分，也就是说已经变成一个差比助词。

（三）来源于汉语的借词

梁河阿昌语的pji³³就是一个来源于汉语的借词，这个词借入阿昌语后不是按照阿昌语的句法特点附着于比较基准之后，而是像汉语一样置于比较基准之前。如：

tʂɯŋ³¹ xəu⁵⁵ to³³ pji³³ xai⁵⁵ to³³ m̥jaŋ⁵⁵ ɛi⁷⁵¹.
山　　那　座（比格）这　座　高　（陈述）
那座山比这座山高。　　　　　　　　（时建2009：146）

ʂaŋ³¹ xai⁵⁵tɕhi³³ pji³³ xəu⁵⁵tɕhi³³ m³¹ pjɑu³⁵.
他　现在　（比格）以前　　不　胖
他现在不比以前胖。　　　　　　　　（时建2009：146）

梁河阿昌语虽然已单独出现用汉语的"比"来构成差比句，但其使用还不够广泛，使用本语比较助词或使用本语比较助词和"比"的叠加形式的句子还比较多。类似的还有白语、土家语等，只是白语、土家语受到汉语的影响较大，使用"比"来标注比较基准成了一种主流形式。

二　无明显来源的比较助词

除了以上谈到的有明显来源的比较助词，其他语言大多无明显来源，我们将这些比较助词列表如下，进行词源比较。

语支	语言	比较助词	备注
藏语支	藏语（拉萨话）	lɛ	
	错那门巴语	le³¹	对象、比较
	仓洛门巴语	kai¹³	从由、比较
	白马语	ɕye⁵³	
羌语支	羌语（曲谷话）	-s	
	羌语（麻窝话）	su	
	嘉戎语	kɐi	
	道孚语	sna	
	却域语	sə⁵⁵mə	
	扎巴语	mə⁵⁵ɕhu³¹	

（续表）

语支	语言	比较助词	备注
羌语支	木雅语	ti³³	
	纳木义语	wu⁵⁵dæ³¹	
	史兴语（上游）	sŋ³³ʁa⁵⁵	
	史兴语（下游）	wo³¹la⁵⁵、li⁵⁵βɛ⁵⁵、sŋ³¹ha⁵⁵	没有给出区别，也不同于处所
	拉坞戎语	stho³³	
景颇语支	景颇语	tha⁷³¹	
	独龙语	mɯ³¹dăm⁵³、wɑ³¹	
彝语支	嘎卓语	la³³	
	基诺语	jʌ³³	工具、从由、比较
	桑孔语	lo³¹	
	阿昌语	khɯ³³mɑ⁷³¹	比助
	仙岛语	te⁵⁵	对象、比较
语支未定	义都语	mi³³	

通过比较，我们认为，在藏语支中：藏语（拉萨话）的lɛ和错那门巴语的le³¹同源；在羌语支中：羌语（曲谷话）的-s和麻窝羌语的su同源，道孚语的sna、却域语的sə⁵⁵mə、扎巴语的mə⁵⁵ɕhu³¹同源，史兴语（上游话）的sŋ³³ʁa⁵⁵和史兴语（下游话）的sŋ³¹ha⁵⁵同源；在彝语支中，嘎卓语的和桑孔语的同源；不同语支之间也有少量的同源关系。这些同源关系除了方言之间的同源外，在整个藏缅语中所占的比例很小。

综合以上各种情况，藏缅语的比较助词不可能是原始藏缅语的产物，是藏缅语分化很晚之后在不同的语言中各自产生的。

本章小结：藏缅语的比较助词无共同来源，它们是在原始藏缅语分化成不同的语言后各自产生的。但是它们也有一些共同的特点和趋势。

1. 比较助词都附着于比较基准后

除了个别语言中的汉借词外，藏缅语本语中的比较助词都是附着于比较基准之后。这是受语序机制制约的结果。藏缅语是SOV语序为优势语序的语言，根据科姆里的调查，SOV语序的助词多是后置型的。刘丹青

（2004）根据介词类型与语序的相关性统计列成下表：

	前置词（共63种语言）	后置词（共79种语言）
VO：OV	92%：8%	25%：75%

这种普遍性说明，语序是决定前置词、后置词的一个重要机制。

2．差比句可以有两种排列格局

在大多数藏缅语中，比较结构通常置于比较主体之后比较结果之前，出于语用的需要，比较结构可以置于比较主体之前。也就是说差比句允许有两种排列格局："比较主体+比较基准+比较助词+比较结果"和"比较基准+比较助词+比较主体+比较结果"。这说明，差比句的句法格局是语序和虚词共同作用的结果，在格助词的作用下，比较结构的句法位置在语序的制约下还有一定的灵活性。

3．藏缅语的分析性的强弱程度存在不平衡性

整体来说，藏缅语是分析性语言。但各语支内部分析性强弱程度不同：北部语言像嘉戎语、羌语等，形态变化多些，有些语法范畴要和比较助词共用，有些是不同的比较助词还要体现相关的语法范畴。这些例子前面已经讲到，在此不再赘述。

4．部分语言比较助词的认知共性

有一部分语言的比较助词源于处所助词，它们的共同特点是区分强比和弱比，标注强比的助词相当于"在上"，标注弱比的助词相当于"在下"。这种共同点源于这些语言的使用群体在认知上、文化上的相通之处。实际上，在汉语中也经常有这样的说法，如："论能力，你在他之上"等。一般来说，处所助词是表达空间上的位置关系的。通常情况下，在高低、强弱、大小、上下等比较中，高、大、上等是我们认为的积极的一面、好的一面，相反低的、小、下我们认为的不好的一面，在这样的认识下，用空间上的上与下来隐喻比较属性的高下便成为很自然的事情。

第八章　结　语

藏缅语是汉藏语系很有特色的一个语族。与汉语、壮侗语族、苗瑶语族的语言相比,藏缅语有丰富的格助词。各种语言中的格助词自成系统,是用来组织句法结构、表达名词和动词之间不同语义关系的重要语法手段。

一　藏缅语有丰富的格助词

形态变化丰富的语言主要依靠形态变化来组织各种语法关系,形态变化少的语言主要依靠语序和虚词来组织各种语法关系。施莱赫尔兄弟根据形态的特点将语言分为黏着语、屈折语、孤立语,洪堡特在此基础上又增加一种多式综合语。这种分类法对后来的语言研究具有很大的影响。现代藏缅语形态变化不发达,但存在丰富的格助词。格助词在各语言的结构组织中发挥着重要的语法作用,是必不可少的语法手段。

本文共考察了六种格助词:施事助词、对象助词、处所助词、从由助词、工具助词、比较助词。把各类助词在所考察语言中的存在情况统计如下:

	考察语言的总数	有格助词的语言数
施事助词	42	32
对象助词	43	41
处所助词	39	39
从由助词	40	40
工具助词	39	39
比较助词	34	34

从统计表中可以看出，处所助词、从由助词、工具助词、比较助词在所考察的各语言中都存在，只有少部分语言没有施事助词，个别语言没有对象助词。不存在没有格助词的语言。藏缅语的这个特征也印证了格林伯格"普遍现象41：如果一种语言里动词后置于名词性主语和宾语是优势语序，那么这种语言几乎都具有格的系统"①。成为该类型特点的又一有力佐证。部分语言没有施事助词，也符合格林伯格"普遍现象38：在有格的系统的情况下，唯一用零形式语素表示的是意义上包含了及物动词主语的格"②。

藏缅语中丰富的格助词满足了复杂的句法结构的需要，保证了句法成分之间语义关系的明确性，也因此，句法成分的语序有一定的灵活性，为提高语言的表现力扩展了空间。

二 藏缅语的格助词是后起的

（一）藏缅语的格助词大多没有同源关系

从词源比较上看，藏缅语的各类格助词，语支之间大多没有共同来源，语支之内也仅是部分语言有共同来源。即使是同一种语言内的不同方言，格助词的特点差别也比较大。如凉山彝语、墨江彝语的格助词在语音形式、数量、来源、使用条件方面都有很大的差别。甚至于同是史兴语，上游史兴语有施事助词，而下游史兴语没有施事助词。

（二）藏缅语格系统的内部结构存在不平衡性

表达句中名词和动词之间语义关系（格关系）的语法手段构成一个格系统。在藏缅语中，格助词是表达这种语义关系的最为显性的语法手段，各语言中的格助词自成系统，用来表达该语言中的各种格关系。格系统内的各成员在表达格关系上互补分布，相互制约，形成一个有机的整体。但格系统的内部结构并不平衡，具体表现为：

1．不同语言中格助词的数量不平衡

有的语言格助词较为丰富，有的语言格助词的数量相对较少。格助词数量较少的语言如：玛曲藏语（口语）、嘉戎语、哈尼语、波拉语等。格助词较丰富的语言如：羌语（曲谷话）、阿侬语、史兴语、墨江彝语、载瓦语、义都语等。在不同的语言中，句中名词性成分和动词之间语义关系

---

① Joseph H.Greenberg：《某些主要跟语序有关的语法普遍现象》，陆丙甫、陆极致译，《国外语言学》1984年第2期。

② 同上。

的类型大致相同。因此，格助词数量少的语言，格助词的功能丰富，即一个格助词能够兼表两种或多种语法功能的情况比较多；相反，格助词数量多的语言，格助词的功能相对要少，专职化较强。

2. 不同格助词的使用条件不平衡

施事助词、对象助词的使用是有条件的，不是所有的施事、对象都需要格助词的标注。施事、对象助词的使用受句法结构、语义关系、语用因素的影响。当施事受事容易混淆、施事成分需要强调、施事成分位于受事成分之后时要使用施事助词。对象成分处于双宾语的间接宾语位置或需要强调时要加对象助词。处所助词的使用受语义表达、名词本身的空间特征的制约，比如"教室、银行、北京、昆明"等类型的名词指示空间的特征强，在许多语言中，这样的名词充当和行为动作相关的处所成分，尤其是充当动作的趋向处所时，后面一般不加处所助词。而从由助词、工具助词、比较助词在所考察的各语言中都是强制性的，表示动作在空间或时间上的起点、实施某个动作所使用的工具、比较的对象等成分后必须加相应的格助词。

3. 格助词来源的历史层次不平衡

格助词基本上是在各自的语言中创新产生的。至于它们是如何在各自的语言中产生的，不同的格助词有着不同的来源，而且往往是处于不同的历史层次上。

截至目前，关于藏缅语的格助词的来源还处于艰难的探索阶段。格助词的来源主要有几种情况。

（1）不同类别的格助词来源情况不同

本文研究了六种格助词，即：施事助词、对象助词、处所助词、从由助词、工具助词、比较助词。在这六类格助词中，一方面，一大部分处所助词来源于方位名词的轨迹比较明显，部分比较助词来源于方位名词的轨迹也比较明显，个别从由助词来源于动词，如彝语（凉山话）表从由的ta^{33}和表示普通动词"放""停""留"义的ta^{33}，虚实同形，表从由的用法应当是从动词用法虚化而来的。像施事助词、对象助词基本上还看不清它们的具体来源。另一方面，处所助词、从由助词、工具助词、比较助词都是出现于较为复杂的句法结构中，而施事助词、对象助词的使用不取决于句法结构的繁简。因此，我们认为，施事助词、对象助词应该处于语言发展的早期层次，而处所助词、比较助词、从由助词的产生要晚于施事助词、对象助词的产生。

有两个工具助词的语言，往往是一个和施事助词同形，一个和处所助词同形。和施事助词同形的工具助词，工具和施事的共同属性在于它们都能直接作用于对象，比如说，"我打了小赵""汽车碾了小赵""用棍子打了小赵"，在同一种藏缅语中，这三个句子采用同一个格助词，可能是在藏缅人看来，能够发出动作的"我"、被支配发出动作的"汽车"、用来打小赵的"棍子"的共同属性就是都是直接作用于小赵这一客体，因此，他们都被看成是动作的发出者，具有施事性，能用同一个格助词来标注，而这三者的施事性是有等级序列的，"我"的施事性明显要高于"汽车""棍子"，因此，我们认为充当工具助词是施事助词功能的扩展。

（2）同一类格助词来源情况不同

同样是处所助词，准处所助词来源于方位名词的轨迹比较明显，典型处所助词却看不清其来源。比较而言典型处所助词应该是早期层次上的产物，准处所助词晚于典型处所助词的产生，正如我们在文中所论述的，典型处所助词有被准处所助词取代的倾向。

总之，藏缅语格助词的不同源性以及在数量、功能、历史层次等方面存在的不平衡性说明藏缅语的格助词是后起的，是在原始藏缅语分化为不同的语支、语言后在各自的语言中创新产生的。

三 制约藏缅语格系统形成与演变的语言机制

（一）格系统是黏着性语言发展为分析性语言的产物

1．从形态特点看

藏语是有文献记载的语言。最早的藏语文献可以追溯到公元7世纪，距今1300多年。因此，关于藏语的研究文献也较为丰富。胡坦先生（1992）指出：古代藏语曾广泛利用前缀、后缀以及元音屈折辅音交替等形式表达动词的时体和语气等语法范畴。随着语言的变迁，特别是藏语语音结构的重大变化，现代藏语的形态普遍趋于简化，屈折性特征减少，分析性的附加成分增加，逐渐取代由动词本身形态所代表的语法意义。

戴庆厦先生（1989）认为："景颇语的动词有发达的语法范畴，主要有人称、数、态、式、方向等，但其语法形式已从动词本身的形态变化上分离出去，发展成为一类独立的助词——句尾助词。句尾助词的作用同动词的形态变化一样，既表示动词的各种语法范畴，又能指明一部分句子成分在句中的身份。使用了句尾助词，有些句子成分（主要是主语、宾语、领属性定语）在句中就可以省略，但由于在现代口语里，句尾助词已大面积出现简化、合并的趋势,其指示句子成分的功能严重衰退,因而结构助词得到了发展,成为组织句法结构必不可少的语法手段。"还认为缅彝语中"凡形态变化丰富的(主要是动词形态),结构助词不丰富;凡形态变化不丰富的,结构助词则丰富;凡保留古藏缅语特征多的语言,结构助词不丰富;凡保留古藏缅语特征少的语言,结构助词丰富。这种现象不能不使我们联想到结构助词的产生、发展与形态变化存在特点的承接关系。一种可能的推论是:缅彝语的结构助词是随着形态的简化、脱落而逐渐产生与发展的,是以一种新的语法形式与语法手段代替原有的形态变化。"而且"以结构助词代替某些实词的形态变化,是语法类型的一种转变。缅彝语语法类型的这一转变,是由该语支内部特点决定的,而且其存在还对缅彝语的发展(包括词法特征、句法特征、音节形式等)起着一定程度的制约作用"。这一分析具体地揭示了景颇语中形态性成分被结构助词替代的过程,也是我们认识藏缅语语法类型发展演变的一个重要依据。

从整个藏缅语的发展情况来看也是如此。如藏语、嘉戎语保存的古藏缅语的特征多,还存在一些形态变化,格助词不丰富;相反,载瓦语、苦聪话、阿昌语等形语言保存古藏缅语的特征少,缺乏形态变化,格助词就丰富;而景颇语、羌语的情况介于二者之间。

"从历史语言分析来看,形态手段有让位于词汇手段的趋势。例如现代英语中的介词,就是游离的词汇形式取代了它们在古英语时代的形态手段。现代冰岛语、德语与英语同属日耳曼语族,有共同的历史渊源,但由于发展的不平衡,它们又分别表现了不同阶段的语言面貌。我们可从其格标记的综合与分析的程度看到这一差异。同时,在特定的语言内部,也可以看到这种过渡性的特征。例如冰岛语的示格冠词,在某些情况下可以从后置的词素形式游离出来,以词汇的形式充当前置冠词。"[①]

因此,藏缅语的发展演变是顺着世界语言的发展趋势,从黏着性语言发展为分析性语言,从而逐渐减少了黏着性特征、增加了分析性成分。格助词就是顺应这种历史发展而产生的。

2. 从音节形式和功能上看

藏缅语中有非音节的、单音节的和个别双音节的格助词,在有声调的语言中,每个音节还带有声调。非音节的格助词仅嘉戎语、羌语(曲谷话)中存在,用法较为复杂,具有多功能的特点,有时还要和其他的助词

---

① 乔毅:《格标记的对比辨析及汉语的词格探讨》,《中国社会科学院研究生院学报》,1987年第6期。

形式连用。而且，即使在嘉戎语和羌语中，仅是部分格助词是非音节的，还存在音节性的格助词。部分语言中存在双音节的格助词，也仅占少数。有些双音节的从由助词是连用助词的固化组合，如景颇语的处所助词ko^{255}和从由助词$n^{31}na^{55}$的连用，逐渐固化为一个常见的从由助词$ko^{255}n^{31}na^{55}$。玛曲藏语中的"从由助词"$\gamma əni$、怒苏语中的"从由助词"$do^{35}le^{31}$和$ba^{35}le^{31}$、义都语中的"从由助词"$ma^{55}ne^{31}$，其中的$\gamma ə$、do^{35}、ba^{35}、ma^{55}都是处所助词，也就是说这些语言中的双音节从由助词都是在单音节的从由助词前加上一个成分构成的。有的非音节助词和音节性助词具有同样的功能，有被音节性助词取代的倾向。因此，综合来看，藏缅语的格助词是单音节的，而且音节形式稳定，发生的语音变化仅仅是语流中的音变，不改变语法意义的表达。

对于藏缅语格助词语法性质的认识分歧主要在于嘉戎语、羌语（曲谷话）中的一些非音节的形式，分歧的焦点就是这类成分究竟是助词还是词缀？它们在语音特征上和黏着性的词缀相同，在语法上起到了格助词的功能。我们赞同瞿霭堂、金鹏、林向荣、黄布凡等先生的处理办法，认为它们是助词。词缀通常附着于某一类词上，改变一种词类的语法性质，而且绝对不会附着于短语上的。非音节性的助词虽然语音上的独立性不强，但不仅能够附着于不同类别的词上，而且能够附着于短语之上，因此，是句法层面的一个单位，适宜看作一个独立的虚词。这种现象的存在是黏着性的成分向独立虚词过渡阶段的特征。

从功能上看，具体语言中的格助词往往是多功能的，它既能表示语义层面上的格关系，也能表示句法层面上的句法结构关系，有的还能充当连词，表示复句中分句间的逻辑关系，显示了其语法分布的广泛性和自由性。

语音形式上的独立性、语法分布的广泛性和自由性，是独立的助词和黏着性成分的根本区别，也是黏着性语言发展为分析性语言的一个根本标志。因此，我们说，格助词是黏着性语言发展为分析性语言的产物。

（二）格系统是SOV语言的语序类型特征

藏缅语是典型的SOV语言，句中的名词性成分都位于核心动词之前，仅靠语序无法识别名词性成分和句中动词的关系，尤其是对于能够充当两种或多种语义角色的名词性成分。格助词的存在弥补了这种不足，不同的格助词明确了名词性成分和动词之间的语义关系，同时使语序有了一定的灵活性，S和O交换位置后不至于混淆语义角色，而且增加了语言的表现力。阿尔泰语系语言以及系属关系不明的日语是SOV语言，也存在丰富的格助词。英语、汉语等SVO语言，名词性成分能够以动词为界，排列在动词的两侧，这种语序特征有助于区分不同的名词和动词之间的语义关系，没有产生格助词的内在机制。因此，格助词的存在是SOV语言的语序类型特征。正如格林伯格普遍现象41所揭示的："如果一种语言里动词后置于名词性主语和宾语是优势语序，那么这种语言几乎都具有格的系统。"①

（三）藏缅语的格系统是一种特殊的格系统

科姆里曾经根据格系统的不同分为主宾格对立的语言和作格通格对立的语言。主宾格对立的语言指的是充当主语的成分使用一个格，充当宾语的成分使用一个格。作格通格对立的语言指的是及物动词的施事主语使用一个格，不及物动词的主语和及物动词的宾语共用一个格。张琨夫妇（1980）、胡坦（1992）曾指出，藏语不是主宾格语言，但也不是典型的作格通格语言。藏缅语也同样如此，格助词的对立既不是受主宾语关系决定的，也不是完全受施受关系决定的，而是要受语法关系、语义系统、语用功能等多种因素的制约。因此说，藏缅语的格系统是一种特殊的格系统。

（四）格系统的内部结构是动态的

藏缅语格系统的构成有一定的稳定性，但这种稳定性不是绝对的。随着语言表述中信息成分的增多，一些复杂表述的句式化，格助词的语法功能也会随着整体句法结构的变化而变化。结果是系统之内会有新的格助词产生，有的格助词趋向于消失，或是新的格助词和原有的表达相同功能的格助词并存，有的格助词发生功能"转型"。

格助词变化最明显的要数处所助词，藏缅语处所助词存在不同的两类，一类是早期产生的典型处所助词，一类是后期产生的准处所助词。典型处所助词表达的空间关系不够具体，随着对空间关系的具体化表达的要求，在多数语言中，能够表示不同空间关系的方位词逐渐虚化出处所助词的用法或是改变语音形式产生了新的处所助词。在羌语（曲谷话）、元江苦聪话中，典型处所助词和准处所助词并存，而且典型处所助词有趋于消失的倾向。

再如比较助词，在不少语言中是由表示"上、下"的方位词虚化而来的，而且，它们的方位词属性还比较明显，说明它们的产生时间很晚，是

---

① Joseph H.Greenberg：《某些主要跟语序有关的语法普遍现象》，陆丙甫、陆极致译，《国外语言学》1984年第2期。

语言中新出现的一种格助词。

施事助词是用来表示施事成分的。但随着优势语序的高频出现，也就是说施事成分总是处于句首，施事成分和句首位置产生了一种较为固定的联系。因此，在常式句中，句首位置逐渐地兼有了指示施事成分的功能，而施事助词成了一种羡余成分。在大量的情况下，施事助词是在受事提前的情况下强制使用的，施事助词的功能逐渐地发生"转型"，成为类被动句或强调式施动句[①]的句式标记。从而，施事助词的使用范围逐渐缩小，在有的语言中甚至没有施事助词，像史兴语下游话和上游话的最大区别就是下游话没有了施事助词。

在玛曲藏语中，书面语有对象助词，在口语中却没有。我们知道，在口语和书面语的关系上，口语是第一性的，书面语是第二性的，口语代表语言的发展趋势。实际上没有对象助词的不仅限于玛曲藏语口语，卡卓语也没有对象助词。这种种情况说明，即使在SOV语言中，某些格助词的缺失也不影响语义的表达。

所以，格系统处于一种动态变化之中。随着语言表述信息的增多，可能会产生新的格助词，同样随着某些结构的定型化或语义关系的显性化，某些格助词会逐渐成为羡余成分，在口语中慢慢地脱落，以至于最后消失或是被其他的语法手段所替代。

---

① 戴庆厦、李洁：《藏缅语的强调式施动句——与汉语被动结构比较》，《语言研究》2005年第3期。

参考文献

论文类：

陈迁：《"从A到B"句式结构研究》，《兰州大学学报》（社会科学版）2009年第6期。

戴庆厦：《景颇语的结构助词"的"》，《语言教学与研究》1998年第4期。

多杰东智：《安多藏语自主与非自主动词与格的关系》，《中央民族大学学报》（哲学社会科学版）2004年第4期。

胡素华：《彝语结构助词语义虚化的层次》，《民族语文》2000年第2期。

胡素华：《彝语与彝语支亲属语言的结构助词比较研究》，《中央民族大学学报》（哲学社会科学版）2000年第6期。

胡素华：《彝语结构助词在不同层面上的多功能性》，《民族语文》2001年第2期。

胡素华：《彝语虚词及结构助词的研究及其新框架》，《西南民族学院学报》（哲学社会科学版）总21卷，2001年。

胡坦：《论藏语比较句》，《民族语文》1985年第5期。

胡坦：《国外藏语语法研究述评》，《国外语言学》1993年第2期。

纪嘉发：《云南墨江彝语结构助词初探》，《语言研究》1992年第2期。

蒋颖：《普米语施受助词的分工互补关系》，《民族语文》2010年第4期（a）。

蒋颖：《普米语施受标记系统的关联性》，《中央民族大学学报》2010年第4期（b）。

金启孮、乌拉熙春：《满语助词研究》，《内蒙古大学学报》（哲学社会科学版）1982年第2期。

李批然：《哈尼语的结构助词》，《中央民族大学学报》1994年第3期。

李泽然：《哈尼语的宾语助词》，《语言研究》2005年第3期。

林向荣：《嘉戎语助词的形式及其用法》，《中央民族学院学报》1992年第2期。

刘丹青：《汉藏语言的若干语序类型学课题》，《民族语文》2002年第5期。

刘东升：《被动标记词"被"应归入助词》，《语言研究》2008年第4期。

刘叔新：《关于助词的性质和类别问题》，《南开大学学报》1981年第3期。

罗天华：《SOV语言宾格标记的考察》，《民族语文》2007年第4期。

马贝加、徐晓萍：《时间介词"从"的产生及发展》，《温州师范学院学报》（哲学社会科学版）2002年第5期。

马月华：《试析巴塘藏语的几个结构助词——兼谈人称代词的音变现象》，《青海民族学院学报》1994年第4期。

沈家煊：《语言的"主观性"和"主观化"》，《外语教学与研究》2001年第4期。

沈家煊：《关于词法类型和句法类型》，《民族语文》2006年第6期。

孙宏开、江荻：《汉藏语言系属分类之争及其源流》，《当代语言学》1999年第2期。

王跟国：《藏缅语处所助词的性质差异》，《中央民族大学学报》（哲社版）2012年第3期。

王跟国：《藏缅语受动助词分布的类型特征》，《民族语文》2014年第1期。

王鸿滨：《介词"自/从"历时考》，《上海师范大学学报》（哲学社会科学版）2007年第1期。

王鹏林：《关于蒙古语"格附加成分"的问题》，《民族语文》1983年第1期。

谢广华：《拉萨藏语的句法结构》，《民族语文》1985年第6期。

徐丹：《下游史兴语的某些特点》，《民族语文》2009年第1期。
曾传禄：《"从+X"的语义语用功能》，《北方论丛》2008年第5期。
张军：《藏缅语表施动和受动的结构助词》，《语言研究》1990年第2期。
张军：《藏缅语表限定、工具、处所、从由和比较的结构助词（上）》，《海南师范学院学报》1992年第2期。
张军：《藏缅语表限定、工具、处所、从由和比较的结构助词（下）》，《海南师范学院学报》1992年第3期。
周炜：《当代藏语语法研究的历史与现状》，《西北民族研究》2000年第2期。
朱军：《汉语范围构式"从X到Y"研究》，《语言研究》2010年第2期。

著作类：

中文著作：

常俊之：《元江苦聪话参考语法》，中国社会科学出版社2011年版。
陈访泽：《日语句法研究》，上海外语教育出版社2003年版。
戴庆厦：《藏缅语语言研究（一）》，云南民族出版社1990年版。
戴庆厦：《藏缅语语言研究（二）》，云南民族出版社1998年版。
戴庆厦：《藏缅语语言研究（三）》，云南民族出版社2004年版。
戴庆厦：《社会语言学概论》，商务印书馆2004年版。
戴庆厦：《浪速语研究》，民族出版社2005年版。
戴庆厦：《藏缅语语言研究（四）》，云南民族出版社2006年版。
戴庆厦、蒋颖、孔志恩：《波拉语研究》，民族出版社2007年版。
戴庆厦：《藏缅语语言研究（五）》，云南民族出版社2010年版。
戴庆厦、丛铁华、蒋颖、李洁：《仙岛语研究》，中央民族大学出版社2005年版。
戴庆厦、李洁：《勒期语研究》，中央民族大学出版社2007年版。
戴庆厦、田静：《仙仁土家语研究》，中央民族大学出版社2005年版。
戴庆厦、徐悉艰：《景颇语语法》，中央民族学院出版社1992年版。
戴庆厦、黄布凡、傅爱兰、仁增旺母、刘菊黄：《藏缅语十五种》，北京燕山出版社1991年版。

戴庆厦、蒋颖、崔霞、余金枝、邓凤民、乔翔：《西摩洛语研究》，民族出版社2009年版。

德力格尔玛、波·索德：《蒙古语族语言概论》，中央民族大学出版社2006年版。

龚群虎：《扎巴语研究》，民族出版社2007年版。

郭锐：《现代汉语词类研究》，商务印书馆2002年版。

和即人、姜竹仪：《纳西语简志》，民族出版社1985年版。

侯学超：《现代汉语虚词词典》，北京大学出版社1998年版。

胡素华：《彝语结构助词研究》，民族出版社2002年版。

黄布凡：《拉坞戎语研究》，民族出版社2007年版。

黄布凡、周发成：《羌语研究》，四川人民出版社2006年版。

黄成龙：《蒲溪羌语研究》，民族出版社2006年版。

江荻：《义都语研究》，民族出版社2005年版。

蒋光友：《基诺语参考语法》，中国社会科学出版社2010年版。

蒋颖：《汉藏语系语言名量词比较研究》，民族出版社2009年版。

李大勤：《苏龙语研究》，民族出版社2004年版。

李洁：《汉藏语系语言被动句研究》，民族出版社2008年版。

李永燧：《桑孔语研究》，中央民族大学出版社2002年版。

李永燧、王尔松：《哈尼语简志》，民族出版社1986年版。

黎锦熙：《新著国语文法》，商务印书馆1992年版。

李翊燮、李相亿、蔡琬：《韩国语概论》，张光军、江波译，世界图书出版公司2008年版。

林向荣：《嘉戎语研究》，四川民族出版社1993年版。

刘公望：《汉语助词论》，甘肃民族出版社1994年版。

刘光坤：《麻窝羌语研究》，四川民族出版社1998年版。

刘敏芝：《汉语结构助词"的"的历史演变研究》，语文出版社2008年版。

陆俭明、马真：《现代汉语虚词散论》，北京大学出版社1985年版。

陆俭明、沈阳：《现代汉语语法十五讲》，北京大学出版社年版。

陆绍尊：《错那门巴语简志》，民族出版社1986年版。

陆绍尊：《普米语方言研究》，民族出版社2001年版。

吕叔湘：《汉语语法分析》，商务印书馆1979年版。

吕叔湘：《汉语语法论文集·助词说略》，商务印书馆1984年版。

马真：《现代汉语虚词研究方法散论》，商务印书馆2007年版。

木仕华：《卡卓语研究》，民族出版社2003年版。

欧阳觉亚：《珞巴族语言简志》，民族出版社1985年版。

齐沪扬、张谊生、陈昌来：《现代汉语虚词研究综述》，安徽教育出版社2002年版。

时建：《梁河阿昌语参考语法》，中国社会科学出版社2009年版。

石毓智：《语法的认知语义基础》，江西教育出版社2000年版。

石毓智：《语法的形式和理据》，江西教育出版社2001年版。

石毓智：《现代汉语语法系统的建立》，北京语言大学出版社2003年版。

石毓智：《汉语研究的类型学视野》，江西教育出版社2004年版。

孙宏开：《独龙语简志》，民族出版社1982年版。

孙宏开、黄成龙、周毛草：《柔若语研究》，中央民族大学出版社2002年版。

孙宏开、刘光坤：《阿侬语研究》，民族出版社2005年版。

孙宏开、刘璐：《怒族语言简志》，民族出版社1986年版。

孙宏开、齐卡佳、刘光坤：《白马语研究》，民族出版社2007年版。

田德生、何天贞等：《土家语简志》，民族出版社1986年版。

王力：《汉语史稿》，中华书局1980年版。

王力：《中国现代语法》，商务印书馆1985年版。

威廉·克罗夫特：《语言类型学与语言共性（第二版）》，龚群虎等译，复旦大学出版社2009年版。

武克忠：《现代汉语常用虚词词典》，浙江教育出版社1992年版。

向柏霖：《嘉绒语研究》，民族出版社2008年版。

徐琳、木玉璋、盖兴之：《傈僳语简志》，民族出版社1986年版。

徐琳、赵衍荪：《白语简志》，民族出版社1984年版。

徐通锵：《历史语言学》，商务印书馆1991年版。

张伯江、方梅：《汉语功能语法研究》，江西教育出版社1996年版。

张济川：《仓洛门巴语简志》，民族出版社1986年版。

张敏：《认知语言学与汉语名词短语》，中国社会科学出版社1998年版。

张谊生：《助词与相关格式》，安徽教育出版社2002年版。

中国科学院少数民族语言研究所：《傈僳语语法纲要》，科学出版社1959年版。

周毛草：《玛曲藏语研究》，民族出版社2003年版。

朱德熙：《现代汉语语法研究》，商务印书馆1980年版。

朱德熙：《语法讲义》，商务印书馆1982年版。

译著：

C.J.菲尔墨：《格辨》，胡明扬译，商务印书馆2002年版。

C.J.兰司铁：《阿尔泰语言学导论》，陈伟、沈成明译，中国社会科学出版社1981年版。

奥托·叶斯柏森：《语法哲学》，何勇、夏宁生、司辉、张兆星译，商务印书馆2009年版。

伯纳德·科姆里：《语言共性与语言类型（第二版）》，沈家煊、罗天华译，陆丙甫校，北京大学出版社2010年版。

外文著作：

Randy J.Lalla with Chenglong Huang, *A Grammar of Qiang with annotated text glossary*, Mouton de Gruyter.